ALLENARE LE COMBINAZIONI DI GIOCO

DALLA COSTRUZIONE ALLA FINALIZZAZIONE

SCRITTO DA

TAG LAMCHE

PUBBLICATO DA

ALLENARE
LE COMBINAZIONI DI GIOCO

DALLA COSTRUZIONE ALLA FINALIZZAZIONE

Prima edizione pubblicata da SoccerTutor.com in inglese: Luglio 2016
Pubblicato da Soccer Tutor in lingua italiana: Luglio 2019
info@soccertutor.com | www.SoccerTutor.com

UK: 0208 1234 007 | **US:** (305) 767 4443 | **ROTW:** +44 208 1234 007

ISBN: 978-1-910491-35-5

Autore

Tag Lamche © 2016

Tradotto da:

Luca Bertolini - allenatore UEFA B
Creatore del sito lucamistercalcio.com / email: lucamistercalcio@gmail.com

A cura di:

Alex Fitzgerald - SoccerTutor.com

Copertina ideata da:

Alex Macrides, Think Out Of The Box Ltd. Email: design@thinkootb.com Tel: +44 (0) 208 144 3550

Immagini:

Immagini create da SoccerTutor.com. Tutte le immagini di questo libro sono state create con SoccerTutor.com Tactics Manager Software disponibile su **www.SoccerTutor.com**

INFORMAZIONI SULL'AUTORE: TAG LAMCHE

TAG LAMCHE

tag1football@gmail.com

QUALIFICHE:

- **LICENZA UEFA 'A'**
- **LICENZA UEFA 'B'**
- **LAUREA M.PHIL IN EDUCAZIONE SPORTIVA**
  Master of Philosophy in Ricerca Post-Laurea presso l'Università Birmingham (UK). La ricerca verteva sulle abilità visive e cognitive nel gioco del calcio.
- **ALLENATORE FA YOUTH**

CURRICULUM VITAE:

- **4 ANNI COME ALLENATORE PRESSO OXFORD UNITED, ACADEMY PROFESSIONISTICA NEL REGNO UNITO**

- **ALLENATORE SPECIALIZZATO NELLE CAPACITÀ COGNITIVE DEL CALCIO**
  Allenatore e relatore di workshops incentrati sul miglioramento delle abilità percettive e cognitive nel calcio. Tag ha tenuto lezioni e presentazioni per numerosi club professionistici del Regno Unito, tra cui Chelsea FC, Crystal Palace FC, Leicester City FC, Middlesborough FC, Fulham FC ed Everton FC, tra gli altri.

- **ALLENATORE E CONSULENTE SPECIALIZZATO PRESSO L'ASSOCIAZIONE OLIMPICA BRITANNICA (2007-2010)**

  Responsabile del programma BOA Elite Performance per le abilità motorie e sensoriali
  Tag ha lavorato come allenatore e consulente specializzato per l'Associazione Olimpica Britannica, aiutando a creare il programma "Elite Performance" e lavorando in un gruppo di dieci allenatori provenienti da tutto il mondo e riuniti da Sir Clive Woodward (allenatore di rugby inglese, che ha preso parte alla Coppa del Mondo ed Elite Performance Director del BOA)

  Tag ha lavorato anche con numerosi atleti professionisti di fama mondiale in altri sport come tennis, judo, golf e sci.

- **RELATORE LEADER DI WORKSHOPS / ALLENATORE DELLE ABILITA' PERCETTIVE**
  Tag è relatore in workshops accademici settimanali, che aiutano i giocatori a sviluppare le abilità visive, per migliorare le loro prestazioni nel gioco del calcio. I workshops combinano la formazione specifica sulle abilità visivo-motorie, con un corso strutturato e avanzato di tecnica individuale, utilizzando idee provenienti dal Futsal.

SOMMARIO

INTRODUZIONE

Questo libro ha l'obiettivo di descrivere esattamente ciò di cui parla il titolo. Prima di tutto vuole essere una guida tecnica e pratica; il mio scopo è aiutare gli allenatori ed i giocatori che credono nel possesso palla "attraverso i terzi del campo" e nella costruzione dal portiere, come filosofie di gioco. Devo ancora trovare un libro veramente utile, dedicato alla descrizione di queste idee, in cui l'attenzione sia rivolta allo sviluppo di giovani giocatori. Quello che segue è il mio tentativo di correggere questa mancanza di informazioni affidabili, attraverso un approccio che fornisca, prima di tutto, esempi chiave e positivi di schemi di gioco. Successivamente, propongo esercitazioni che possano aiutare il lettore e la propria squadra a raggiungere questi obiettivi, sul campo.

Cerco di fornire numerosi esempi pratici, per allenare i giocatori nell'espressione di un calcio propositivo, "costruendo dal basso".

Alcuni allenatori potrebbero avere il desiderio di adottare l'intero approccio, in modo integrato, come indicato nel libro; altri potrebbero preferire semplicemente di scegliere con cura le idee che più si adattano alla loro proposta di calcio.

Tutte le esercitazioni o idee tattiche, suggerite in questo libro, sono state completamente provate e testate. Inoltre, vengono descritti tutti i probabili problemi e le sfide che si potrebbero affrontare, così come sono suggerite le soluzioni specifiche, per ognuno di essi. Questa è un'altra caratteristica che distingue il libro e dovrebbe, spero, renderlo una risorsa veramente utile per allenatori e giocatori. È cruciale avere una filosofia, ma è ugualmente importante sapere come trasformarla in realtà; per riuscire nell'intento, sono necessarie le più corrette opzioni tattiche possibili, per ogni situazione. Questo libro si propone di fornire, alla squadra del lettore, idee alternative, per mantenere il possesso e far avanzare il gioco. Inoltre, nel caso in cui le cose non vadano secondo i piani, l'allenatore saprà sempre cosa fare e avrà la sicurezza di poter suggerire alternative importanti, per aiutare la squadra a "girare attorno al problema". Senza alternative, è incredibile quanto velocemente gli allenatori possano abbandonare i propri ideali o "seguirli solo formalmente".

Questa guida tecnica e tattica dovrebbe essere tutto ciò che serve per impostare il gioco della squadra dal basso e attraverso i terzi del campo, con attenzione ai dettagli ed un atteggiamento pratico e positivo. Come allenatore, sono impegnato a condividere queste conoscenze, nel nome di un calcio fatto di possesso e dell'incoraggiamento verso un atteggiamento offensivo.

Come tutti gli allenatori, le mie intuizioni provengono da molte fonti diverse (altri mister, analisi delle partite, lettura di libri, visione di video, ecc.). Nel calcio, come nella vita, tutto si ricollega all'interpretazione e a ciò che si vuole ottenere; quindi, ciò che segue, è il modo in cui ho personalmente assunto e adattato quello che ho imparato, nel bene e nel male. Detto questo, ho un debito di gratitudine verso molte persone che mi hanno aiutato lungo il percorso; prima di tutto verso Enrique Guillen, un grande mentore per me, nei tre anni di lavoro insieme, presso un'academy professionistica. Le rotazioni del centrocampo, i cosiddetti 'movimenti a tagliare' e 'le combinazioni a X', sono idee che ho imparato ad applicare, lavorando con Enrique. Inoltre, vorrei ringraziare Clive Woodward, per il suo ampio supporto e l'incoraggiamento al mio programma di allenamento, incentrato sull'attenzione dei giocatori e per avermi instradato verso l'ottenimento delle licenze UEFA. Devo molto anche a Brendon Rogers, Gareth Southgate, Frank Arnesen, Colin Calderwood, John Harbin, Iain Dowie, Damien Roden, Simon Clifford, Dave Billows, Les Taylor e Jim Kelman, i quali, in vari modi, mi hanno aiutato o incoraggiato durante il percorso, aprendomi porte e fornendo feedbacks positivi.

Lo scopo generale di questo libro è condividere idee tecniche, tattiche ed esercitazioni, che diano un vantaggio a tutti gli allenatori e ai giocatori, che credono nel bel calcio, fatto di possesso. Spero che questo "viaggio" piaccia e che il lettore possa ottenerne benefici.

Inviatemi i vostri feedback all'indirizzo e-mail:
tag1football@gmail.com

PERCHÉ ANALIZZARE QUESTO APPROCCIO?

Questo libro è pensato per una squadra impostata con il 4-3-3 o il 4-2-3-1; tuttavia, alcuni degli schemi di movimenti fondamentali presentati sono totalmente adattabili e sono modificabili per qualsiasi formazione possa essere scelta. Sebbene le esercitazioni siano mirate allo sviluppo del giovane giocatore (12-16 anni), possono essere adattate, sia ai praticanti di età inferiore, sia a quelli di età maggiore o adulta. Nel caso in cui non venga adottato l'intero sistema presentato, sicuramente c'è una serie di idee utili per l'allenamento, che possono essere utilizzate o adattate, partendo dai modelli e dagli schemi di movimento fondamentali inclusi. In alternativa, anche per coloro che desiderano semplicemente approfondire la loro comprensione del calcio, a livello tattico e tecnico, ci dovrebbe essere materiale a sufficienza per divertirsi e creare idee che vadano al di là del libro stesso.

La filosofia di gioco delineata ***si basa sull'idea che è meglio avere il possesso, piuttosto che non avere la palla***, assicurandosi che la propria squadra abbia sempre a disposizione diverse opzioni o schemi di movimento e che possano essere utilizzati in modo affidabile. In questo modo, la certezza di "mantenere il possesso" e di avanzare sul campo, cercando di utilizzare la creatività dei giocatori, per creare opportunità di conclusione, aumenta. Sembra abbastanza semplice, ma all'interno di questa semplicità ci sono molte cose interessanti da apprendere; ed è per questo che amiamo il calcio.

La filosofia alla base delle esercitazioni proposte in questo libro implica:

1. ***L'impegno nella "costruzione del gioco" dal portiere***, attraverso l'allenamento dell'utilizzo di flussi di gioco efficienti, per avanzare sul campo.
2. ***Avanzare sul campo, attraverso un possesso palla fatto di schemi di movimenti coordinati,*** nelle 4 fasi:
    - Fase di costruzione
    - Fase di consolidamento
    - Fase propositiva
    - Fase di conclusione
3. Se anche le idee e le proposte suggerite possano sembrare altamente strutturate, una considerazione importante deve essere fatta; oltre alla struttura, l'intento è presentare ai giocatori una ricca varietà di opzioni o strumenti tattici, ***permettendo loro, in questo modo, di prendere le proprie decisioni, individualmente e collettivamente, incoraggiandoli ad esprimere creatività e doti naturali***, per applicare al meglio le idee delle esercitazioni. Ancora più varietà, in termini di opzioni, per un calcio attraente e offensivo, viene assicurata. Man mano che la squadra prende confidenza con le soluzioni tattiche presentate, essa stessa diventerà sempre più veloce nelle combinazioni, nel far progredire il gioco in avanti e nella ricerca della conclusione.
4. I "calci piazzati" presentati (angoli e punizioni) rafforzano ancor di più questa filosofia.

È possibile mantenere il possesso palla, il più a lungo possibile, attraverso schemi di movimenti coordinati?

UTILIZZARE QUESTO LIBRO COME SUPPORTO

Ho definito chiaramente gli elementi allenanti, per ogni esercitazione, che possono diventare sfide individuali e collettive, nel caso in cui si legga "il giocatore è in grado di...", oppure "riesce a...", nelle indicazioni. L'allenatore viene, in questo modo, aiutato nella definizione degli obiettivi, perché siano facilmente comprensibili per i giocatori; "sanno condurre palla, se c'è spazio?" ne è un esempio. Attraverso questo tipo di sfide, l'obiettivo viene chiarito, i giocatori vengono motivati e incoraggiati ad esplorarlo e raggiungerlo.

Una nota importante, sulla struttura di questo libro, riguarda il modo in cui esaminerò ogni argomento specifico (ad esempio, come giocare dal basso); in primo luogo, fornirò una panoramica delle sfide chiave. Sia un allenatore, sia un giocatore, devono capire il perché stanno facendo qualcosa; presentando, prima di tutto, il quadro più ampio, si favoriscono la condivisione e la motivazione di tutti. Mi riferisco spesso a come, probabilmente, una determinata situazione tattica o uno schema di movimento si svilupperanno in una partita. Una volta che il funzionamento reale, "a sangue caldo", della situazione viene appreso, sarà di aiuto alla programmazione della sessione di allenamento. Inoltre, aiuterà nella "visualizzazione" degli schemi di movimento, mentre si evolvono in partita.

Oltre alle esercitazioni in relazione al gioco, propongo commenti dettagliati; a mio parere, troppi libri sull'allenamento del calcio, lasciano il lettore senza informazioni pratiche. Ad esempio, cosa può provare, l'allenatore, di diverso, quando le idee tattiche non funzionano o si dimostrano difficili da realizzare? Per riuscire ad attuare effettivamente un nuovo approccio, oppure, nello specifico, tutti i piani tattici più importanti, problemi e contrattempi devono essere risolti; questo è il momento in cui molti allenatori rinunciano ai loro propositi. Pensano: "non è possibile con questo gruppo di giocatori", oppure, ad esempio, "vogliamo giocare dal basso, ma solo quando è possibile", ecc. E, ovviamente, raramente è "possibile", soprattutto se l'idea tattica è solo quella di chiedere ai difensori o ai laterali bassi di "arretrare per ricevere". La realtà è che gli avversari raramente ripiegano e danno il tempo di "costruire". Quindi, con una conoscenza limitata delle molte, invece, opzioni disponibili, gli allenatori si arrendono troppo facilmente, prima ancora che abbiano iniziato correttamente. Il probabile risultato è una battuta lunga del portiere, per l'80% delle volte, e tutti a guardare l'avvio di un'azione, ma senza nessuna squadra in grado di dominare la partita. Nell'attività di base questa è probabilmente la realtà che si trova solitamente, certamente nel Regno Unito, anche se, senza dubbio, ci sono eccezioni.

Questo libro presenta una serie di possibilità alternative, che delineano un approccio tattico fatto di schemi di gioco propositivi e coordinati. Nella mia esperienza, questo approccio fornisce la migliore piattaforma formativa, per incoraggiare la creatività individuale dei giocatori.

Infine, molti libri presuppongono che gli allenatori dispongano di un campo regolare e una squadra di 20 giocatori o più. Quest'opera si basa, invece, su uno scenario più realistico, con la maggior parte delle esercitazioni ideate per una squadra di 14 giocatori o meno. Le aree di gioco sono ridotte a metà campo (o anche di dimensioni più ristrette), per osservare l'apprendimento dei giocatori; la maggior parte delle esercitazioni può anche essere facilmente adattata, utilizzando meno giocatori, 10 o 11, per esempio. Possono essere impiegati giocatori "neutrali" o "jolly", quando non c'è parità numerica, oppure è possibile richiedere la conclusione "di prima intenzione", liberare i portieri e farli giocare in campo, per sviluppare le loro abilità tecniche. Inoltre, è possibile posizionare 2 coni mezzo metro all'interno di entrambi i pali della porta e chiedere ai giocatori di concludere tra il cono e il palo, per segnare una rete. Le proposte sono adattabili alle esigenze dei giocatori di squadre più numerose e con un campo regolare a disposizione, usando un minimo di immaginazione e pianificazione.

INDICAZIONI UTILI

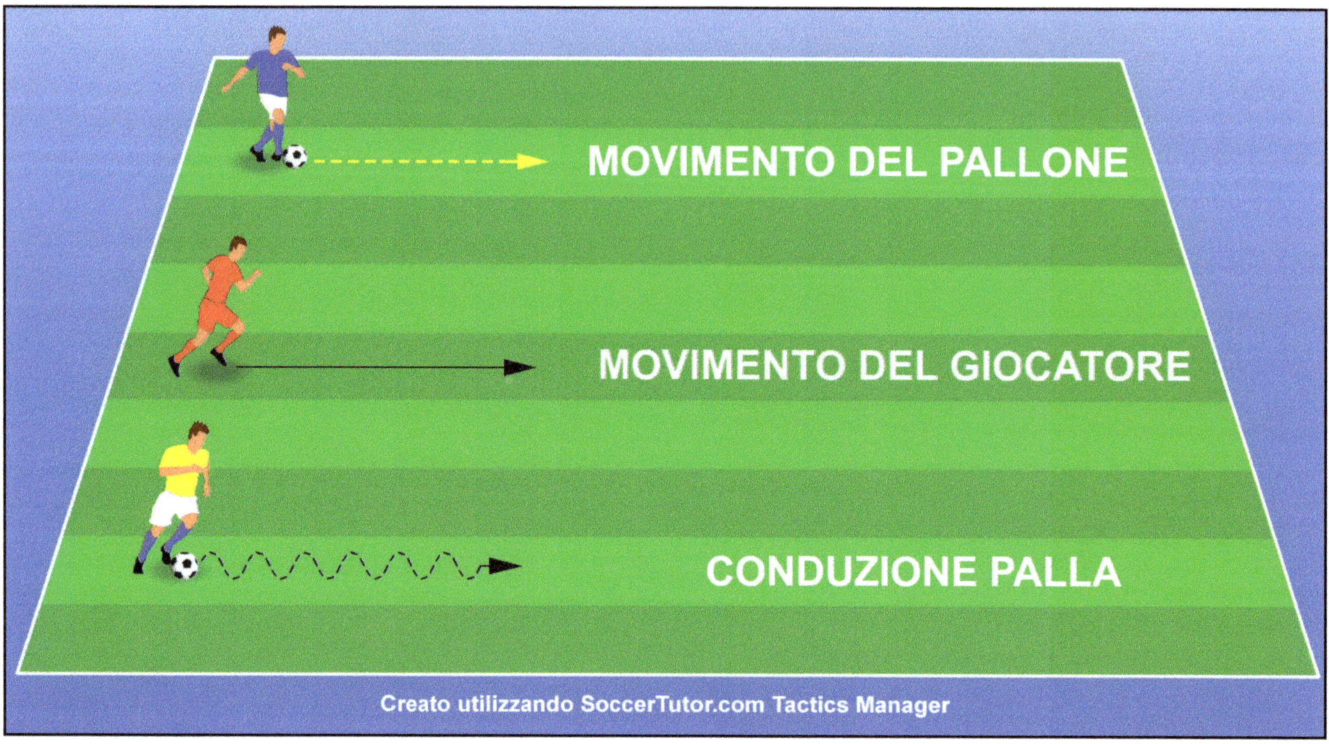

STRUTTURA DELL'ANALISI TATTICA

Ogni situazione tattica include una figura esplicativa con note di supporto come:

- Titolo della situazione di gioco
- Descrizione della situazione di gioco
- Note tattiche (se applicabili)

STRUTTURA DELLE ESERCITAZIONI

Ogni esercitazione include una figura esplicativa con note di supporto come:

- Titolo / Obiettivo dell'esercitazione
- Organizzazione dell'esercitazione
- Varianti o Progressioni (se applicabili)
- Elementi allenanti

LE 4 FASI DELLE COMBINAZIONI DI GIOCO

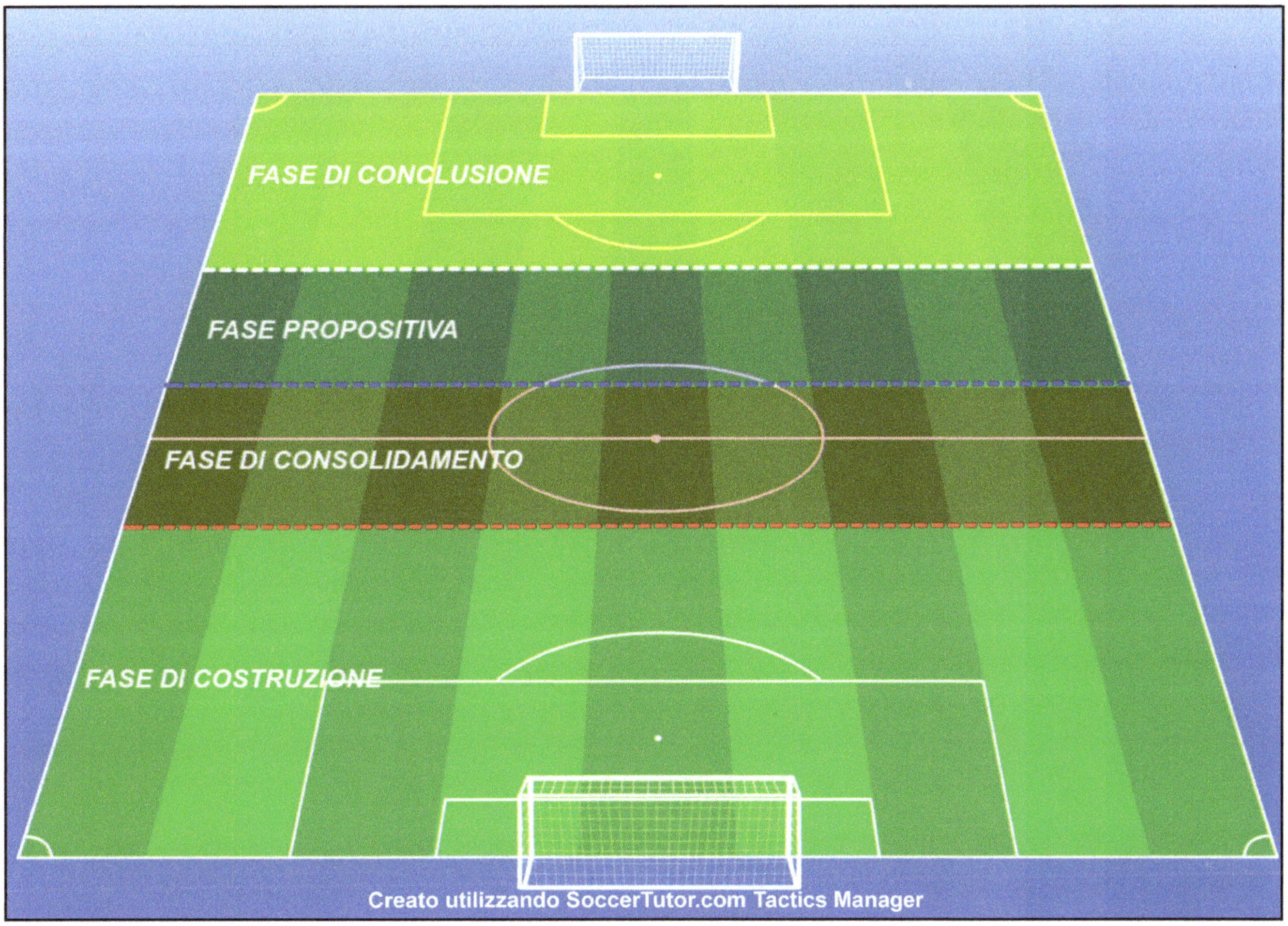

FASE DI CONCLUSIONE

FASE PROPOSITIVA

FASE DI CONSOLIDAMENTO

FASE DI COSTRUZIONE

Creato utilizzando SoccerTutor.com Tactics Manager

1. FASE DI COSTRUZIONE:

la squadra in possesso cerca di coordinare i movimenti e di combinare attraverso trasmissioni palla, per agire al di fuori dell'area di rigore. I giocatori chiave coinvolti sono: il portiere, la linea difensiva a 4 e il centrocampo a 3.

2. FASE DI CONSOLIDAMENTO:

la squadra in possesso gioca palla tra il limite dell'area di rigore e oltre la linea di metà campo. In questa fase successiva, anche gli esterni alti e l'attaccante vengono coinvolti.

3. FASE PROPOSITIVA:

la squadra in possesso cerca di superare le linee difensive avversarie, attraverso trasmissioni palla filtranti e movimenti coordinati.

4. FASE DI CONCLUSIONE:

la squadra in possesso, avendo superato l'ultima linea difensiva avversaria, cerca opportunità per concludere e segnare una rete.

FORMAZIONI E SCAGLIONAMENTO IN CAMPO

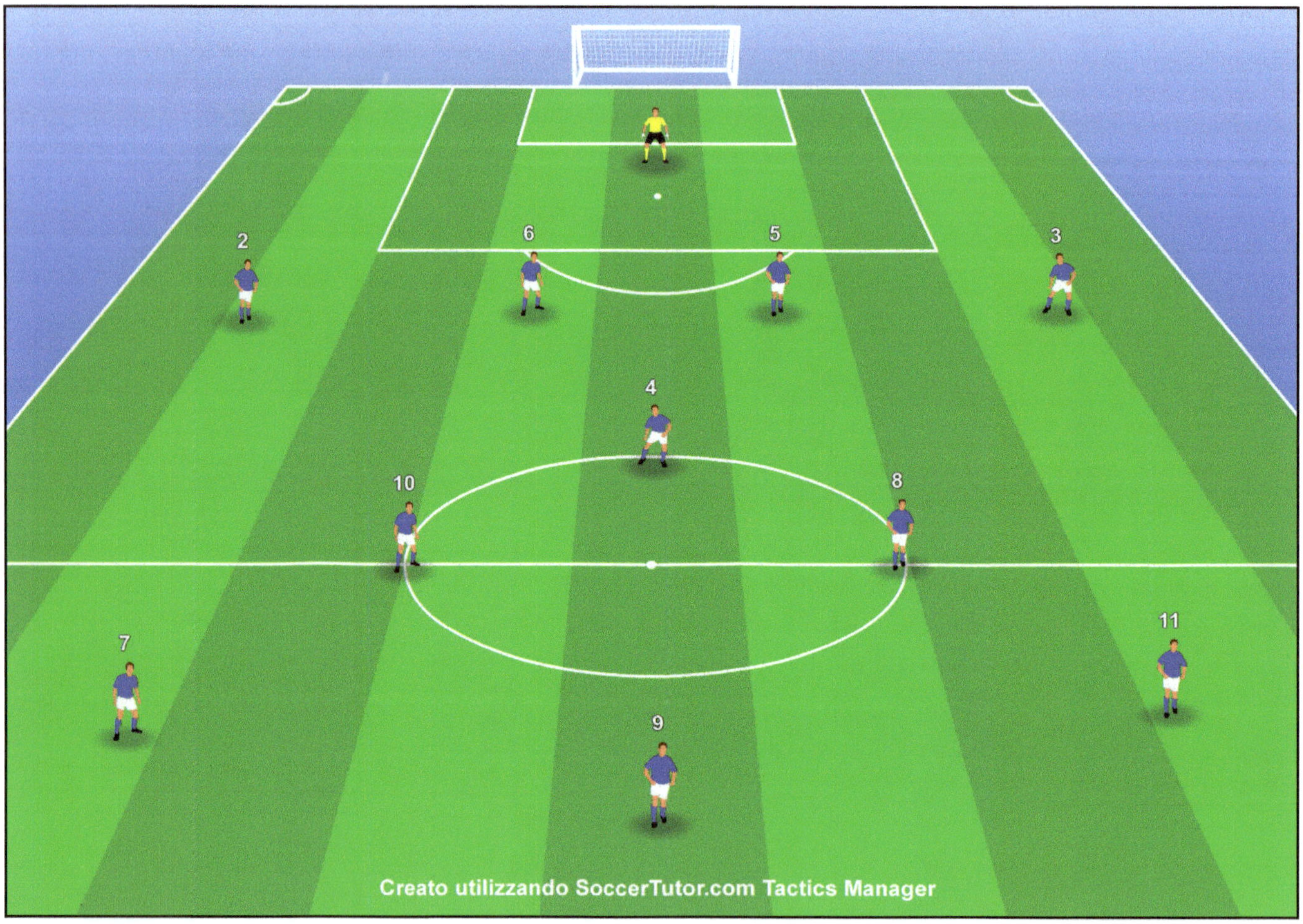
2
6
5
3
4
10
8
7
11
9
Creato utilizzando SoccerTutor.com Tactics Manager

***Negli esempi di questa prima parte del libro viene usato uno schieramento 4-3-3, ma gli schemi dei movimenti e le esercitazioni possono essere adattati alla formazione della propria squadra.**

CAPITOLO 1

LE FASI DI COSTRUZIONE E DI CONSOLIDAMENTO

*** Negli esempi di questo capitolo viene usato uno schieramento 4-3-3, ma gli schemi dei movimenti e le esercitazioni possono essere adattati alla formazione della propria squadra.**

SCAGLIONAMENTO DI BASE E COMBINAZIONI DI MOVIMENTI

Organizzazione di base: le posizioni iniziali della linea difensiva a 4 giocatori

La figura mostra le posizioni di partenza, in situazione di inizio azione o con il portiere in possesso. La linea a 4 riesce ad essere veloce e ad "aprirsi" lungo le linee di passaggio, ogni volta che il portiere riceve palla e ha tempo e spazio a disposizione?

Questo dovrebbe essere lo scaglionamento di base:

I 2 centrali difensivi (Num.5 e Num.6) "si aprono" lungo il limite dell'area di rigore?

I 2 laterali bassi (Num.2 e Num.3) si muovono "in avanti e in ampiezza"? I laterali bassi si dovrebbero posizionare "vicino alla linea laterale" ed in avanti, rispetto ai centrali difensivi.

Attenzione a: la posizione del corpo è "a mezzo giro", per poter vedere la palla e il resto del campo, in avanti?

Organizzazione di base: scaglionamento del centrocampo a 3 giocatori

I 3 centrocampisti (Num. 4, 8 e 10) sono il cuore del sistema tattico presentato in questo libro, perchè i loro movimenti coordinati guidano il gioco. Con la linea difensiva posizionata come in precedenza, ***i 3 centrocampisti riescono a formare un triangolo***? Durante la formazione di questo triangolo, è importante che anche loro "avanzino" per creare spazio davanti all'area di rigore, in preparazione all'avvio dell'azione dal portiere (o di un passaggio, se in situazione di gioco in corso).

L'innesco delle rotazioni a centrocampo è rappresentato dallo sguardo alto del portiere, pronto per giocare palla.

- Il centrocampo a 3 riesce a muoversi in rotazione, all'interno dello spazio creato?
- Se i centrocampisti si smarcano, possono ricevere palla direttamente dal portiere oppure attraverso i centrali difensivi?

Nelle rotazioni (ad esempio il Num. 8 in figura), i centrocampisti saranno meglio posizionati per ricevere palla lateralmente, ed essere quindi facilitati nel girarsi e nel condurre palla in avanti, in caso di spazio disponibile.

In alternativa, se sotto pressione, sanno "giocare palla di prima intenzione", in diagonale, verso i laterali bassi (Num.2 o Num.3) o, meglio ancora, verso gli esterni alti (Num.7 o Num.11)?

Nelle rotazioni, il giocatore allarga il campo visivo e quindi migliora la capacità di vedere gli avversari in pressione alle spalle (una possibilità molto frequente in questa zona). Questo è ciò che si intende con "posizione aperta del corpo", che i giocatori utilizzano nelle esercitazioni presentate in questo libro.

Rotazione dei centrocampisti: combinazioni di movimenti coordinati

- Il triangolo formato dai 3 giocatori è equilibrato?

Le linee rosse, in figura, mostrano la forma ideale per le rotazioni del centrocampo a 3. Quindi, ad esempio, quando si gioca sulla destra, il triangolo viene riequilibrato verso questo lato, e viceversa, quando si gioca sulla sinistra?

- Il centrocampo a 3 riesce ad essere ordinato e focalizzato al superamento della sfida?

Bilanciando il triangolo, come mostrato, ***i centrocampisti creano più spazio per fornire un angolo di supporto durante le rotazioni***. Lo scopo, ovviamente, è smarcarsi e trovare una "porzione di spazio", per ricevere palla in diagonale e in avanti (ad esempio, dal difensore centrale,Num.6, in figura).

Come abbiamo notato, è importante che i 3 centrocampisti mantengano una "posizione aperta del corpo" in fase di rotazione, in modo da poter vedere sempre il proprio compagno di squadra in possesso palla. Devono anche cercare di mantenere una distanza corretta dalla palla e dai loro compagni di squadra (vedere il posizionamento dei Num. 6, 2 e 10, in figura).

- I centrocampisti riescono a creare continuamente triangoli per ricevere palla in una “porzione di spazio”?

È importante che i centrocampisti, in fase di rotazione (ad esempio, il Num.8, in figura), mantengano uno scaglionamento corretto e si girino alla giusta distanza. Nelle occasioni in cui il passaggio non è "possibile", è fondamentale che il centrocampista in rotazione si muova oltre il proprio spazio, aprendone un altro per il compagno in arrivo.

Quando un giocatore riceve un passaggio nello spazio, deve cercare di girarsi e trasmettere palla in avanti. Se, tuttavia, il movimento viene seguito da un avversario, è possibile giocare palla verso il laterale basso (ad esempio, Num.2), oppure in diagonale e in avanti, verso l'esterno, che dovrebbe essere posizionato più alto sul campo?

La forza di questo approccio rotazionale è fornire anche equilibrio difensivo al centro e davanti all'area ("zona 14", come viene chiamata talvolta), come mostrato nella figura. Il Num.4 ruota la sua posizione per arrivare di fronte ai 2 difensori centrali con il corpo "aperto". Questo movimento fornisce protezione in questa zona vitale e vulnerabile, nel caso in cui il possesso venga perso in favore degli avversari, a causa, ad esempio, di un passaggio sbagliato. Anche i 2 difensori centrali dovranno "ripiegare" rapidamente, in questo caso, per garantire compattezza, copertura ed equilibrio, insieme ai laterali bassi.

La transizione dalla fase di costruzione a quella di consolidamento

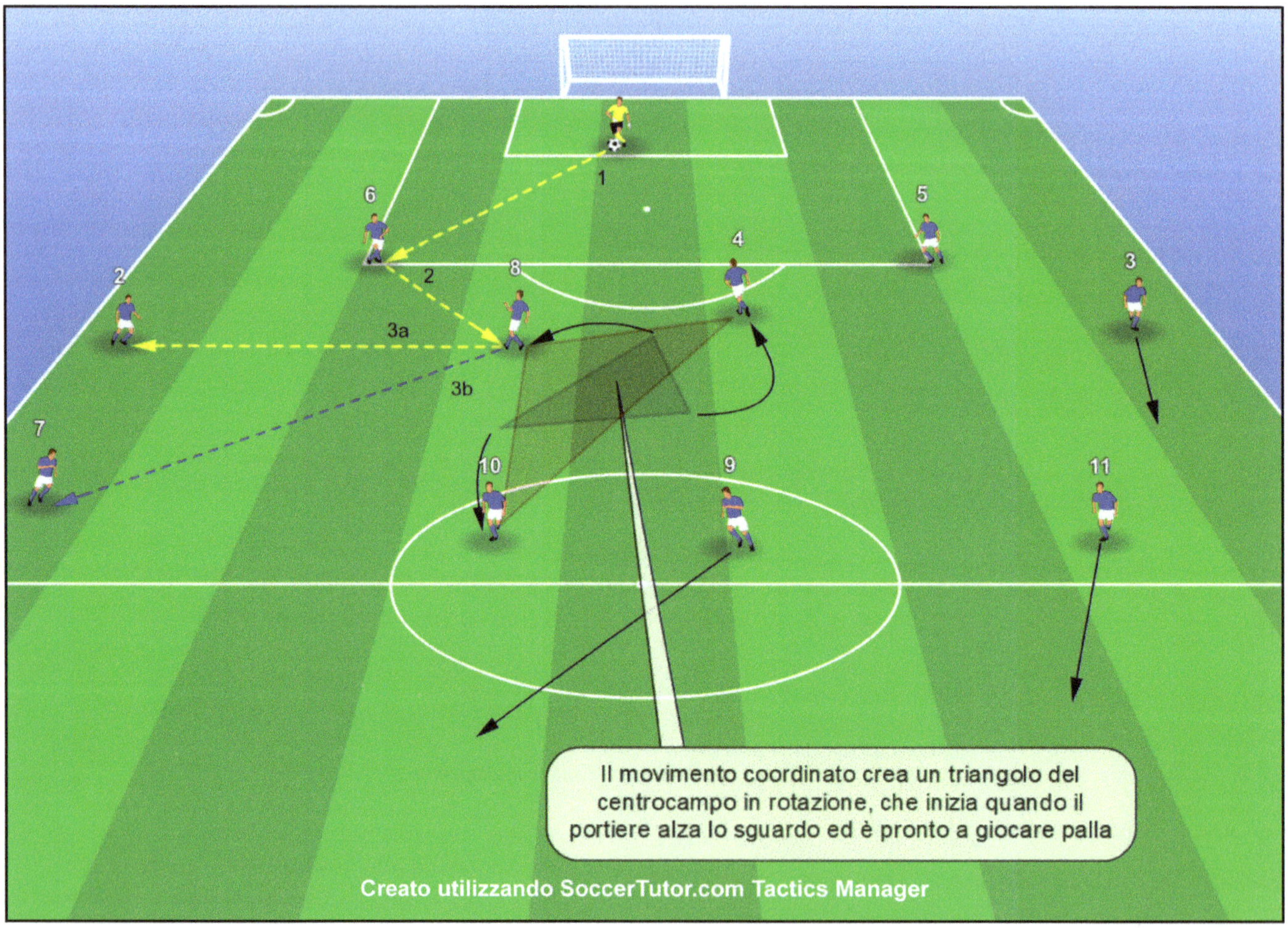

Il movimento coordinato crea un triangolo del centrocampo in rotazione, che inizia quando il portiere alza lo sguardo ed è pronto a giocare palla

Creato utilizzando SoccerTutor.com Tactics Manager

La figura descrive i ***movimenti coordinati di base del centrocampo, che creano un triangolo in rotazione.***

E questo è anche il metodo con cui, personalmente, lo descrivo ai miei giocatori, per aiutarli a capire e vedere il piano più generale, nelle loro menti. Nella figura sono anche rappresentate alcune delle opzioni di passaggio di base disponibili per il difensore centrale (Num.6), quando "si apre" per ricevere palla dal portiere; è importante notare i triangoli creati dalla rotazione del centrocampo a 3. Il Num.6 può giocare in ampiezza verso il laterale basso destro (Num.2) oppure internamente verso il Num.8, in rotazione (come mostrato in figura) o anche, se possibile , direttamente al Num.10.

L'innesco della rotazione del centrocampo deve essere il momento in cui il portiere alza lo sguardo ed è pronto a giocare palla. Se i movimenti del Num.8 o del Num.4 non sono seguiti dagli avversari, allora il portiere ha la possibilità di trasmettere verso questi giocatori; ancora una volta, è fondamentale che i centrocampisti "curvino i loro movimenti ad arco", in modo che siano posizionati "lateralmente" per ricevere, con una buona visione del campo. I riceventi possono quindi girarsi e avanzare in conduzione palla o giocare di prima intenzione, verso un compagno a supporto, in ampiezza (ad esempio, dal Num.6 al Num.8, al Num.2 o Num.7, come mostrato in figura).

- Intanto, il portiere è in grado di proporsi come opzione, con un giusto angolo di supporto, per ricevere, dietro alla linea della palla?
- Il portiere è in grado di aprire il gioco in ampiezza, con un passaggio rasoterra o con palla alta, in caso di pressione intensa degli avversari?
(ne parleremo a fondo, più avanti, in questa sezione del libro)

Opzioni di passaggio nella rotazione del centrocampo a 3 giocatori (combinazioni tra centrocampisti e compagni in ampiezza)

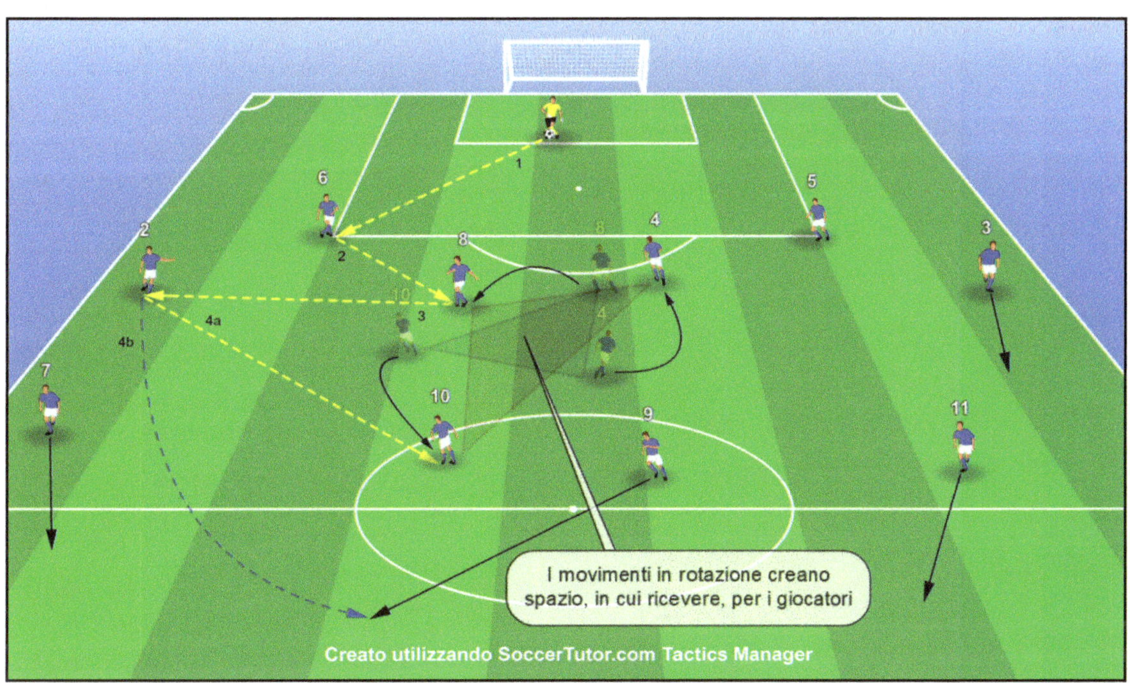

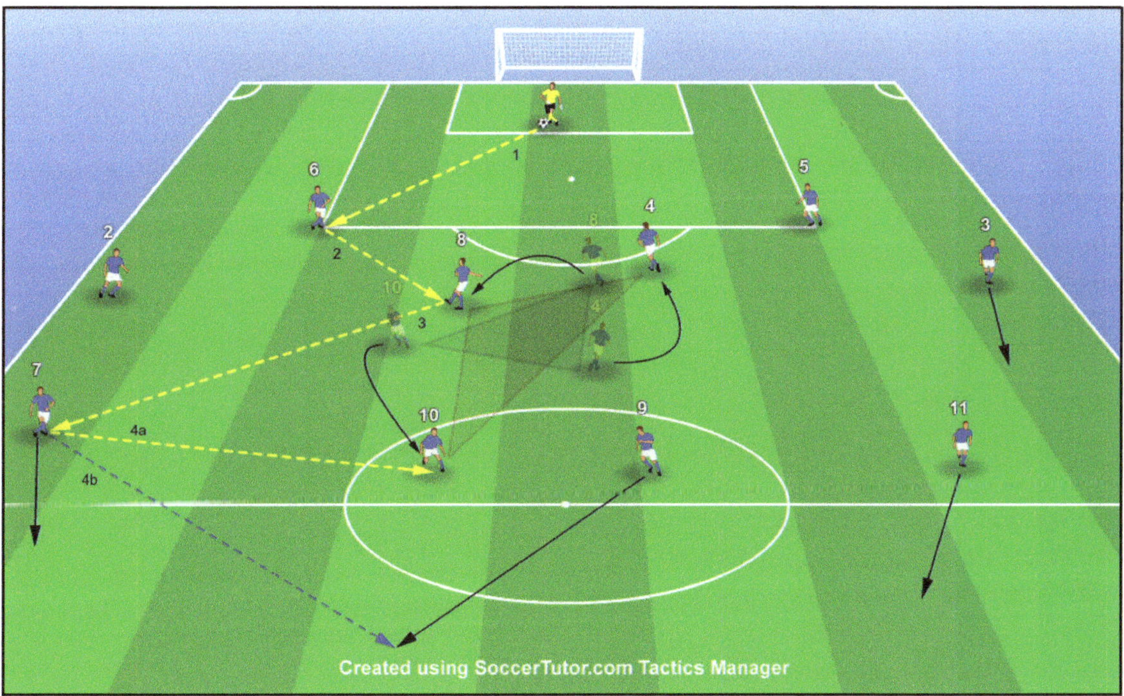

Queste due figure mostrano le rotazioni di base del centrocampo a 3 e le successive opzioni di passaggio. Le posizioni di partenza sono rappresentate dai giocatori trasparenti; quando queste rotazioni creano uno spazio per ricevere palla, la pressione da parte degli avversari, che cercano di chiudere questi spazi e le linee di passaggio, è probabile. Come vedremo, è quindi importante allenare i giocatori nelle trasmissioni palla di prima intenzione, oppure con 2 tocchi rapidi (controllo e passaggio). Le figure descrivono esempi di 1 centrocampista (il Num.8, in figura) che gioca palla di prima intenzione verso il Num.2 o il Num.7. Questi giocatori di supporto in ampiezza possono quindi cercare di trasmettere in diagonale e in avanti, sulla corsa del Num.10 in rotazione, oppure, in alternativa, come mostrato, trasmettere palla alta o rasoterra, verso la direzione di corsa del Num.9, che si muove in diagonale.

Questa figura mostra un'ulteriore opzione. 1 centrale difensivo è posizionato sulla linea dell'area di rigore, per ricevere palla; se nessuno degli avversari lo chiude, il portiere può giocare verso di lui, mentre gli altri giocatori si muovono a supporto. Tuttavia, se l'attaccante porta pressione contro il difensore centrale, apre uno spazio e un'opportunità per giocare in uscita.

- ***Il centrocampo a 3 è in grado di ruotare e il portiere riesce a giocare palla verso il Num.4, che si muove nello spazio creato?***
- ***Il Num.4 riesce a posizionarsi con il corpo a mezzo giro per ricevere palla?***
- ***Se un avversario porta pressione contro il Num.4, il laterale basso (ad esempio, il Num.3) riesce a muoversi a supporto, con i tempi giusti, davanti al proprio marcatore? Se si, il Num.4 può giocare di prima intenzione verso di lui?***

Il Num.3 può ora condurre palla in avanti, se c'è spazio, oppure cercare un passaggio lungo verso l'attaccante, facendolo correre sulla fascia (ad esempio verso il Num.11, come in figura). In caso contrario, ***il Num.4, se sotto pressione, riesce a "rigiocare" palla al portiere, che deve posizionarsi in modo da essere disponibile per ricevere?***

- Il portiere può ora attendere che la propria linea difensiva sia rapidamente riposizionata e che la squadra provi un altro movimento collettivo coordinato?
- Quando il portiere si trova sotto pressione di un avversario in movimento, è in grado di trasmettere una palla lunga e in diagonale, verso il Num.7 o il Num.11? Questa opzione può essere efficace, se la giocata è precisa. In effetti, la palla lunga è una giocata più semplice, soprattutto per i giocatori più giovani. Inoltre, poiché la squadra avversaria sarà probabilmente posizionata in alto, sul campo, in fase di pressione e di ricerca del possesso, una palla lunga precisa può mettere fuori gioco un certo numero di avversari e innescare un rapido e pericoloso contrattacco in ampiezza. Da notare che, in situazioni come questa, è fondamentale allenare il portiere nel giocare palla verso gli esterni alti; questa opzione è molto più sicura rispetto ad un semplice rinvio verso la metà campo, dov'è probabile che l'avversario conquisti palla, lasciando la squadra scoperta nelle zone centrali.

Queste sono solo alcune delle molte varianti possibili, che consentono alla squadra di essere flessibile e creativa, esplorando diverse vie per costruire gioco dal portiere. Vedremo presto altri esempi, che portano dalla fase di costruzione alla fase di consolidamento del gioco. Prima di tutto, voglio suggerire alcuni esercizi chiave, per allenare i giocatori sullo schieramento di base e sugli schemi di movimento. Queste esercitazioni sono facili da organizzare, per l'allenatore, e da capire, per i giocatori. Dopo una prima fase di sperimentazione, i giocatori inizieranno a vedere chiaramente scaglionamento e rotazioni, acquistando sicurezza nel mettere in pratica il tutto, contro gli avversari, nelle partite.

Esercitazione analitica: "trasmissioni e movimenti" per la rotazione del centrocampo a 3 giocatori

POSIZIONE DI PARTENZA

POSIZIONE DI PARTENZA

I centrocampisti (4, 8 & 10) ruotano insieme per creare spazio e ricevere?

I centrocampisti sono in grado di giocare rapidamente in combinazione 1-2 con il compagno in avanzamento?

Creato utilizzando SoccerTutor.com Tactics Manager

Organizzazione dell'esercitazione

All'interno di una metà campo, vengono posizionati i coni, come mostrato in figura; 3 centrocampisti si trovano nei loro pressi al centro, formando un triangolo. Tutti gli altri giocatori hanno una palla ciascuno e l'esercitazione inizia con una conduzione in avanti, su entrambi i lati, contemporaneamente. La maggior parte dei giocatori inizia la sequenza dietro alle porticine formate dai coni, con un altri compagni sulla linea di metà campo, per dare continuità di svolgimento.

I giocatori devono mostrare confidenza con la conduzione di palla, prima di giocare in combinazione 1-2 con uno dei 3 centrocampisti, che ruotano dopo ogni passaggio (in senso antiorario, in figura). Una volta che il centrocampista gioca il passaggio di ritorno di prima intenzione, sono tutti in grado di condurre in velocità, verso la linea di metà campo, dove devono girarsi e tornare verso la porticina di partenza? I giocatori del centrocampo a 3 devono ruotare.

Attenzione a

1. I giocatori ***si muovono con i tempi giusti***?
2. Sanno ***dosare la forza delle trasmissioni*** verso un compagno o in direzione della sua corsa?
3. Comunicano in modo corretto? Ad esempio, con un chiaro segnale della mano, che indichi dove ricevere palla?
4. Sanno segnalare, visivamente, al compagno, in modo corretto, dove ricevere un passaggio?
5. ***I 3 centrocampisti, in rotazione,*** riescono a mantenere uno ***scaglionamento triangolare corretto***?
6. I centrocampisti, se sotto pressione, sono in grado di giocare di prima intenzione con la ***posizione aperta del corpo***?
7. I centrocampisti possono "***curvare ad arco i loro movimenti***", mentre ruotano, per ricevere un passaggio? In questo modo possono mantenere un corretto posizionamento del corpo e ad ***assicurare che l'equilibrio*** nella zona difensiva centrale ***sia mantenuto***, in caso di perdita del possesso.
8. Tutti sanno ***giocare con una giusta anticipazione, calma e a testa alta***?

PROGRESSIONE

Esercitazione con pressione passiva, "trasmissioni e movimenti", per la rotazione del centrocampo a 3 giocatori

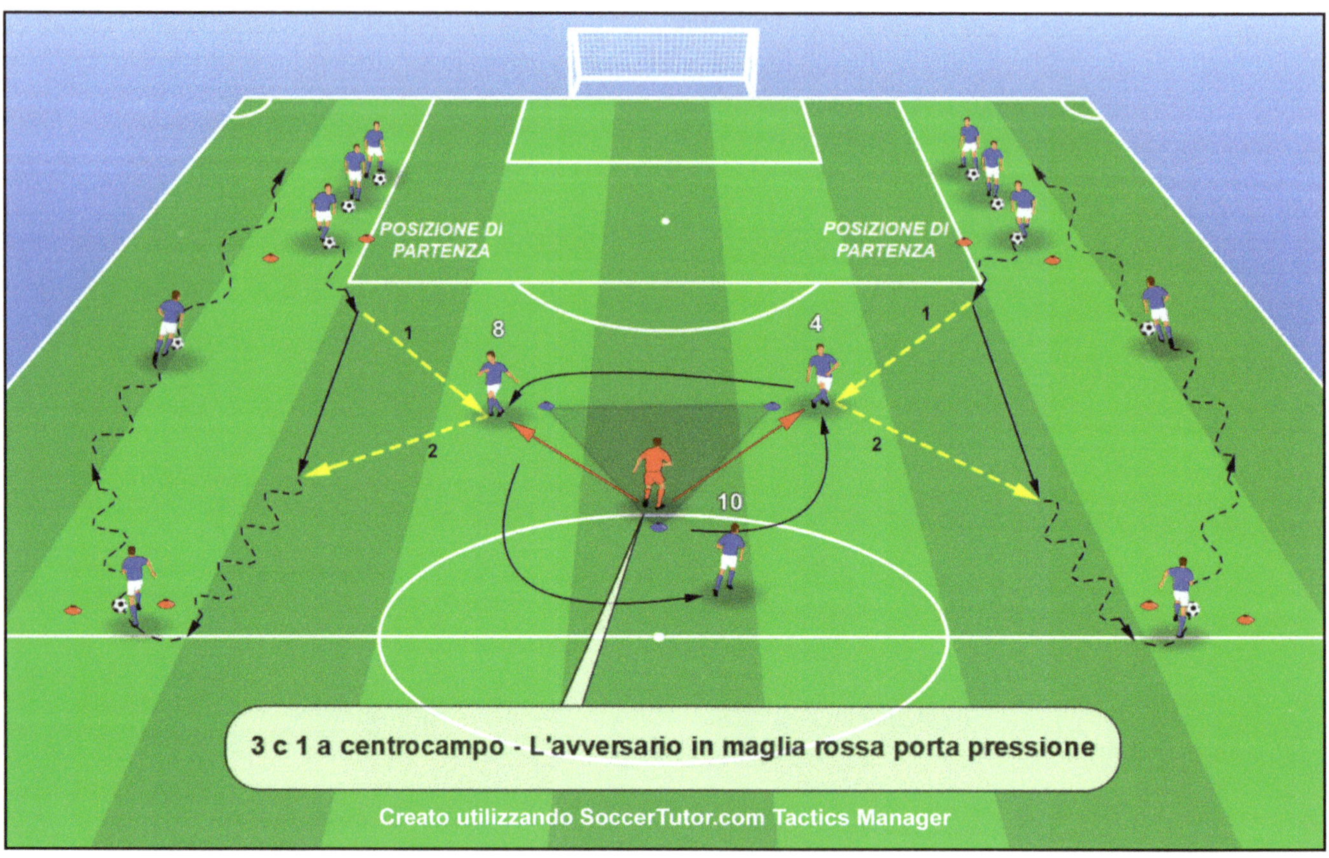

Organizzazione dell'esercitazione

Questa esercitazione è una progressione della precedente, in cui viene aggiunto un ***avversario "passivo"*** (in maglia rossa), che porta pressione contro i 3 centrocampisti, mentre si muovono per ricevere palla. Il giocatore rosso non deve provare a intercettare attivamente nessun passaggio o affrontare il centrocampista che riceve la palla; deve, invece, semplicemente, "seguire" la direzione di corsa, come se stesse portando pressione, mentre i centrocampisti cercano di trasmettere palla di prima intenzione in ampiezza. I giocatori del centrocampo a 3 devono ruotare.

Progressioni

1. Per sviluppare la proposta, e una volta che i giocatori sono migliorati, un secondo avversario passivo può essere aggiunto, per portare ulteriore pressione.
2. Una volta raggiunto un buon ritmo nello svolgimento, gli avversari possono portare una pressione più forte sui centrocampisti, anche se non completamente attiva, cercando quasi di affrontare l'avversario o di intercettare i passaggi.
3. Una volta che i giocatori dimostrando buone capacità, entrambi i difensori diventano completamente attivi, portano pressione e cercando di intercettare i passaggi dei 3 centrocampisti in rotazione.

Attenzione a

1. I 3 centrocampisti riescono a coordinare i loro movimenti con i tempi giusti, cercando di ricevere palla mantenendo un corretto scaglionamento triangolare?
2. Sono posizionati con il corpo "a mezzo giro" per ricevere palla, e possono, quindi, trasmettere di prima intenzione?
3. Riescono a trovare soluzioni tecniche per ricevere palla, in protezione contro l'avversario?
4. Gli altri giocatori riescono a smarcarsi, per creare spazio e ricevere un passaggio?
5. Tutti i giocatori sono in grado di dosare efficacemente la forza dei loro passaggi nella direzione di corsa dei compagni di squadra?
6. Sanno comunicare con efficacia dove ricevere palla, per esempio, attraverso segnali con la mano, che indichino il punto di ricezione richiesto?

PROGRESSIONE
Esercitazione "trasmissioni e movimenti", per la rotazione del centrocampo a 3 e giocata al centrocampista avanzato

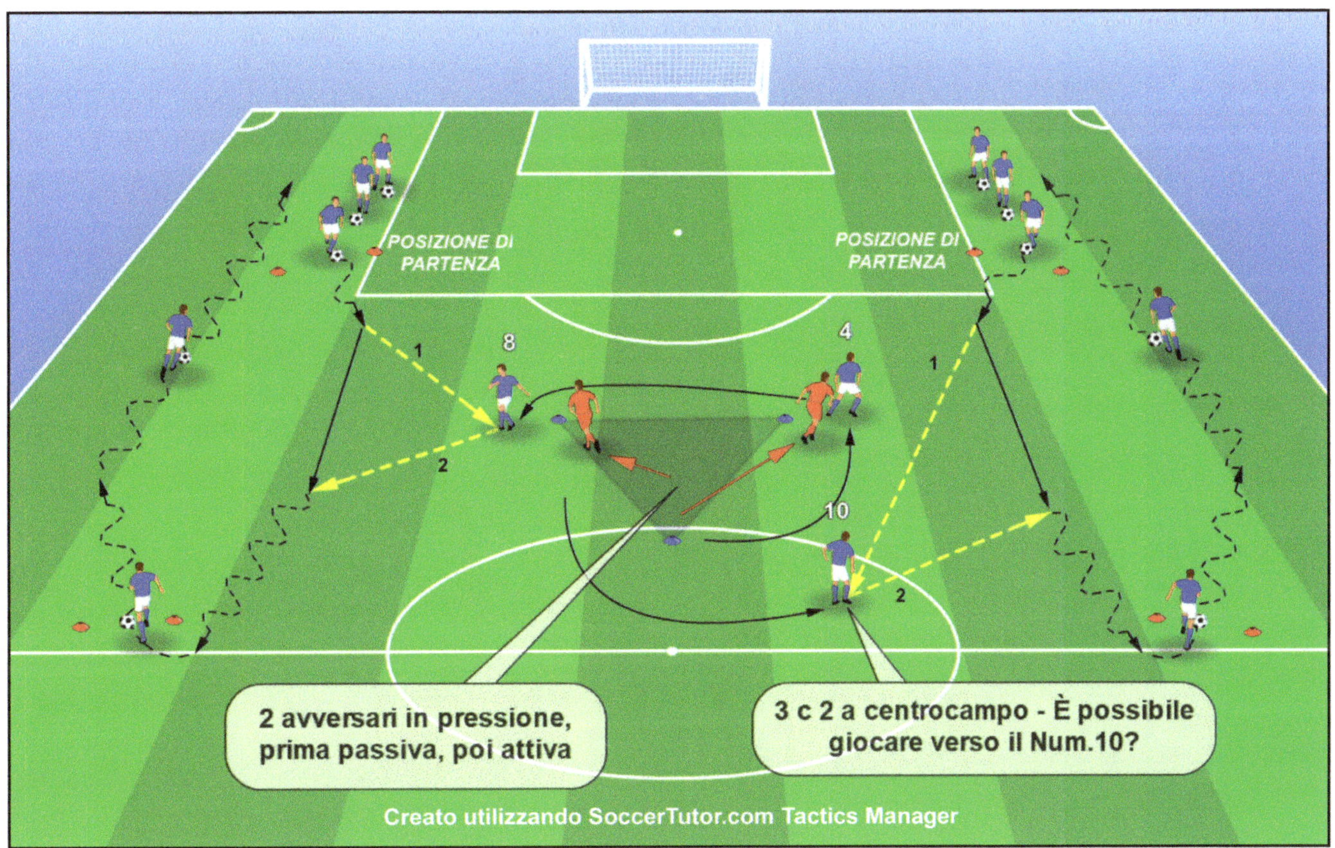

Organizzazione dell'esercitazione

Questa progressione è simile alla precedente, ma viene proposta una sfida ai giocatori: riescono a trasmettere palla verso un centrocampista più avanzato? (Num.10, in figura)

I 2 avversari rossi portano pressione passiva, inizialmente. Nell'esempio in figura, il centrocampista più avanzato (Num.10) regola la propria corsa per ricevere palla, nello spazio lasciato libero dal movimento del centrocampista più basso (Num.4, in figura); il Num.10, a propria volta, trasmette palla nello spazio, in cui il compagno di squadra in arrivo riceve e continua in conduzione.

Progressioni

Una volta che i giocatori svolgono l'esercitazione in modo corretto, a lungo e ad alti ritmi, i difensori rossi diventano attivi, portando pressione e cercano di intercettare i passaggi verso i 3 centrocampisti in rotazione.

Attenzione a

1. Il centrocampista più avanzato (Num.10, in figura), riesce a regolare il proprio "movimento ad arco" per farsi trovare nello spazio e giocare di prima intenzione?
2. I giocatori in conduzione palla sanno trasmettere in modo tecnicamente corretto, in avanti lungo il terreno di gioco e nella direzione di corsa del più avanzato tra i 3 centrocampisti?
3. Richiedere che il primo passaggio sia tecnicamente eseguito di mezzo collo piede, mantenendo la palla a terra, per giocare in combinazione 1-2 in modo più rapido e semplice, come mostrato in figura.
4. Se il passaggio viene giocato oltre il compagno di squadra più vicino (ad esempio, oltre il centrocampista Num.4 in rotazione, in figura), diventa un'opzione migliore, dal punto di vista offensivo.

   Un passaggio verso il Num.4 può essere considerato una "prima opzione", poiché è il compagno di squadra più vicino, mentre trasmettere palla verso il Num.10, è una "seconda opzione", utile quando questo giocatore si trova in una posizione più avanzata .

SCAGLIONAMENTO COLLETTIVO E ROTAZIONI IN FASE DI COSTRUZIONE DAL BASSO

Scaglionamento collettivo e rotazioni in fase di costruzione dal basso: triangoli e rombi

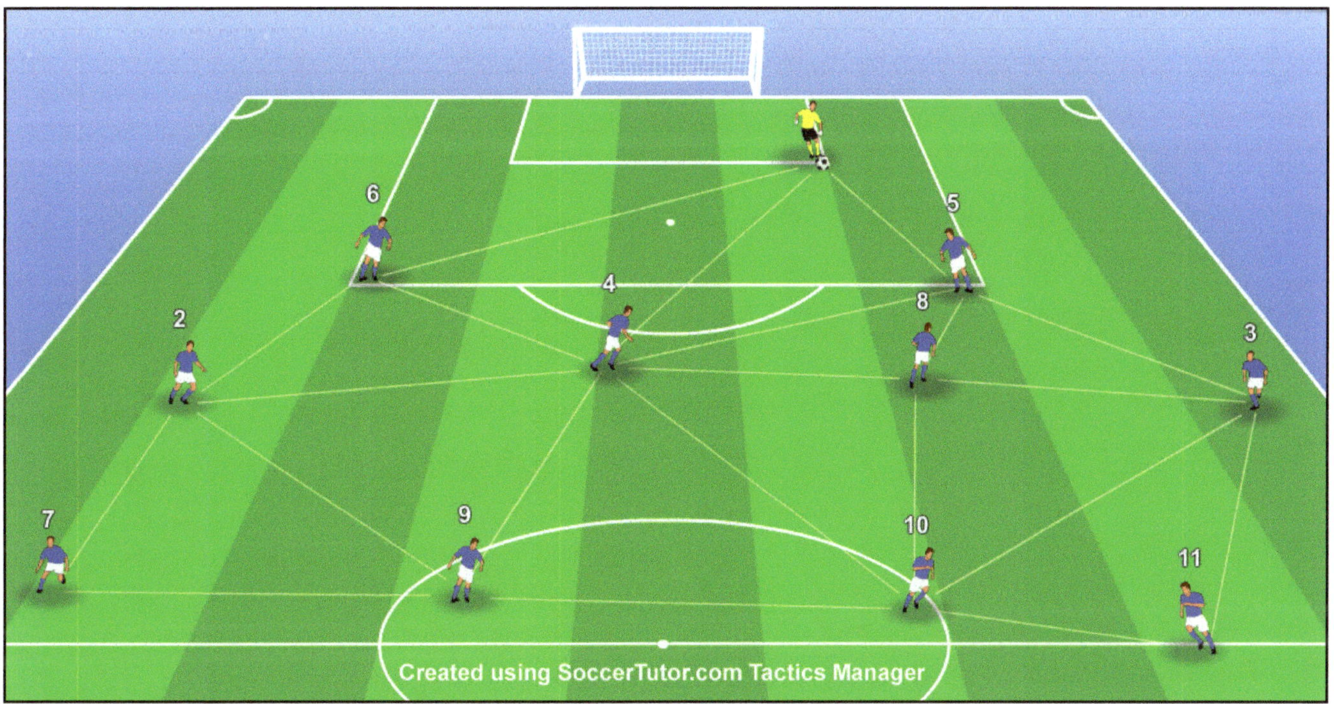

Ecco una panoramica dello scaglionamento collettivo offensivo, in fase di costruzione dal basso. La prima figura mostra la squadra senza avversari; la seconda mostra la squadra che affronta avversari in pressione alta.

1. Le distanze tra i giocatori devono essere mantenute costanti.
2. Si devono formare triangoli e rombi.

3. Si devono creare le giuste ampiezza e profondità.
4. È richiesta mobilità continua nello spazio, soprattutto nelle zone centrali.
5. La postura del corpo, "aperta" e a "mezzo giro", deve essere in relazione alla posizione della palla.

Le figure mostrano l'importanza della mobilità e delle rotazioni nelle zone centrali per smarcarsi. Più avanti, in questa sezione del libro, vedremo l'importanza della mobilità, in tutte le posizioni, per creare spazio in cui giocare.

Valutare la seconda opzione di passaggio

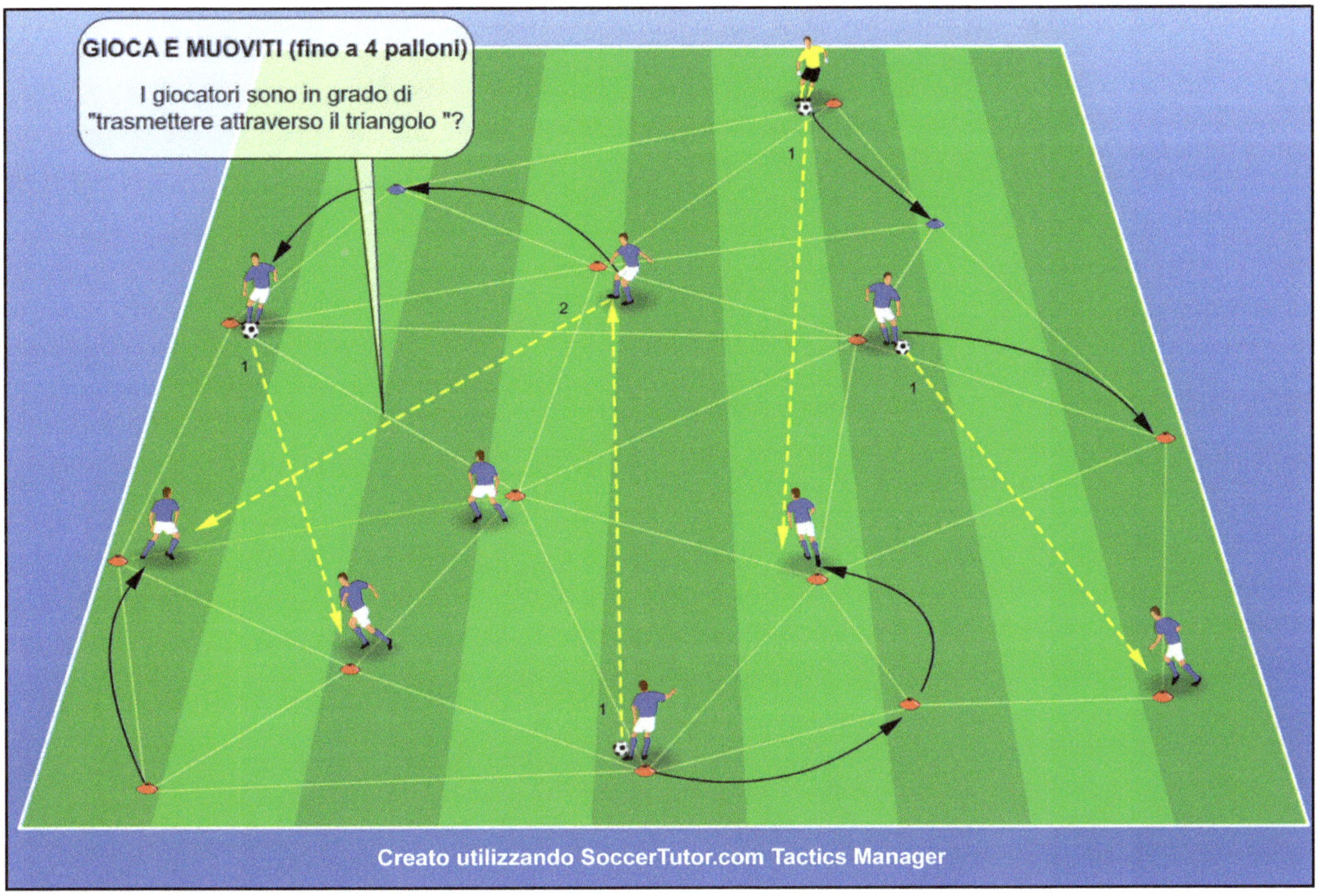

GIOCA E MUOVITI (fino a 4 palloni)

I giocatori sono in grado di "trasmettere attraverso il triangolo "?

Creato utilizzando SoccerTutor.com Tactics Manager

Organizzazione dell'esercitazione

All'interno di una metà campo, vengono posizionati i coni a 10 metri di distanza, per formare una serie di triangoli. Si utilizzano 1 o 2 palloni, nella fase iniziale, per poi progredire con 4. È importante dare una chiara dimostrazione di cosa si intende per "prima opzione" di giocata (ad esempio, verso il giocatore più vicino). I giocatori vengono messi alla prova per vedere se sono in grado di "trasmettere e muoversi" tra i coni, con un massimo di 2 tocchi ("controllo e trasmissione"), come "prima opzione di passaggio" al compagno più vicino.

È possibile utilizzare "cambi volanti", secondo il numero dei giocatori a disposizione. I giocatori sanno comunicarli al compagno che devono sostituire? Se un giocatore non riceve palla entro 3" si deve muovere verso un altro spazio.

Progressioni

1. Aggiungere 2 avversari passivi, che si muovono solo per chiudere le linee di passaggio.
2. Una volta che i giocatori hanno capito l'esercitazione e la svolgono in modo corretto, si passa a lavorare sulla "seconda opzione".
   I giocatori sono consapevoli del fatto che la sfida, ora, sia quella di trasmettere verso il compagno posizionato al di là di quello più vicino?
   Sono in grado, quando possibile, di trasmettere palla "attraverso il triangolo" e verso il giocatore che rappresenta la "seconda opzione"? Si intende, non verso il compagno più vicino, ma, se possibile, verso quello più avanzato (o in movimento verso una posizione più avanzata).

Attenzione a

1. I giocatori sono in grado di smarcarsi? Dovrebbero allontanarsi, prima di posizionarsi per ricevere.
2. Sanno regolare la propria corsa per farsi trovare in uno spazio libero e ricevere palla?
3. Sanno comunicare con efficacia dove ricevere palla, per esempio, attraverso segnali con la mano, che indichino il punto di ricezione richiesto?

PROGRESSIONE
Posizioni specifiche per combinazioni di trasmissioni e movimenti

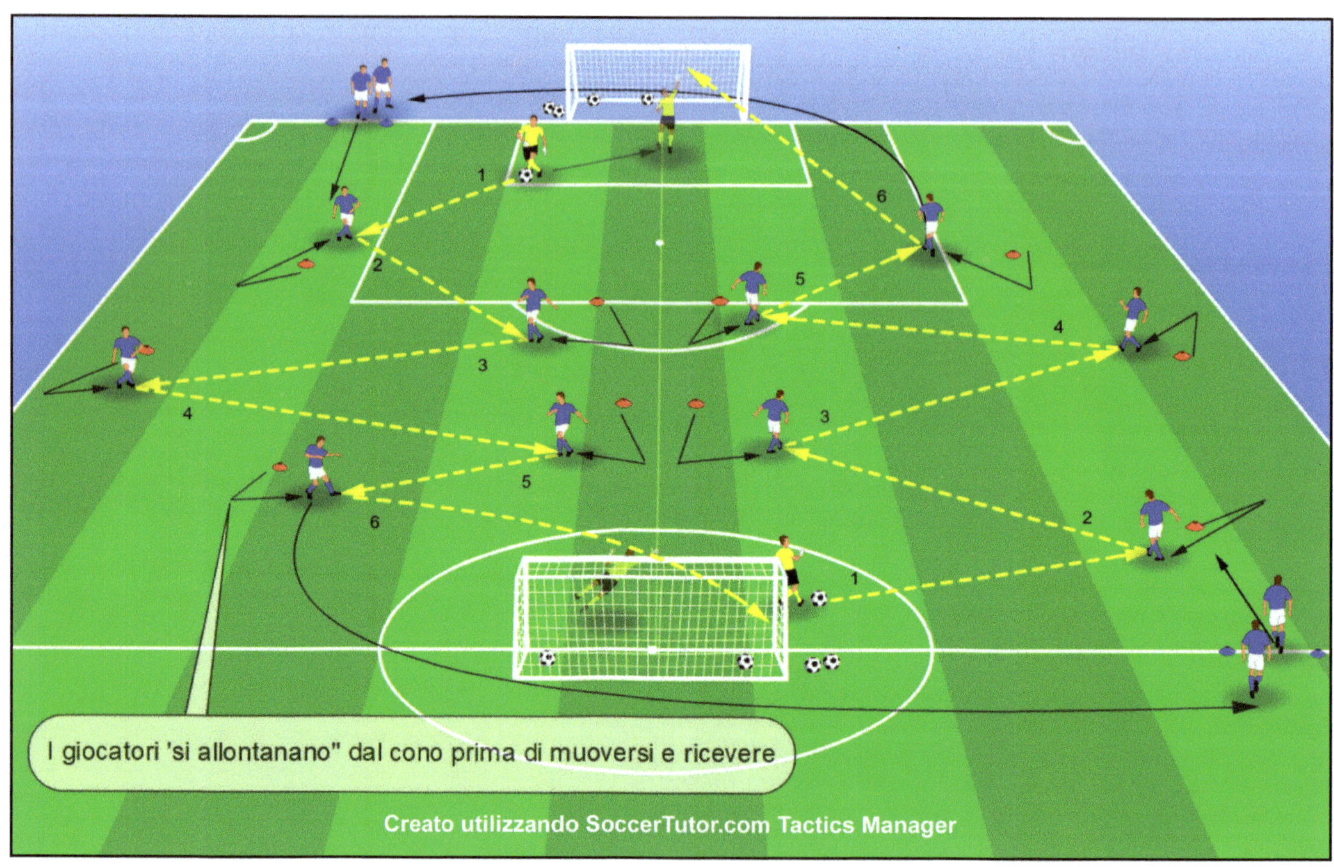

Organizzazione dell'esercitazione

Una metà campo viene divisa in 2 parti uguali e 5 coni vengono posizionati in ciascuna metà, come mostrato in figura. In questa esercitazione vengono impiegati 14 giocatori di movimento. 2 portieri difendono porte regolari.

Entrambi i portieri iniziano la sequenza contemporaneamente, con un passaggio verso il giocatore posizionato come difensore centrale. Gli altri coni rappresentano le posizioni di 1 centrocampista centrale, 1 laterale basso, 1 centrocampista avanzato oppure attaccante e 1 esterno alto.

Durante la sequenza di trasmissioni palla, come mostrato in figura (1-5), i giocatori si muovono verso il cono successivo, seguendo il passaggio. Quando l'esterno alto riceve, calcia in porta e si sposta verso il gruppo nella parte opposta. L'esercitazione continua in senso antiorario.

I giocatori dovrebbero utilizzare un massimo di 2 tocchi ("controllo e passaggio"), ma la proposta è adattabile alle abilità di chi la esegue; essi sono posizionati dietro i coni e dovrebbero allontanarsi, come mostrato in figura, per ricevere in movimento.

Questa esercitazione aiuta tutti i giocatori a capire lo scaglionamento e i movimenti necessari, in tutte le posizioni chiave sul campo; comprensione e capacità di visualizzazione del modello di gioco migliorano di conseguenza.

Attenzione a

1. I giocatori sanno muoversi in modo sincronizzato per creare spazio (smarcamento) e ricevere palla?
2. Sono in grado di segnalare dove ricevere il passaggio, comunicando chiaramente?
3. Riescono a posizionarsi a "mezzo giro" con il corpo, per poter vedere lo spazio dell'intero campo di gioco?
4. Ricevono palla, controllandola correttamente dal punto di vista tecnico, per poter trasmettere in modo preciso e con la giusta forza, utilizzando 2 tocchi?

VARIANTE / PROGRESSIONE

Posizioni specifiche per combinazioni di trasmissioni e movimenti, con una seconda opzione di passaggio

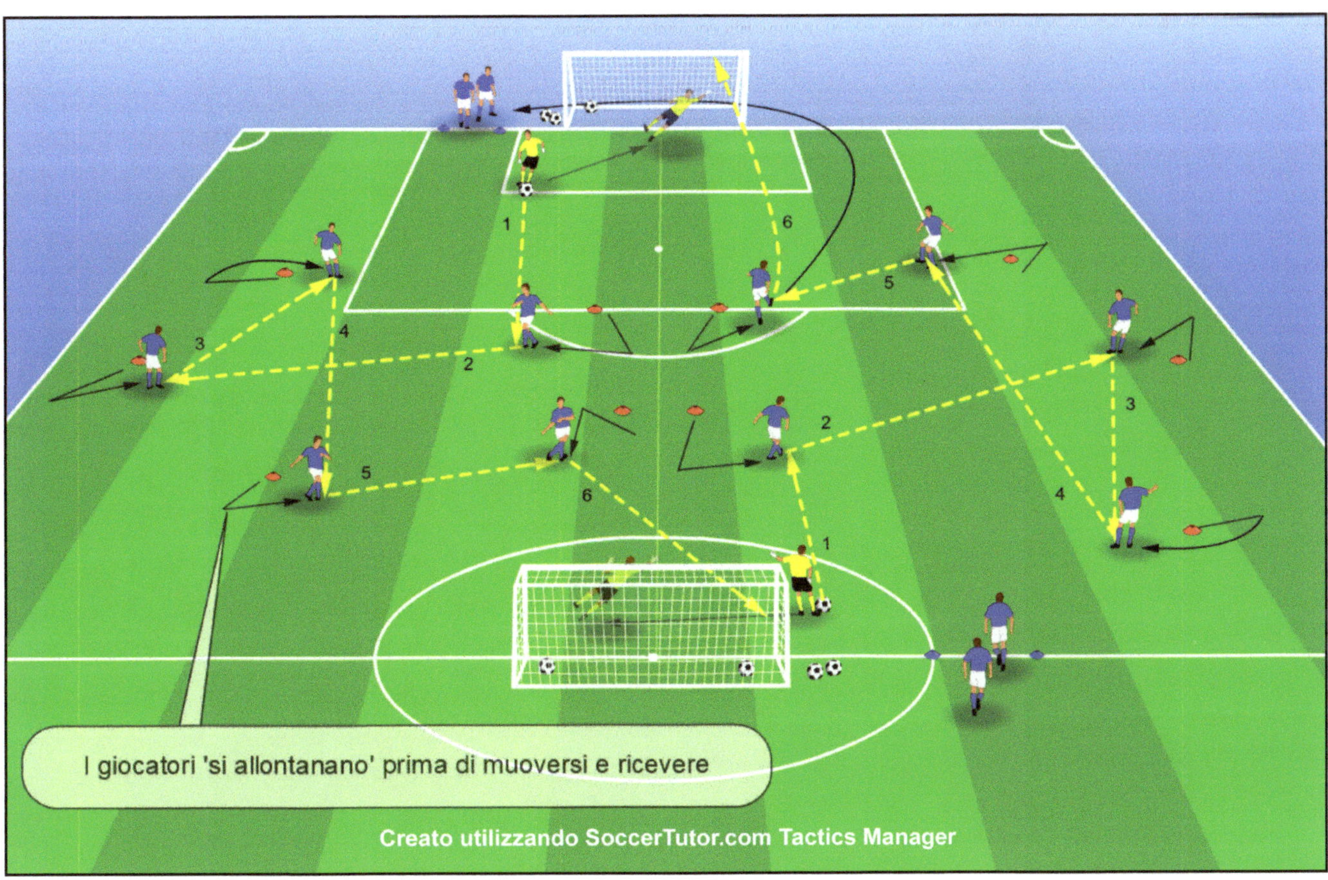

Organizzazione dell'esercitazione

In questa variante dell'esercitazione precedente, vengono cambiate le sequenze di trasmissioni palla, per sperimentare più soluzioni e progressioni. I giocatori seguono ancora il passaggio, indipendentemente dalla sequenza. Nel primo esempio in figura, il portiere trasmette palla verso il centrocampista centrale, che si muove incontro lateralmente e gioca di prima intenzione verso il laterale basso che, a propria volta, passa indietro al difensore centrale. Tutti questi passaggi sono "prime opzioni", verso il compagno più vicino al giocatore in possesso.

Come ***seconda opzione di giocata***, il difensore centrale (4) trasmette palla in avanti, in penetrazione, verso l'esterno alto, come mostrato. L'esterno alto gioca palla verso il centrocampista avanzato / attaccante, che calcia in porta. I giocatori ruotano le loro posizioni e il centrocampista avanzato / attaccante si unisce al gruppo opposto. Questa proposta analitica consente ai giocatori di sperimentare combinazioni di passaggi chiave, in base allo scaglionamento collettivo. I giocatori sono in grado di creare una connessione tra loro ed un ritmo comune, attraverso trasmissioni con la giusta forza e movimenti corretti? Quando hanno raggiunto questi livelli comuni, i giocatori vanno incoraggiati ad esplorare diverse varianti e soluzioni, mantenendo lo stesso scaglionamento dinamico.

Attenzione a

1. Sfida per i giocatori: sono in grado di combinare tra loro, usando la prima e, quando possibile, la seconda opzione di passaggio, per costruire gioco?
2. Riescono a smarcarsi con un contromovimento, prima di ricevere palla? I giocatori devono abituarsi a ricercare la creazione spazio per contrastare la marcatura e la pressione degli avversari.
3. Sanno posizionarsi, secondo il passaggio in arrivo, per poter giocare di prima intenzione?
4. Sono in grado di indicare, usando le braccia, su quale piede (sinistro o destro) vogliono ricevere palla, aumentando le probabilità di un controllo corretto? Tutto questo implementa le capacità di giocata "di prima intenzione".
5. Sanno giocare palla rasoterra, di mezzo collo, con precisione? È importante prestare attenzione ai giocatori in difficoltà su questo punto e dare loro supporto tecnico su come trasmettere a 5/10/15/20 m di distanza.

PROGRESSIONE
Posizioni specifiche per combinazioni con una seconda opzione di passaggio

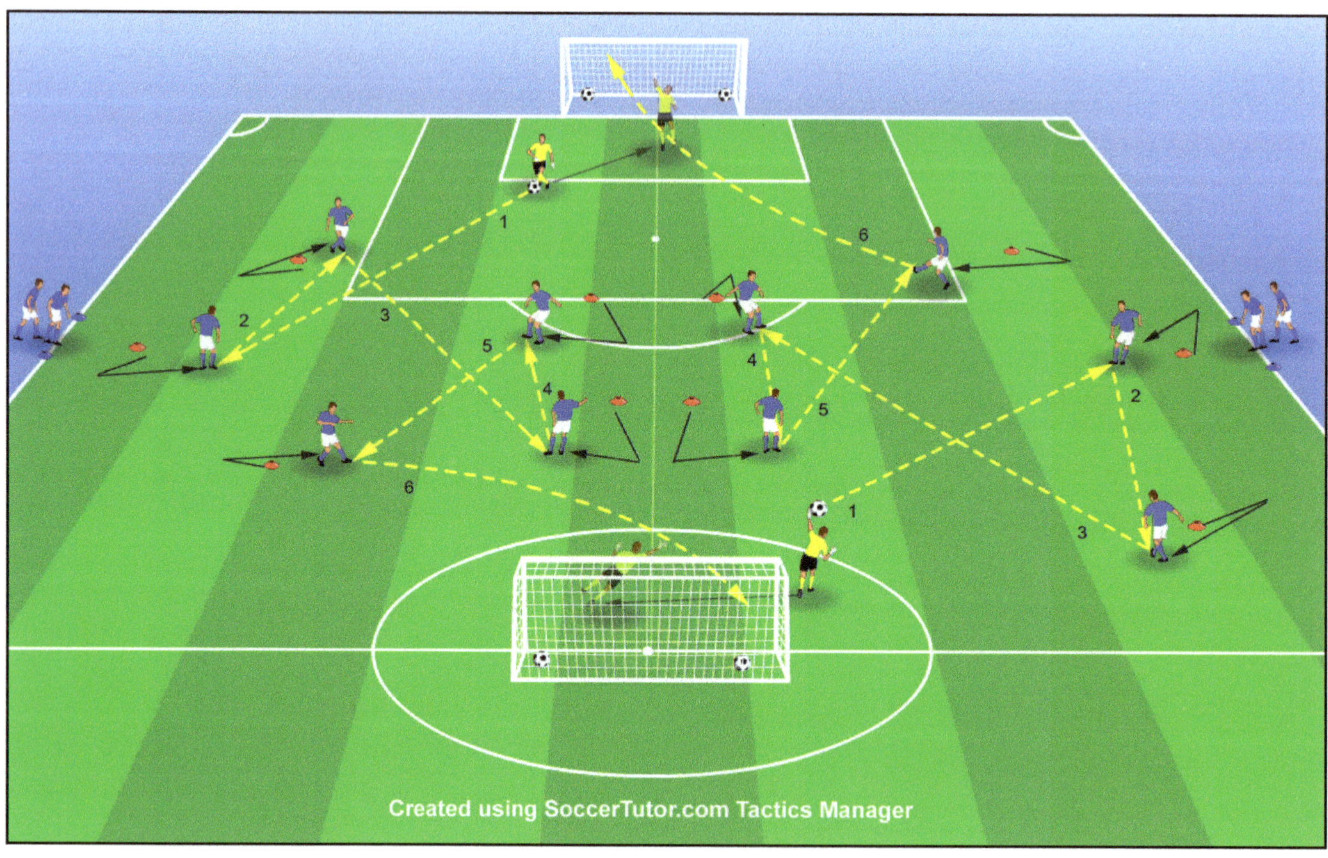

Organizzazione dell'esercitazione (elementi allenanti inclusi)

Questa progressione prevede la stessa organizzazione delle 2 precedenti, ma il punto di inizio è previsto in ampiezza (porticine blu, in figura).

Viene richiesto lo stesso tipo di lavoro ai giocatori (trasmettere e seguire il passaggio), che, tuttavia, in questa progressione, vengono sfidati a sperimentare il seguente flusso di gioco:

1. Il portiere può giocare verso il laterale basso?
2. Il laterale basso è in grado di muoversi per smarcarsi prima di ricevere, creando spazio, e quindi di trasmettere al giocatore nel ruolo di centrale difensivo?
3. Il giocatore che funge da difensore centrale può sfruttare una "seconda opzione", trasmettendo palla in avanti e in penetrazione?
4. L'attaccante può trasmettere al centrocampista di supporto?
5. Il centrocampista può giocare palla verso l'esterno alto, mentre taglia all'interno per concludere in porta?

Sebbene questo schema di gioco sia considerato una variate per la costruzione dal portiere, la sua rilevanza per quanto riguarda le combinazioni in rapidità nel terzo offensivo del campo, diventerà più evidente man mano che si procede nel libro.

Molte delle idee di movimento presentate sono schemi che aiutano la squadra nel gioco dal basso, superando la pressione avversaria, ma sono anche utili per creare soluzioni, contro gli avversari, in zone più avanzate del campo.

Allenando la squadra su numerose soluzioni per la costruzione dal basso, si lavora anche sui fondamentali tecnici della trasmissione e su schemi di movimento rilevanti anche per la fase offensiva e di conclusione. Questo è il motivo per cui allenare i giocatori perchè siano efficaci in fase di costruzione dal basso, ha sempre benefici più generali.

PROGRESSIONE

Esercitazione specifica, per la costruzione di gioco dal portiere, attraverso rotazioni del centrocampo

Organizzazione dell'esercitazione

All'interno di una metà campo, si lascia da parte un'area esterna corrispondente alla distanza tra il limite dell'area di rigore e la linea laterale e vengono posizionate 2 porticine, formate da coni (3 m di larghezza), sulla linea di metà campo, come mostrato in figura. L'esercitazione prevede un duello 7 (+portiere) c 6, ma il numero di giocatori impiegabili può essere adattato.

La squadra blu schiera 1 centrale difensivo (5), 1 laterale basso (3), 3 centrocampisti in rotazione (4, 8 e 10), 1 esterno alto (11) e 1 attaccante (9). La squadra blu inizia costruendo gioco dal portiere per muovere palla in avanti e condurre attraverso una delle porticine formate dai coni e poste sulla linea di metà campo. Se la palla esce dal gioco, l'esercitazione riprende dal portiere.

Variante: eliminare l'area laterale opposta per permettere ai giocatori di allenarsi su entrambe le fasce.

Progressioni

1. Inizialmente, chiedere agli avversari (giocatori rossi) di agire passivamente, semplicemente chiudendo lo spazio e portando pressione, senza cercare la conquista della palla. Una volta che i giocatori blu migliorano nello svolgimento, attraverso alti ritmi nel possesso palla, allora la sfida può essere intensificata, rendendo i difensori completamente attivi a livello di pressione.
2. Se la squadra in fase di pressione (rossa) conquista palla, deve concludere entro 10". In questo caso aumenta la competitività dell'esercitazione.

Attenzione a

1. La squadra è in grado di costruire dal basso in modo tecnicamente corretto, in termini di trasmissioni e movimenti, mantenendo uno scaglionamento a triangolo?
2. È possibile utilizzare una lavagna tattica per mostrare ai giocatori come costruire gioco, in questa parte di campo, spiegando gli schemi specifici e i concetti di prima e seconda opzione.
3. I giocatori riescono ad eseguire i movimenti in modo coordinato, come stabilito sulla lavagna tattica?

PROGRESSIONE

Partita a tema, per la costruzione di gioco dal portiere, attraverso rotazioni del centrocampo

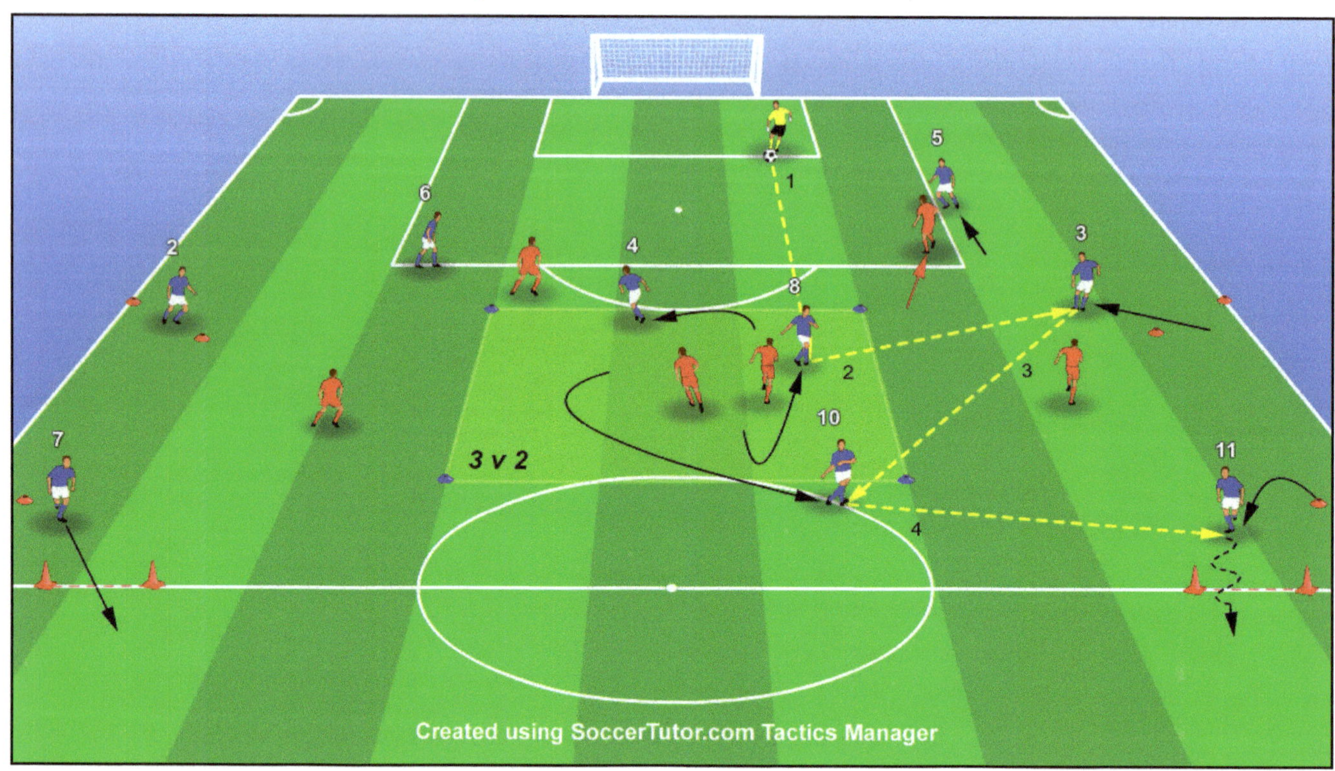

Organizzazione dell'esercitazione

All'interno di una metà campo, i coni vengono posizionati come mostrato in figura e viene anche delimitata un'area centrale di 25 x 20 m. 1 porta regolare è difesa da 1 portiere e 2 porticine formate da coni vengono poste sulla linea di metà campo (3 m di larghezza). L'esercitazione prevede un duello 9 (+ portiere) c 6, ma il numero di giocatori impiegabili può essere adattato.

La squadra blu schiera 2 difensori centrali (5 e 6), 2 laterali bassi (2 e 3), 3 centrocampisti in rotazione (4, 8 e 10) e 2 esterni alti (7 e 11). I coni rossi sulle fasce indicano le posizioni di partenza dei laterali bassi e degli esterni alti. La squadra rossa schiera 2 attaccanti, 2 centrocampisti centrali e 2 esterni alti. L'esercitazione inizia dal portiere della squadra blu, con l'obiettivo di costruire gioco per poter condurre palla attraverso una delle porticine formate dai coni, sulla linea di metà campo (1 punto).

I centrocampisti blu iniziano le loro rotazioni all'interno dell'area centrale, in superiorità numerica 3 c 2. L'obiettivo è trasmettere palla al centrocampista di supporto, che ha creato lo spazio per ricevere; la squadra può quindi combinare per portare la palla fino alla linea di metà campo. Un esempio di combinazione di trasmissioni è mostrato in figura. Se la palla esce dal gioco, l'esercitazione riprende dal portiere.

Progressioni

1. Inizialmente, chiedere agli avversari (giocatori rossi) di agire passivamente, semplicemente chiudendo lo spazio e portando pressione, senza cercare la conquista della palla. Una volta che i giocatori blu migliorano nello svolgimento, la sfida può essere intensificata, rendendo gli avversari completamente attivi a livello di pressione.
2. Se la squadra in fase di pressione (rossa) conquista palla, deve concludere entro 10". In questo caso aumenta la competitività dell'esercitazione.

Attenzione a

1. La squadra è in grado di costruire dal basso, in modo tecnicamente corretto, in termini di trasmissioni e movimenti? Il centrocampo 3 riesce a mantenere uno scaglionamento triangolare, muovendosi in modo corretto, per creare spazio in cui ricevere?
2. I centrocampisti sono sempre posizionati correttamente con il corpo per curvare ad arco la corsa, cercando di ricevere palla lateralmente? Tutti i giocatori sanno equilibrare i movimenti in modo efficace, per essere coordinati in fase di uscita dal basso?

Creazione di spazio per superare la pressione: i centrali difensivi si accentrano e rotazione del centrocampo a 3

La chiave per costruire gioco dal portiere, in modo efficace, è che la squadra conosca e metta in pratica una serie di varianti, per poter essere un passo avanti rispetto agli avversari; l'idea è lasciarli nell'incertezza, mentre cercano di capire la giocata successiva.

La stessa situazione 9 c 6, della proposta precedente, in fase di costruzione, viene variata per creare un'ulteriore soluzione.

- In occasione del calcio d'inizio o quando il portiere recupera il possesso, i 2 centrali difensivi si "accentrano" lungo la linea del limite dell'area di rigore?
- I 3 centrocampisti possono anch'essi accentrare la posizione, in modo da non essere scaglionati più in ampiezza rispetto ai difensori centrali?

Il portiere dovrebbe trovare, a questo punto, una linea di passaggio per poter giocare verso i centrocampisti in rotazione, nello spazio creato in ampiezza, rispetto ai difensori centrali. Se la giocata viene eseguita in modo efficace, il centrocampista potrebbe ricevere, disponendo di spazio per avanzare in conduzione.

In alternativa, se riceve ma viene chiuso, può trasmettere palla indietro, di prima intenzione, verso il laterale basso (3), come mostrato in figura. Idealmente, il laterale basso dovrebbe mostrare una buona capacità di anticipazione e muoversi in avanti "lungo il lato cieco" dell'avversario, cercando di ricevere in diagonale e in avanti rispetto al marcatore. A questo punto può condurre palla o trasmettere in avanti, rasoterra o con palla alta, verso l'esterno alto (11), il Num.10 o l'attaccante (9), che si muove alle spalle dell'avversario.

La sequenza dei movimenti e dell'azione, dipendono semplicemente dal modo in cui i giocatori si posizionano. In questo esempio, i 2 difensori centrali comunicano verbalmente, ("accentrarsi!", per esempio), oppure visivamente, attraverso segni delle mani; il portiere posiziona la palla lungo la linea dei 5,5 m e il resto della squadra intuisce quali siano i movimenti coordinati da eseguire.

Creazione di spazio per superare la pressione: i centrali difensivi arretrano e 2 centrocampisti in apertura

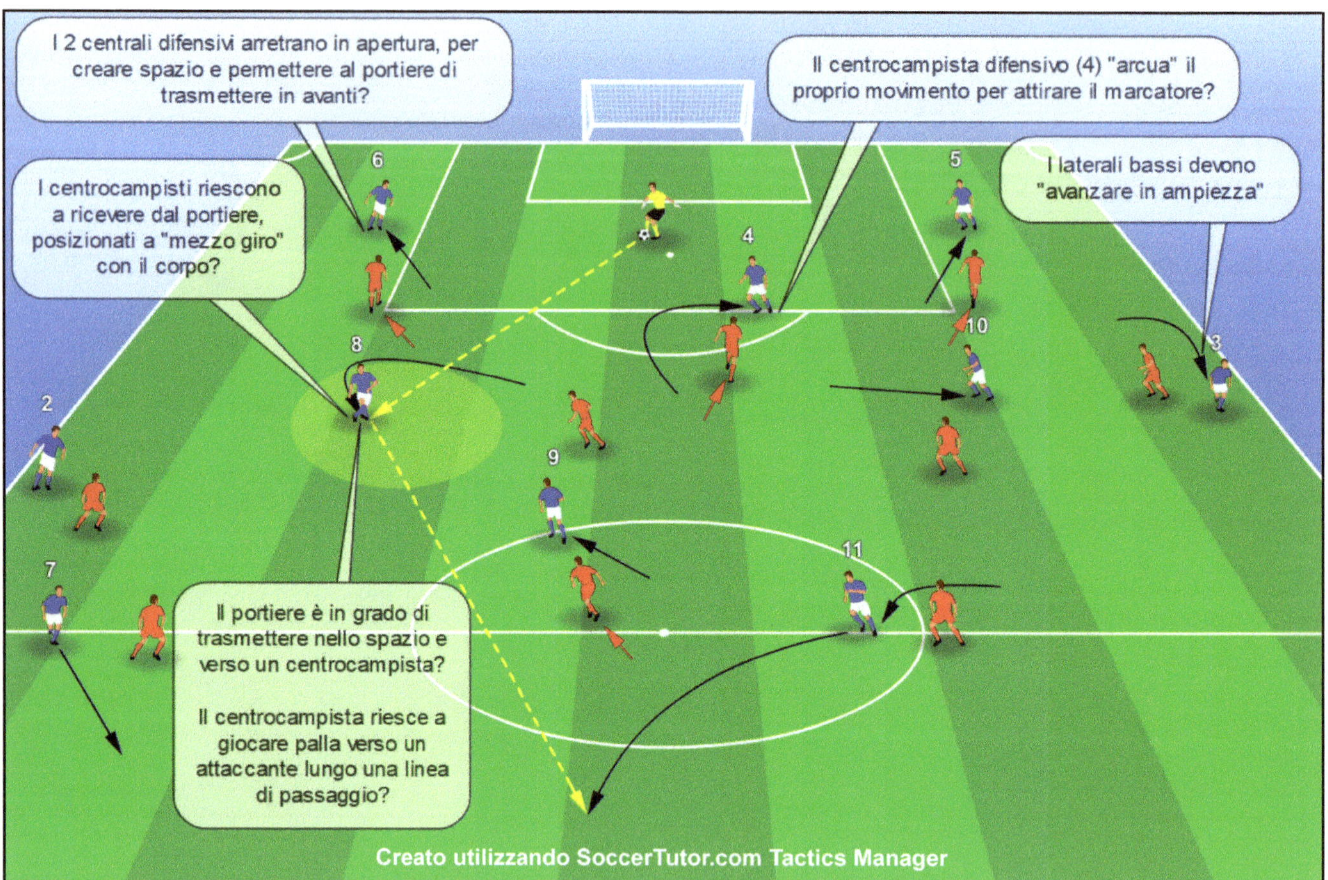

Questa variante può essere efficace anche per la costruzione dal basso con una formazione a 3 in difesa (ad esempio 3-4-3 o 3-5-2), poiché crea molto spazio per più di 5 giocatori, che possono ricevere palla dal portiere.

- Il portiere è in grado di posizionarsi al centro dell'area dei 5,5 m, in occasione del rinvio dal fondo o ricevendo palla da un passaggio indietro?

In questo modo il numero delle potenziali linee di passaggio disponibili viene massimizzato. Una volta che il portiere è in possesso palla centralmente e alza lo sguardo, allora i giocatori devono iniziare a muoversi in modo coordinato. I laterali bassi si devono alzare "in ampiezza" e incoraggiare gli esterni alti ad "allungare ulteriormente la squadra" o a cercare di entrare dentro il campo e lungo una linea di passaggio, per riceverne uno lungo.

- **INNESCO:** quando il portiere alza lo sguardo ed è pronto per giocare, i 2 difensori centrali (5 e 6) riescono a muoversi incontro, con la posizione del corpo in apertura, per poter ricevere?
- Il Num.4 può muoversi nello spazio creato, curvando la corsa per ricevere lateralmente? È fondamentale che il numero 4 si muova indietro per primo, dato che ha spazio da sfruttare, per ricevere e trasmettere, di prima intenzione, se sotto pressione, intorno al limite dell'area di rigore. Nel caso in cui venga impostata una difesa a 3, allora, questo stesso movimento, deve essere fatto dal terzo difensore centrale.
- I 2 centrocampisti offensivi (8 e 10) sono in grado di aprirsi in ampiezza, cercando di ricevere direttamente dal portiere, quando i 2 difensori centrali si muovono indietro e il Num.4 si sposta nello spazio creato?

Il movimento dei difensori centrali probabilmente attirerà la pressione alta degli attaccanti, creando così uno spazio per giocare attraverso linee di passaggio. Se questo movimento viene eseguito correttamente, il portiere potrebbe avere fino a 5 opzioni di passaggio; verso i difensori centrali, se i movimenti non vengono seguiti, verso il centrocampista di equilibrio oppure in favore di uno dei centrocampisti centrali avanzati.

- Il portiere riesce a valutare rapidamente quale di queste 5 opzioni abbia più spazio e sia nella migliore posizione, col corpo, per ricevere e avanzare nel gioco?
- Il portiere è in grado di giocare palla in favore della migliore opzione disponibile ed essere di supporto al ricevente?

Arretrare ed aprirsi continuamente: variante

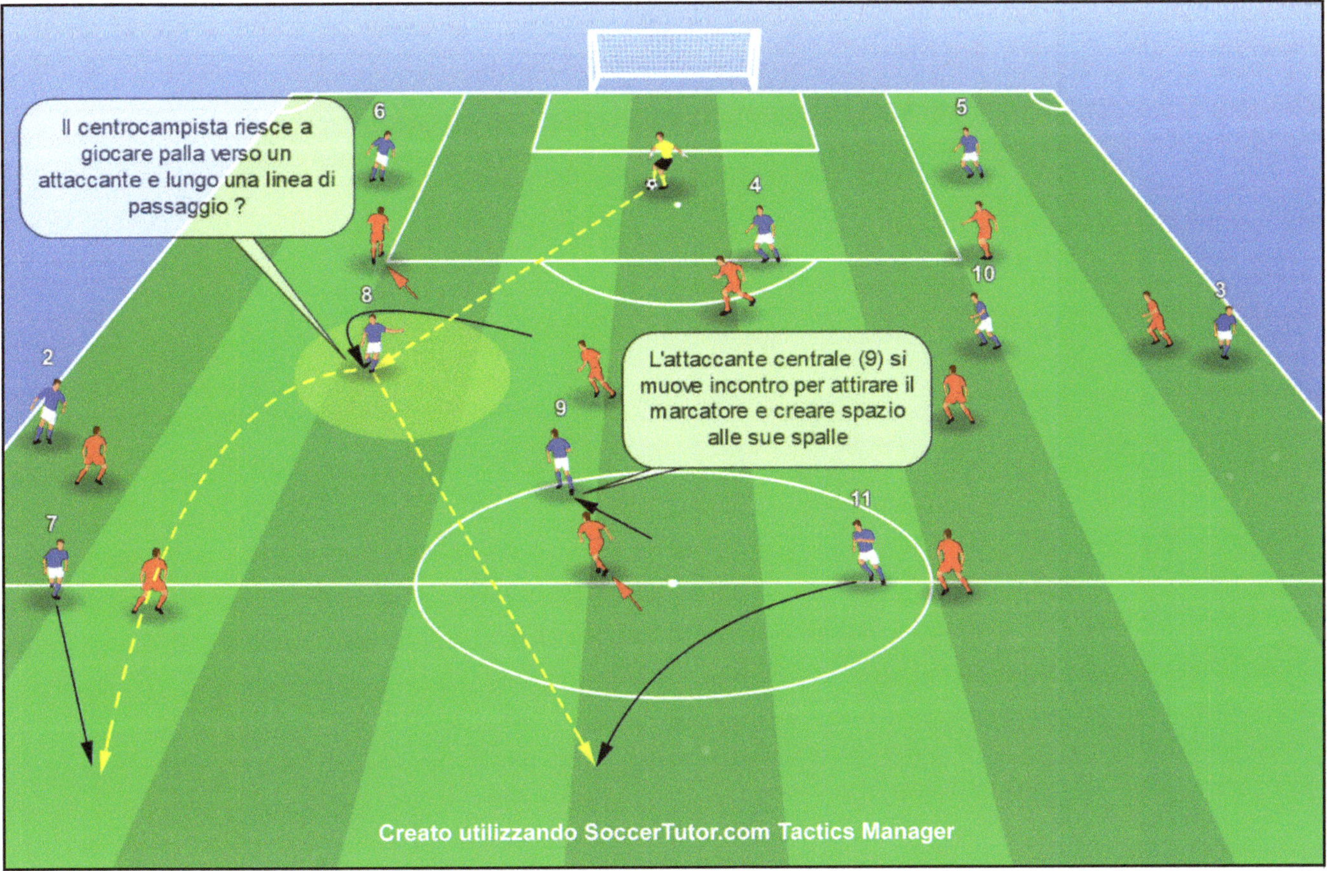

- Una volta che il portiere ha trasmesso palla, i giocatori sanno equilibrare rapidamente il loro posizionamento, per fornire buoni angoli di supporto e linee di passaggio utili ad attaccare in modo aggressivo?

In questa situazione, l'attaccante (9) scambia la posizione con il Num.11, che si è mosso verso l'interno, in modo intelligente e con i tempi giusti, per evitare la trappola del fuorigioco; il Num.11 riceve un passaggio dal Num.8, nello spazio, alle spalle della linea difensiva avversaria. L'attaccante (9) ha eseguito un semplice movimento incontro, per invitare la marcatura del centrale difensivo rosso e creare ulteriore spazio per un passaggio in diagonale, sulla corsa dell'esterno alto (11).

Questo è un buon esempio di ***giocata attraverso un posizionamento a triangolo e verso un attaccante in movimento***. Il triangolo, in questa situazione, è formato dal giocatore in possesso (8), dal laterale basso destro (2) e dall'attaccante (9), che si è mosso indietro e verso la palla; il Num.8 ha 2 opzioni di passaggio efficaci:

1. Trasmissione rasoterra, lungo la linea di passaggio e sulla diagonale del Num.11.
2. Verso il Num.7, giocando palla alta, oltre la linea difensiva avversaria.
3. Naturalmente, ci sono molte altre possibilità di costruzione dal basso, che possono aprirsi, muovendosi incontro e in ampiezza. Uno dei punti di forza è il modo in cui è possibile invitare un certo numero di avversari alla pressione, lasciandoli in inferiorità numerica negli spazi centrali del centrocampo e rendendoli vulnerabili nella fase propositiva del possesso, se svolta velocemente e con movimenti in sovrapposizione. La chiave di tutto è che i giocatori siano coordinati e sincronizzati efficacemente nei loro movimenti.

- I giocatori sanno fintare la direzione della scelta e trasmettere in avanti con precisione e al giusto ritmo?

GLI SCHEMI DEI "MOVIMENTI A TAGLIARE"

"Il movimento a tagliare": schemi di base

'I movimenti a tagliare ' rappresentano uno schema fondamentale, spesso visto nel calcio, in molte situazioni; nella forma base, coinvolgono 2 giocatori. Tuttavia, sono un fattore chiave per una serie di schemi di gioco più complessi, che ora esploreremo, e che possono coinvolgere fino a 4 o 5 giocatori, che si coordinano tra loro. In questa sezione vengono presentati una serie di esempi, ma solo alcuni dei numerosi modi in cui è possibile allenare i giocatori sulla costruzione dal basso.

Più in generale, i movimenti a tagliare sono molto utili e versatili, come schema a 2 giocatori, per aiutarli a trovare soluzioni contro la pressione avversaria, creando spazio per attaccare quando marcati stretti, sia in ampiezza, sia centralmente. Più i giocatori esplorano e sperimentano gli scaglionamenti di base contro gli avversari, meglio è.

Questi movimenti a tagliare sono costruiti sulla base dello scaglionamento iniziale di una difesa a 4 e di un centrocampo a 3 in rotazione. La combinazione di questi 3 elementi, in un approccio integrato, fornirà alla squadra una varietà quasi illimitata di idee per "giocare dal basso, in uscita".

A chi si chiede il motivo della preoccupazione riguardo la fase di "uscita" della costruzione, vengono forniti una serie di esempi di come una squadra può utilizzare questi schemi di movimento per "giocare attraverso i terzi del campo", in modo rapido e incisivo, e creare opportunità di conclusione; questi esempi scalfiscono solo la superficie delle reali possibilità. Senza dubbio, nel corso del tempo, allenatore e giocatori possono pensare a molte altre opzioni, che diano buoni risultati per aiutare a vincere le partite con uno stile fatto di possesso palla.

La figura mostra i "***movimenti a tagliare***" nella forma base, con i giocatori nelle loro posizioni di partenza, mentre il portiere si prepara ad iniziare il gioco. La sequenza parte quando il portiere alza lo sguardo, pronto a trasmettere palla; il centrale difensivo più vicino indica lo schema, chiamando il taglio o attraverso qualsiasi altro codice che la squadra riconosca, e si muove in diagonale, in avanti, di fronte all'avversario (vedere la figura nella pagina successiva). Il laterale basso si muove incontro lungo la linea laterale, in contemporanea, cercando di ricevere palla dal portiere.

"I movimenti a tagliare" sono schemi di gioco importanti, che offrono numerosi soluzioni possibili per iniziare la fase offensiva. Esplorando alcune delle opzioni possibili, i giocatori imparano ad avanzare attraverso i terzi del campo, mantenendo il possesso palla.

Grazie all'equilibrio e ad uno scaglionamento dinamico, la squadra ha ora il potenziale per creare innumerevoli opzioni di passaggio, dando ai giocatori molte possibilità di esprimere la loro creatività individuale, nella conduzione della palla, per esempio, se riescono a girarsi.

Combinare i "movimenti a tagliare" con le rotazioni del centrocampo a 3

A questo punto, diventa interessante combinare gli schemi di base dei "***movimenti a tagliare***" con le rotazioni del centrocampo a 3, come mostrato in figura, dato che i giocatori avranno a disposizione una grande varietà di soluzioni per costruire dal portiere e in uscita, contro la pressione avversaria. Tutti questi schemi base di gioco possono essere allenati, passo dopo passo, utilizzando le proposte del libro. Non è niente di difficile ed è assolutamente fattibile! Quindi, perché accontentarsi del rinvio dal fondo del proprio portiere, che limita notevolmente lo sviluppo tecnico e tattico dei giocatori? Con il semplice rinvio, difensori e centrocampisti diventano spettatori che guardano palloni alti sopra le loro teste, e, più che probabilmente, direttamente in possesso dell'avversario. Allo stesso modo, se la squadra può contare solo su 1 o 2 soluzioni di "gioco", è molto probabile che gli avversari scopriranno presto le sequenze, coprendo le linee di passaggio. Quindi, è fondamentale aumentare il potenziale della squadra, con una serie di opzioni diverse, per costruire dal basso. Una sola ora di allenamento a settimana è sufficiente per lavorare su alcuni dei fondamentali schemi di movimento, descritti nel libro, e svilupparli con buoni risultati.

La figura mostra ***"i movimenti a tagliare"***, con il centrale difensivo che si accentra per posizionarsi di fronte all'avversario. Successivamente indica la sequenza, chiamando "Taglio!" (o attraverso qualunque altro codice che la squadra riconosca) e si muove in diagonale, incrociando il suo avversario che, se segue la corsa, libera il laterale basso (2), che può muoversi incontro, lungo la linea laterale e ricevere palla.

Supponendo che questo movimento permetta al laterale basso (2) di smarcarsi dal proprio avversario e di trovare lo spazio per ricevere palla, il portiere si deve aprire per trasmettere verso di lui; il Num.2 dovrebbe essere ora in grado di condurre palla in avanti. Se viene chiuso, in alternativa, può trasmettere di "mezzo collo", nello spazio, e verso il centrocampista in rotazione e in arrivo, ad esempio il Num.8, che dovrebbe assicurarsi di "arcuare la corsa", durante la fase di rotazione dei 3 centrocampisti. Supponendo che gli avversari siano in fase di pressione decisa e in alto sul campo, il Num.8 può ora cercare di giocare di prima intenzione, e in ampiezza, verso il Num.7. Come accennato in precedenza, è fondamentale che i 3 centrocampisti mantengano le distanze corrette in fase di rotazione (triangolo con 10/15 m di lato). Se il Num.2 non gioca palla, allora i 3 centrocampisti (Num. 4, 8 e 10) dovrebbero "aprirsi" e ruotare di nuovo.

Con soli 3 semplici passaggi da 10/15 m, la squadra crea uno schema di gioco coordinato e propositivo, con la palla in posizione utile per il Num.7, che può condurre oltre la linea di metà campo, cercando di attaccare sulla fascia e alzando il ritmo dell'azione. ***Non va dimenticato che tutti gli schemi di movimento e le varianti, descritti in questo libro, possono essere proposti su entrambi i lati del campo.***

Esercitazione specifica per gli schemi dei "movimenti a tagliare" e combinazioni di gioco

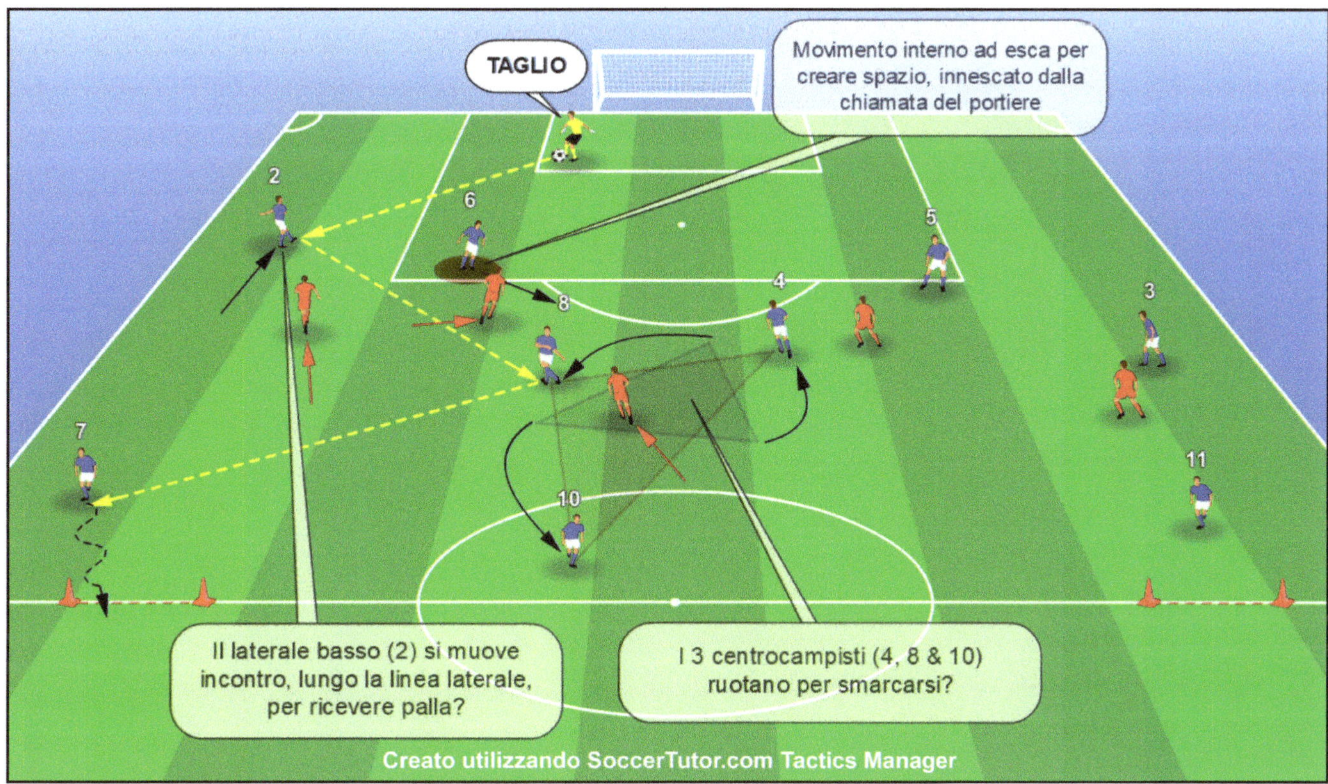

Organizzazione dell'esercitazione

All'interno di una metà campo, si svolge un'esercitazione 9 (+ portiere) c 5; vengono utilizzate 1 porta regolare sul fondo e 2 porticine, formate da coni, sulla linea di metà campo (3/4 m di larghezza), nelle posizioni mostrate. Altri coni o cinesini possono essere usati per mostrare le posizioni di partenza della difesa a 4, del centrocampo a 3 e dei 2 esterni alti, se questo facilita i giocatori. La squadra blu costruisce dal portiere attraverso i "movimenti a tagliare", ricerca combinazioni di gioco, per poi condurre palla attraverso una delle porticine formate dai coni. Se la squadra rossa conquista palla, deve concludere entro 10", oppure l'esercitazione riprende dal portiere, così come se la palla esce dal gioco.

L'esercitazione prende il via dal fondo e i giocatori devono essere posizionati correttamente; la squadra rossa "pressa alto" con i 2 attaccanti, che cercano di marcare i difensori centrali e 2 esterni alti, contro i laterali bassi. Solamente 1 centrocampista avversario viene coinvolto (3 c 1 con superiorità numerica per la squadra in possesso), per consentire ai giocatori blu di capire la situazione più facilmente e allenarsi in modo efficace. I 5 giocatori rossi possono "portare pressione passiva" senza contrastare, inizialmente, finché non si notano segni di miglioramento. Una volta che l'esercitazione viene compresa, può diventare completamente competitiva, sempre secondo età e livello dei giocatori.

Attenzione a

1. Il portiere, il laterale basso o il centrale difensivo, sono in grado di attivarsi, chiamando i movimenti con un "Taglio!"?
2. Il difensore centrale riesce a muoversi in diagonale, in avanti e di fronte all'avversario (movimento ad esca)?
3. Il laterale basso destro sa "muoversi incontro e lungo la linea laterale", cercando di ricevere palla dal portiere in posizione aperta?
4. Se l'attaccante rosso non riesce a seguire la corsa interna del difensore centrale, e c'è spazio per giocare, il portiere è in grado di calibrare il passaggio nello spazio in cui si muove il difensore centrale stesso? E in questo caso, il portatore di palla può condurre in avanti?
5. In alternativa, se l'attaccante rosso segue il movimento in avanti e in diagonale del difensore centrale, il portiere riesce a giocare in ampiezza, "di mezzo collo", verso il laterale basso in arrivo, che si muove incontro lungo la linea laterale, come mostrato in figura?

"I movimenti a tagliare", variante: il centrale difensivo si muove in avanti per ricevere dal portiere

La figura descrive un altro esempio di "movimenti a tagliare", in combinazione con un'ulteriore tipo di rotazione a 3 giocatori: centrocampista, laterale basso e centrale difensivo (Num. 4, 2 e 6). In questa situazione, il difensore centrale (6) si accentra, per essere pronto prima che il portiere alzi lo sguardo per giocare.

- Il difensore centrale (6) riesce a muoversi davanti al proprio marcatore, ad aprirsi e a chiedere palla? Se il difensore centrale si trova di fronte al suo marcatore e crea spazio per giocare, il portiere è in grado di calibrare la trasmissione della palla nella direzione della corsa del compagno?
- Se sì, il centrale difensivo può condurre palla, cercando poi di trasmettere in avanti e in diagonale, per esempio lungo le linee di passaggio verso i Num. 11, 9 o 10 e nelle direzioni delle loro corse? Se queste linee di passaggio sono chiuse, il portatore di palla è in grado di giocare lungo, alle spalle della linea difensiva avversaria e sulla corsa degli attaccanti?
- Per rendere efficace questo movimento coordinato, il centrocampista più vicino (4 o 8) può tagliare per aprire lo spazio in avanti, perchè venga sfruttato dal difensore centrale in possesso palla? Se sì, questo centrocampista (4) si troverà posizionato in ampiezza, avendo effettivamente ruotato le posizioni con il laterale basso (2), che dovrebbe essersi mosso verso l'interno, in posizione centrale, per dare copertura. Nel frattempo, il difensore centrale ha condotto palla in avanti assumendo un ruolo da centrocampista.

Come si vede in figura, questi movimenti equivalgono a una rotazione di 3 giocatori; questa volta, non avviene con il coinvolgimento dei 3 centrocampisti centrali, ma bensì lateralmente, grazie a difensore centrale, (6), laterale basso (2) e solo 1 centrocampista (4). ***Di nuovo, è importante notare che la stessa rotazione deve essere allenata su entrambe le fasce, in modo che tutti i giocatori possano capire i movimenti e averne una immagine più chiara.***

COSTRUIRE DAL BASSO CAMBIANDO GIOCO E ZONA OFFENSIVA

Gli esempi nella prossima sezione mostrano come combinare "i movimenti a tagliare", con la rotazione dei 3 centrocampisti centrali, insieme ad un rapido cambio di gioco attraverso il portiere. Questa situazione può creare interessanti opportunità offensive. L'esecuzione deve essere veloce e precisa, poiché gli avversari saranno "spinti a portare pressione", nella speranza che garantisca il recupero del possesso nel terzo offensivo del campo. Questa linea di pressione alta avversaria, se superata o con lacune spaziali, permette la creazione di molte opportunità e di linee di passaggio offensive efficaci, per poter concludere, se la squadra in possesso è ben organizzata. Quelli che seguono sono 3 esempi di gioco in uscita dal portiere, che prendono spunto dai "movimenti a tagliare".

IL RUOLO DEL PORTIERE IN FASE DI COSTRUZIONE

Il ruolo chiave del portiere quando "i movimenti a tagliare" vengono coperti

Nell'ambito dell'allenamento degli schemi di gioco delineati in questo libro, si rende necessario un lavoro individuale con il portiere, facendolo arrivare prima dell'inizio della seduta, usando una lavagna tattica, proponendo un minimo di allenamento specifico sui movimenti di base e sulle opzioni di passaggio, per migliorare le sue abilità di trasmissione palla a terra.

I portieri sono talvolta poco preparati sulle abilità tecniche necessarie, ed è quindi fondamentale lavorare con loro, individualmente, al fine di migliorare la posizione del corpo sulla palla e la loro capacità tecnica nel giocare con precisione, specialmente rasoterra, su distanze diverse; motivo per cui, questa sezione è dedicata al ruolo del portiere.

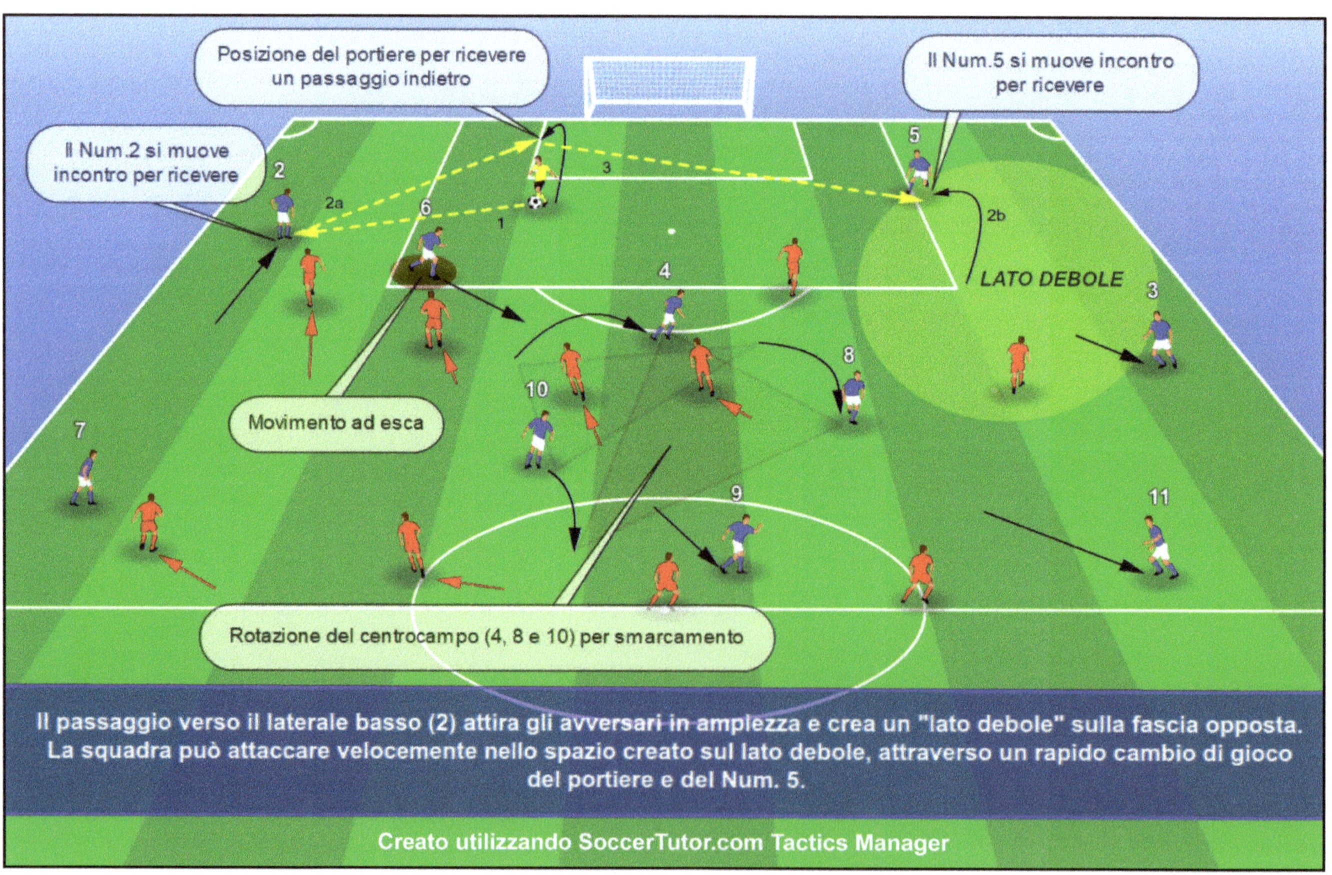

Il passaggio verso il laterale basso (2) attira gli avversari in ampiezza e crea un "lato debole" sulla fascia opposta. La squadra può attaccare velocemente nello spazio creato sul lato debole, attraverso un rapido cambio di gioco del portiere e del Num. 5.

Creato utilizzando SoccerTutor.com Tactics Manager

In questo esempio, il laterale basso destro (2) è sotto pressione e scarica palla verso il portiere.

- Il portiere è in grado di "aprire" il controllo, orientandolo in modo efficace, per trasmettere verso la fascia opposta?
- Nel frattempo, il centrale difensivo (5), sul lato opposto, riesce a muoversi incontro, lungo il lato dell'area di rigore? Se è così, si trova in posizione "laterale", fungendo da opzione di passaggio per il portiere?

Supponendo che il movimento del centrale difensivo non sia seguito da un avversario, il portiere può "rigiocare", o "cambiare" gioco, sulla fascia con meno densità. ***Se questa sequenza viene eseguita con precisione e velocità, si aprono spazi ed opportunità per mantenere il possesso e attaccare rapidamente.*** Di seguito, ecco un modo per mostrare quanto sopra ai giocatori:

Quello che appare come un ripiegamento, un tentativo fallito di giocare lungo la fascia destra, funziona, invece, come un'esca, per attirare gli avversari e raggiungere un obiettivo prefissato che, in questo esempio, è un rapido attacco lungo il lato opposto, quello debole dell'avversario!

Quindi, più gli avversari credono di aver "chiuso la fase di possesso verso la linea laterale" o, nella migliore delle ipotesi, di aver messo in sicurezza la loro fase difensiva, costringendo una giocata in ampiezza, meglio è.

- Successivamente, i giocatori sanno cogliere l'occasione, alzando il ritmo e agendo con precisione?
- ***Riescono a cambiare rapidamente gioco e zona offensiva, sfruttando lo spazio aperto, per trasmettere rapidamente verso gli attaccanti, muovendosi poi a supporto?***
- Se è così, come nella figura sopra, gli avversari andranno in difficoltà, concentrati sul lato forte, senza equilibrio e in ricerca di copertura. La squadra è ora in grado di concludere in porta?

L'esempio mostra la posizione (a lato della porta), in cui il portiere dovrebbe spostarsi, dopo aver giocato verso il laterale basso (2), per fornire un angolo di supporto efficace e sicuro, dietro la linea della palla, nel caso in cui il laterale basso sia chiuso da un avversario e abbia bisogno di scaricare palla.

Posizionandosi esternamente al palo, il portiere si trova in una zona più sicura per ricevere un passaggio di ritorno; nel caso non controllasse palla, oppure fosse sotto pressione di un avversario, agisce comunque in uno spazio relativamente sicuro per correggere rapidamente eventuali errori o, se necessario, per giocare lungo in ampiezza verso, ad esempio, l'esterno alto (7).

Costruire dal basso attraverso cambi di gioco

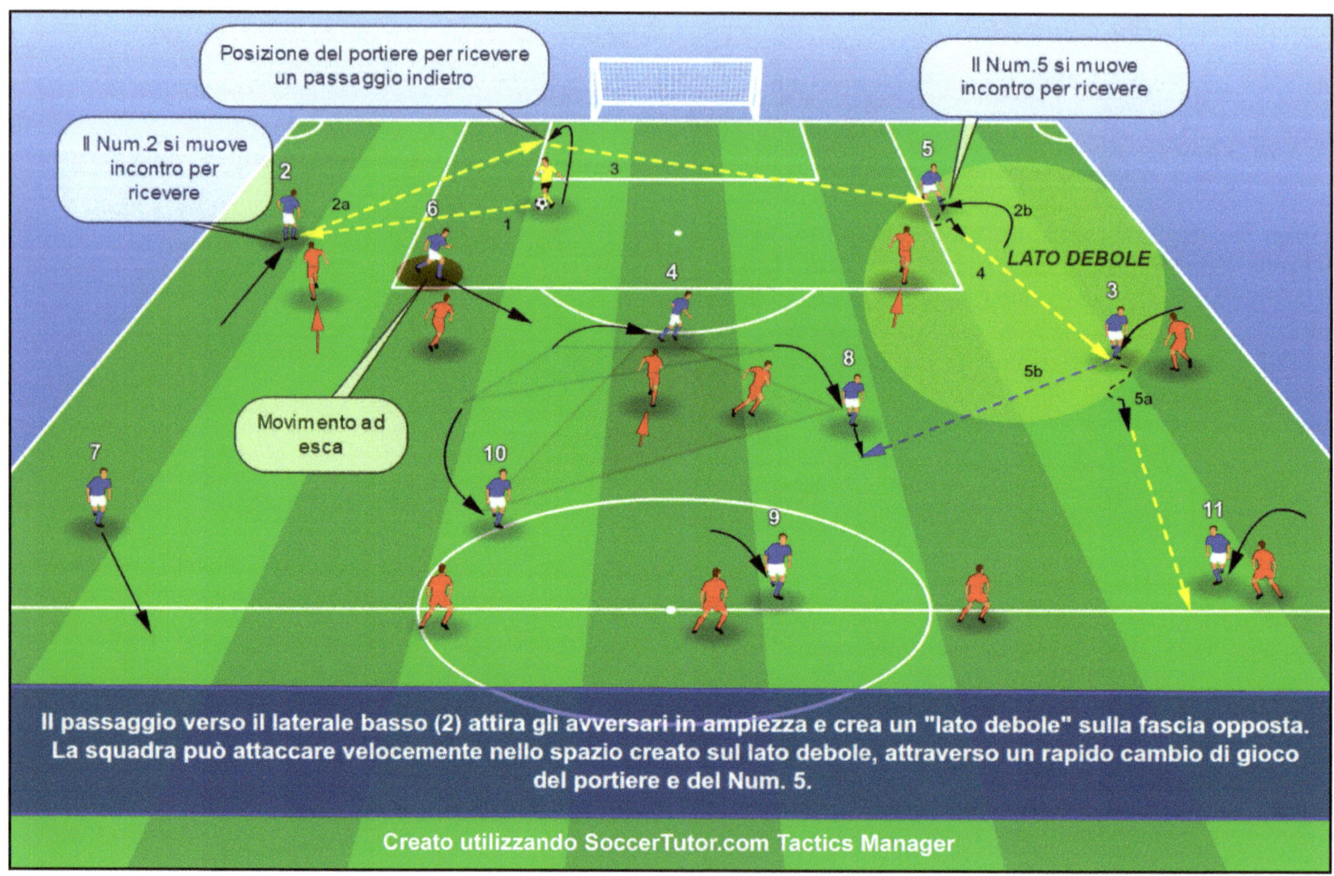

Il passaggio verso il laterale basso (2) attira gli avversari in ampiezza e crea un "lato debole" sulla fascia opposta. La squadra può attaccare velocemente nello spazio creato sul lato debole, attraverso un rapido cambio di gioco del portiere e del Num. 5.

Creato utilizzando SoccerTutor.com Tactics Manager

A questo punto viene sviluppata la stessa situazione di gioco, che inizia con la squadra in azione sui movimenti a tagliare. Tuttavia, a causa dell'intensa pressione dell'avversario, la palla torna al portiere, che cerca di rigiocare rapidamente, cambiando lato, sulla fascia opposta.

Per aiutare il portiere, il difensore centrale opposto (5) si muove incontro, lungo la linea dei 16 m, per creare spazio e ricevere un passaggio; se questo movimento viene fatto correttamente e rapidamente, il ricevente dovrebbe avere il tempo di controllare e di trasmettere sulla corsa interna del laterale basso sinistro (Num.3, in figura), che dovrebbe essere tanto rapido da poter controllare in apertura e ricevere. Il laterale basso è ora in grado di condurre palla, cercando di avanzare velocemente e creare opzioni di giocata, oppure trasmettere verso la direzione di corsa di uno degli attaccanti?

In alternativa, supponendo che queste opzioni di passaggio dirette e verticali siano bloccate, il Num.5 può giocare palla, di prima intenzione, verso il centrocampista Num.4 in rotazione che, a propria volta, serve il laterale basso sinistro. Il Num.8 diventa un'opzione possibile per il laterale basso in possesso, muovendosi a supporto.

In questo modo vengono create molte alternative di giocata verso l'attaccante o sulla corsa interna dell'esterno alto (11); quanto più velocemente queste sequenze vengono eseguite, meglio è per la squadra.

Nel frattempo, con gli avversari sbilanciati e impegnati nel recupero delle posizioni difensive, la squadra riesce a trarre vantaggio e a concludere in porta?

In un certo senso, l'intera situazione deve essere sviluppata come un rapido contrattacco, anche se il fattore principale diventa la creazione di una combinazione esca, piuttosto che una transizione positiva, dopo la conquista del possesso palla.

Per massimizzare le possibilità di riuscita delle sequenze, i 3 attaccanti e il Num.10 mostrano importanti capacità di accelerazione per giocare a sostegno, muovendosi in avanti per ricevere lungo le linee di passaggio o nello spazio, alle spalle della difesa avversaria? Questo argomento verrà trattato più approfonditamente nelle sezioni del libro dedicate alle fasi propositiva e di conclusione.

Continua... E se il centrale difensivo è marcato?

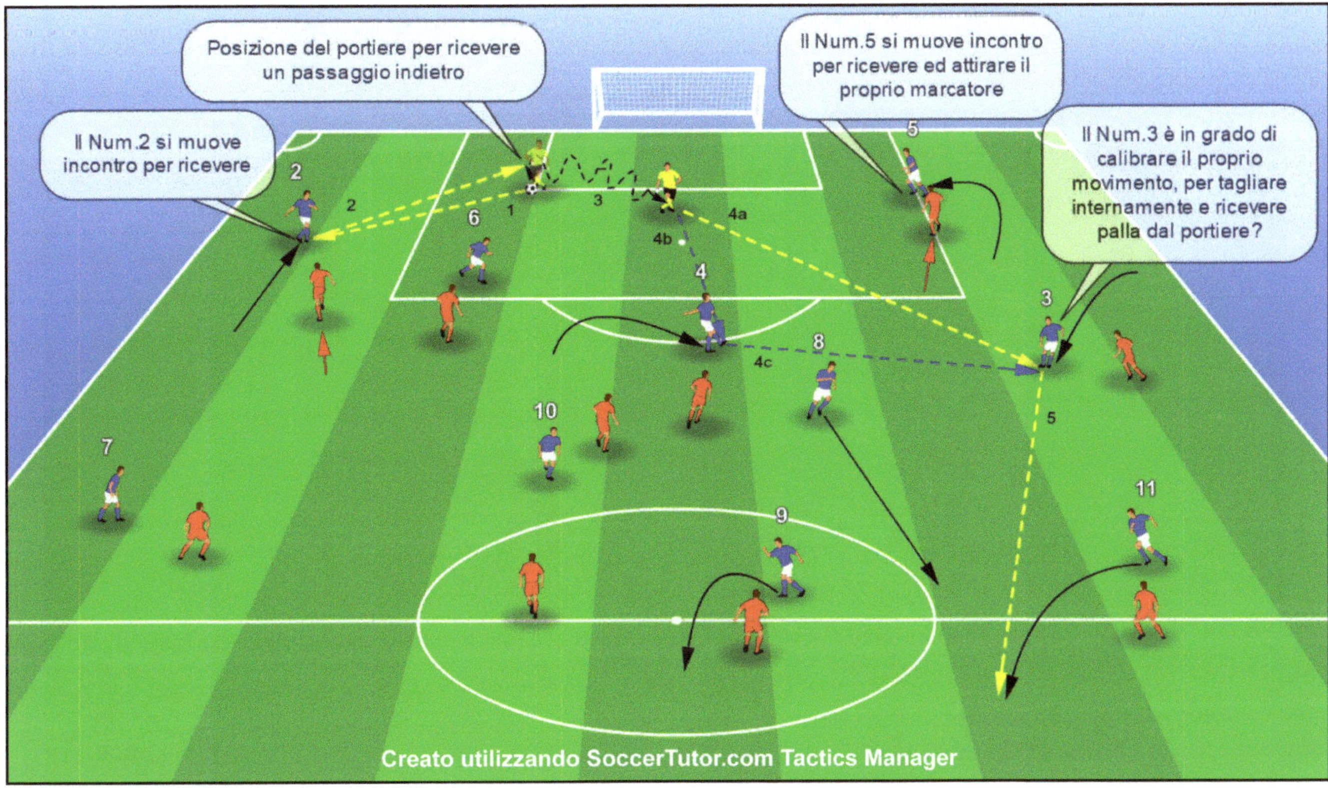

In questa variante, il difensore centrale (5) si muove incontro lungo la linea dei 16 m, ma viene chiuso dall'attaccante avversario.

- ***In una situazione simile, il laterale basso (3) è in grado di tagliare internamente nello spazio creato, come mostrato in figura?***
- Il laterale basso (3) riesce a muoversi di fronte al proprio marcatore e diventare il giocatore ricevente di un passaggio in diagonale, ad incrociare il campo, dal portiere?

Questa soluzione diventa funzionale solo quando le linee di passaggio sono chiaramente aperte e se c'è spazio per giocare palla. Come abbiamo visto, il portiere deve essere veloce, mentre gli avversari sono ancora compatti sulla fascia opposta.

Se non ci sono linee di passaggio disponibili, il portiere potrebbe avere spazio per condurre la palla in area di rigore, come mostrato in figura, aprendo uno spazio o allentando la pressione avversaria; in questi momenti la stessa giocata può essere provata con efficacia.

Se nessuna di queste opzioni è disponibile, il portiere può giocare lungo verso l'esterno alto opposto (11). In alternativa, può trasmettere al centrocampista più basso al centro (4) che, se sotto pressione, può giocare palla in ampiezza, di prima intenzione, verso il laterale basso Num.3 (seguire le frecce gialle in figura). Cercando una soluzione più offensiva, il portiere potrebbe anche trasmettere in avanti, di mezzo collo, verso il Num.8, aprendo una serie di possibilità offensive, come discusso in precedenza.

La chiave dell'efficacia è l'adattamento rapido dei giocatori, che utilizzano gli schemi di movimento di base delineati; gli stessi scopriranno altre vie d'uscita, per giocare palla nello spazio e attaccare rapidamente, avendo sempre compagni a supporto.

Le ultime 2 sezioni mostrano come i "movimenti a tagliare" diventano efficaci in molti modi diversi:

1. ***Il difensore centrale può muoversi in diagonale e davanti al proprio marcatore, facendosi seguire, per aprire lo spazio in cui il laterale basso si muove incontro e riceve.***
2. ***Un'altra versione degli stessi movimenti di base, vede il difensore centrale ripiegare lungo la linea dei 16 m, per ricevere e creare spazio da tagliare internamente e controllare palla per il laterale basso, che può giocare in avanti.***
3. ***Abbiamo visto come queste varianti dei "movimenti a tagliare" possono essere utilizzate con efficacia, isolando gli avversari. Abbiamo anche visto come sia possibile combinarli entrambi, per giocare ad esca ed attirare gli avversari su una fascia, aprendo così un lato "debole" opposto da sfruttare in velocità.***

La posizione di supporto del portiere in caso di cambio di gioco

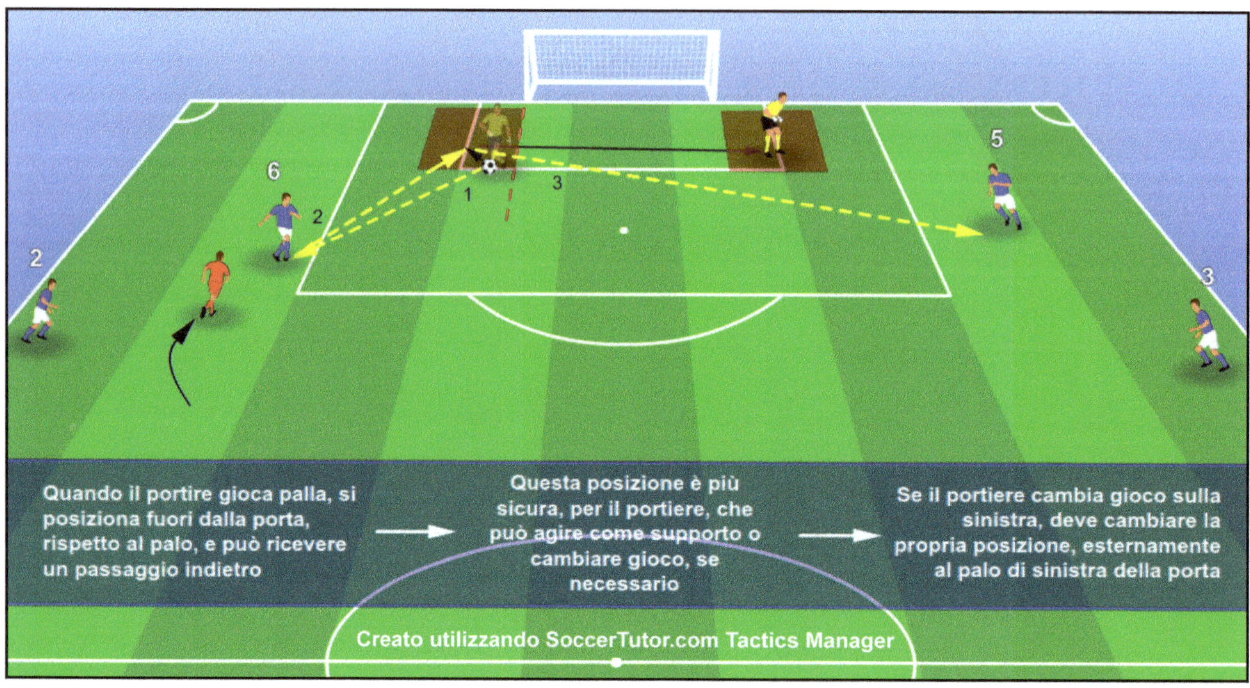

Questa figura mostra la posizione che il portiere dovrebbe assumere una volta che ha ricevuto e trasmesso verso il centrale difensivo, sul lato opposto (5). Le "aree sicure", per il portiere, sono delimitate dalla linee rosse ed evidenziate su entrambi i lati della porta; il movimento del portiere è indicato dalle frecce nere. A questo punto, il portiere è in grado di modificare rapidamente la propria posizione dopo aver giocato palla?

- Riesce ad essere di supporto, dietro la linea della palla, per ricevere un passaggio, nel caso in cui il difensore centrale (5) venga chiuso da un avversario?
- Se il portiere è sotto pressione, riesce a mantenere la calma e giocare verso il Num.5 o il Num.3, che hanno spazio per avanzare?

Le chiavi dell'efficacia di questa giocata sono il lavoro e i movimenti del portiere e dei giocatori di supporto, per mantenere aperte tutte le opzioni di passaggio.

- I giocatori sanno fare fatica e sono consapevoli della creazione di questi schemi in partita?
- I giocatori sanno mantenere l'equilibrio quando sono sotto pressione?
- Nell'esplorazione di questi approcci, i giocatori sono tecnicamente abili in possesso palla? Hanno capacità di anticipazione e di coordinazione dei loro movimenti?

Gli esercizi e i giochi di questo libro sono ideati per incoraggiare tutti questi aspetti e sono quindi legati al gioco, per aiutare i partecipanti a sviluppare le abilità e la consapevolezza necessarie. Il resto spetta ad allenatore e giocatori stessi, alle loro dedizione e intelligenza nell'applicare queste idee tattiche, trasformandole in realtà.

Sia per l'allenatore che per i giocatori è importante incoraggiare ***pazienza*** e ***mente fredda***, in ogni momento, non solo quando la squadra è in possesso, ma anche quando vengono commessi errori e il possesso viene perso. In queste situazioni, ***pazienza e mentalità positiva sono vitali per essere efficaci, specialmente nella fase iniziale di acquisizione delle competenze. Ai giocatori deve essere dato il tempo e lo spazio per interiorizzare questi principi tattici, sia individualmente, sia collettivamente***.

Certamente, questo è l'aspetto più difficile, sia per allenatore che per i giocatori, tenendo conto degli inevitabili errori in partita, alcuni dei quali potrebbero costare la concessione di una rete; ma piuttosto che considerare questi errori come negativi, vanno invece visti come una parte importante del processo di apprendimento. Come allenatori, è importante rimanere sempre pazienti e positivi con i giocatori, concentrandosi sul supporto tecnico e tattico. L'allenatore dovrebbe ideare e adattare le esercitazioni, in modo che i giocatori possano capire da soli le molte opzioni che si aprono, in questo stile di gioco.

Oltre a definire un quadro più ampio, l'allenatore deve lavorare individualmente sui giocatori, per correggere gli errori e concentrare la loro attenzione sui punti che richiedono miglioramenti; questo è, naturalmente, ciò che lo rende un buon tecnico.

Angolo di supporto del portiere e accuratezza delle trasmissioni per cambiare gioco

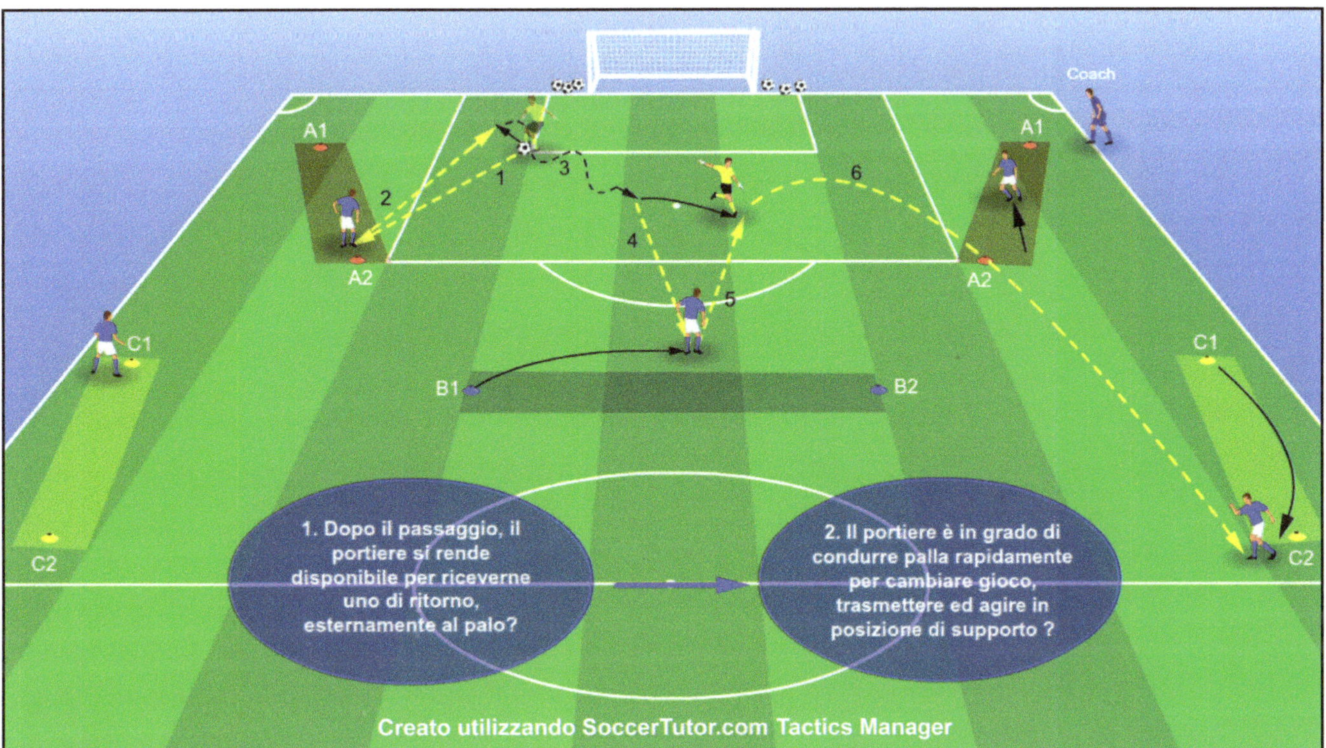

Organizzazione dell'esercitazione

All'interno di una metà campo, il portiere gioca palla verso i compagni, in varie posizioni sul campo e poi si sposta a supporto, per ricevere un passaggio di ritorno.

Sfida 1: il portiere è in grado di creare una sequenza chiara di passaggi rasoterra verso i giocatori chiave? E questi ultimi sanno offrire opzioni di trasmissione al portiere, ruotando le posizioni tra i coni? Nella figura sopra, A1 è il punto in cui i laterali bassi possono ricevere palla, quando "si muovono indietro, lungo la linea laterale" (parte dei "movimenti a tagliare"). A2 è la posizione iniziale dei difensori centrali, in occasione della ripresa del gioco. B1 e B2 sono le posizioni iniziali per 2 dei centrocampisti in rotazione. C1 rappresenta la classica posizione di partenza dei laterali bassi, in occasione della ripresa del gioco dal fondo; C2, invece, per gli esterni alti.

Sfida 2: una volta ricevuta palla, i giocatori sanno trasmettere di mezzo collo verso il portiere? Quest'ultimo è in grado di aprire il controllo, cercando poi di trasmettere verso il lato opposto o il centrocampista? Il portiere riesce a trasmettere palla sul corto, medio o lungo raggio, verso tutte le posizioni chiave e successivamente posizionarsi a supporto, per ricevere un passaggio di ritorno? Questo tipo di proposta può essere incorporata nel riscaldamento pre-partita del portiere, in cui i giocatori sono sostituiti dagli allenatori e dal secondo portiere.

Progressione: un giocatore viene aggiunto per portare pressione sul portiere, una volta che la palla viene trasmessa indietro. Il portiere deve controllare palla per allontanarsi dalla pressione in arrivo e cercare di trasmettere verso il lato opposto oppure sul lungo.

Attenzione a

1. Il portiere è in grado di capire se i giocatori sono pronti per ricevere un passaggio, prima di trasmettere palla?
2. I difensori centrali e i laterali bassi sanno muoversi indietro e lungo la linea laterale, cercando di ricevere palla dal portiere?
3. Il portiere è in grado di allontanarsi dalla pressione avversaria con il primo controllo e di cambiare gioco verso il lato opposto? Riesce a farlo con 2 tocchi (controllo e passaggio)?
4. In alternativa, se il portiere non è sotto pressione, o solo minimamente, è in grado di cambiare rapidamente direzione, conducendo palla, prima di trasmettere di mezzo collo verso il difensore centrale o verso il laterale basso, che si muove incontro sul lato opposto?

Esercitazione specifica per cambiare lato, grazie al portiere, attraverso "movimenti a tagliare" e "cambi di gioco"

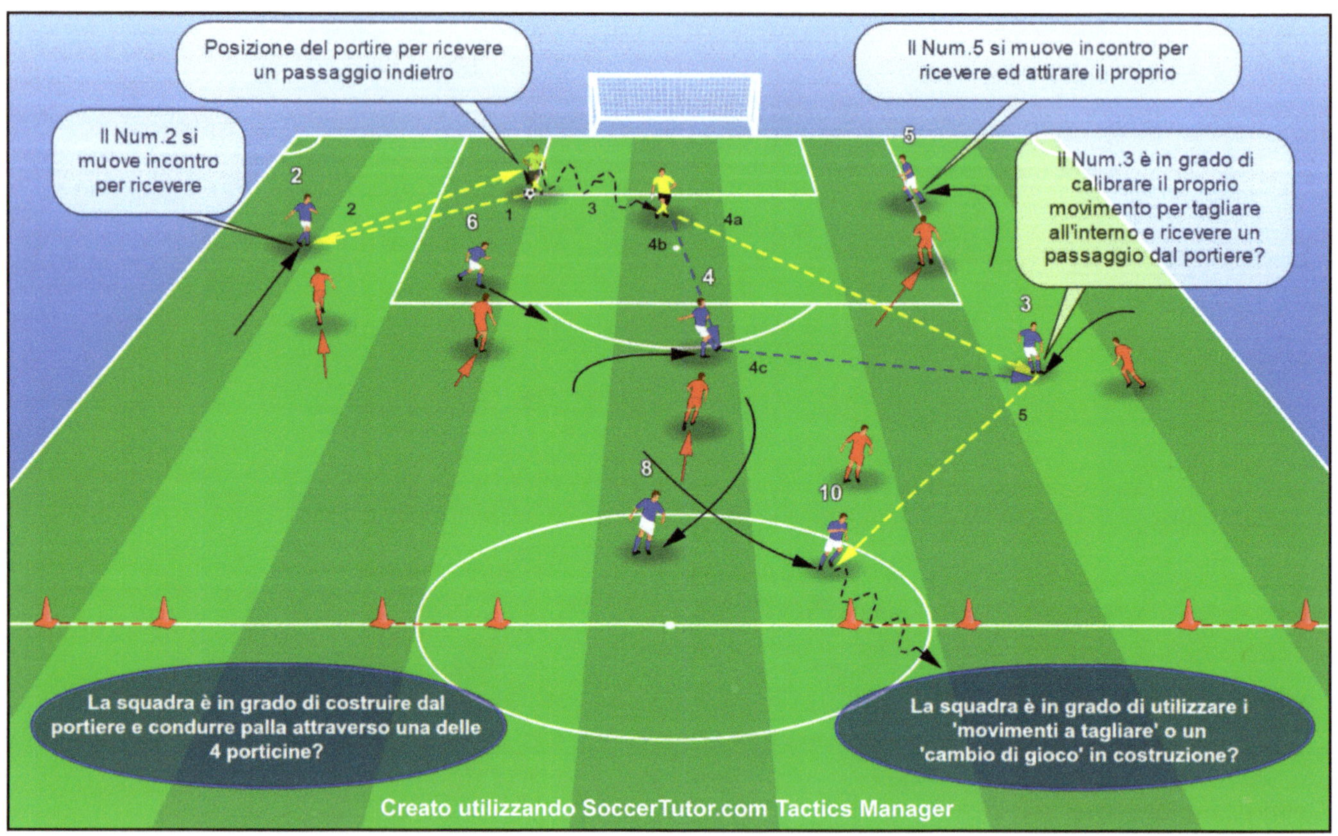

Organizzazione dell'esercitazione

All'interno di una metà campo, vengono posizionate 4 porticine formate da coni (3 m di larghezza), sulla linea di metà campo. La squadra blu schiera 1 portiere, difesa a 4 (2, 5, 6 e 3) e 3 centrocampisti (4, 8 e 10), per cui si possono utilizzare altri coni, delimitando le posizioni di partenza. La squadra rossa agisce come avversaria, in pressione alta, schierando 2 attaccanti, 2 esterni alti e 2 centrocampisti centrali.

- La squadra è in grado di costruire dal portiere con l'obiettivo di condurre palla attraverso una delle porticine?
- Il portiere riesce a combinare con la difesa a 4 mediante "movimenti a tagliare" e "cambi di gioco"?
- La squadra esegue questi movimenti coordinati su entrambi i lati contro avversari "in pressione alta"?
- I giocatori possono ricoprire rapidamente le loro posizioni iniziali, mentre il portiere si prepara ad iniziare il gioco?
- I 2 attaccanti rossi, che agiscono in posizione centrale, sanno portare pressione contro i difensori?
- I 2 esterni alti rossi portano pressione in maniera corretta contro i laterali bassi?
- I 2 centrocampisti rossi portano pressione contro i centrocampisti centrali in rotazione per ricevere palla?

L'esercitazione prevede pressione "passiva", in una prima fase; una volta che i giocatori hanno preso confidenza con lo svolgimento, la fase di pressione da parte della squadra avversaria in maglia rossa diventa attiva, sempre alta sul campo. C'è possibilità di "marcatura a uomo"?

Attenzione a

1. Il portiere sa capire se i giocatori di supporto sono pronti a ricevere un passaggio, mentre alza lo sguardo pronto a trasmettere?
2. I difensori centrali e i laterali bassi si muovono "tagliando" e ricevono palla "lateralmente" dal portiere?
3. Ricevendo un passaggio di ritorno, il portiere è in grado "allontanarsi dalla pressione dell'avversario" con il primo controllo di palla? In tal caso, riesce a trasmettere verso l'esterno alto opposto, con 2 tocchi (controllo e passaggio, preferibilmente rasoterra)?
4. Se il portiere non è sotto pressione, può cambiare rapidamente direzione di prima di trasmettere di "mezzo collo" verso l'altro centrale o verso il laterale basso opposto, che si muove indietro, lungo la linea laterale o all'interno per ricevere?

Quando "giocare lungo" per superare la pressione alta degli avversari

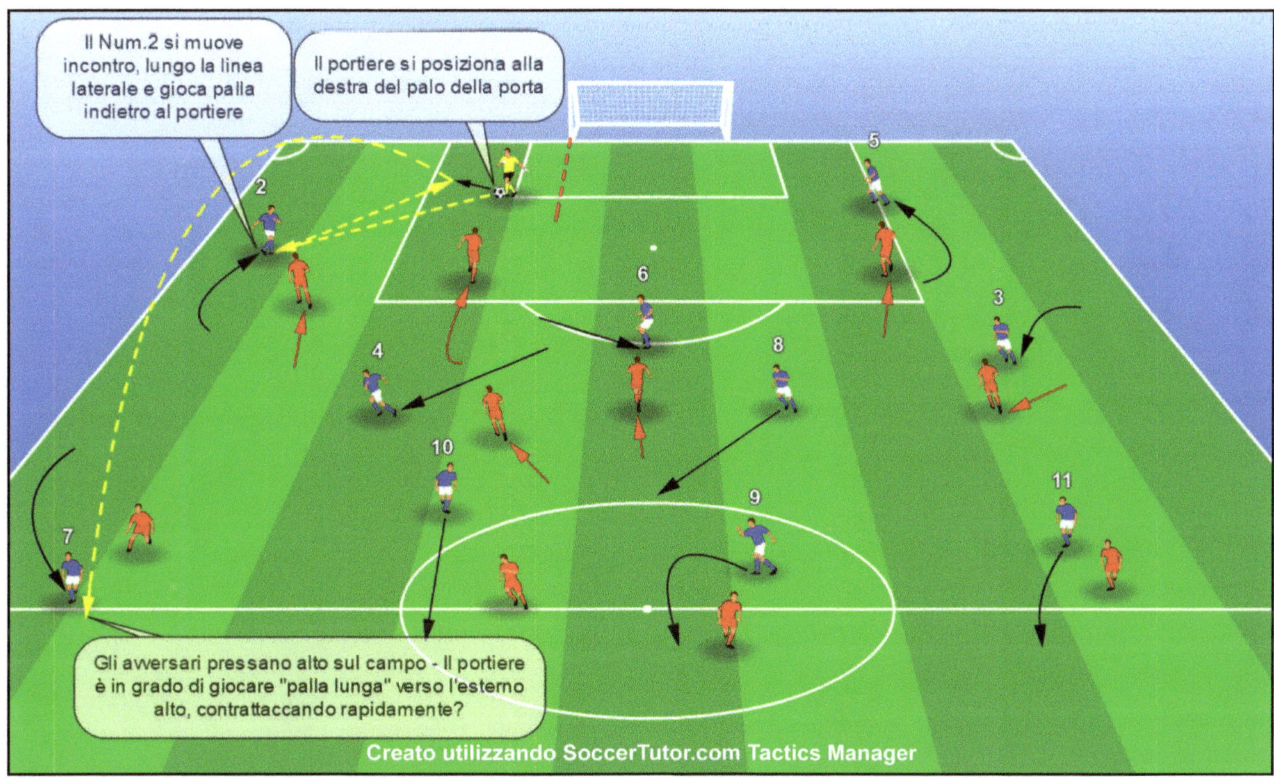

Ci sono momenti delle partite in cui l'opzione migliore per il portiere è una "giocata lunga"; per questo va allenato tecnicamente su questo fondamentale, così da poter trasmettere con precisione. Contemporaneamente, deve essere coinvolto anche chi, tra i suoi compagni di squadra, si trova, di solito, nella posizione migliore per ricevere. Necessario ed importante diventa assicurarsi che il proprio portiere sappia quando è opportuno utilizzare l'opzione di una palla lunga. Gli allenatori che propongono un calcio di possesso devono stare attenti che il portiere non giochi semplicemente calciando palle lunghe in campo, dato che le possibilità di mantenere o perdere il possesso sono, nella migliore delle ipotesi, 50%-50%; il risultato resta quindi incerto. Le squadre allenate a dominare il possesso evitano il più possibile questo tipo di situazioni; una palla lunga dovrebbe innescare una reazione coordinata da parte dei giocatori.

La figura mostra la squadra che inizia il gioco dal fondo; in questa situazione, gli avversari sanno che l'azione parte dal basso e portano pressione con intensità crescente, sperando di recuperare il possesso, all'interno o intorno all'area di rigore. La speranza dell'avversario è di recuperare palla rapidamente e, se possibile, di concludere in porta. Normalmente, 2 o più attaccanti "restano alti" e quando il portiere entra in possesso palla, portano pressione "1 c 1". Nell'esempio in figura, la squadra tenta di giocare attraverso i "movimenti a tagliare", ma gli avversari conoscono questa caratteristica e sono attenti ai movimenti ad esca, portando, invece, pressione sul portatore di palla, incluso il portiere, ogni volta che riceve. Inoltre, chiudono le linee di passaggio, specie verso il lato opposto.

In situazioni come questa, conviene che il portiere giochi una palla lunga e precisa (rinviando), verso l'esterno alto più vicino. Gli esterni alti (7 o 11) riescono, a questo punto, ad anticipare ed aggiustare la posizione, mentre il portiere "si prepara a calciare lungo"? Sanno muoversi nello spazio, sulla fascia, ad esempio tra il laterale basso e l'esterno alto avversari? Sanno posizionarsi con il corpo in apertura, in modo da poter vedere il campo e il portiere che esegue il passaggio? I compagni di squadra avanzati devono portarsi velocemente verso posizioni di supporto, in modo che quando la palla arriva, la squadra sia in superiorità numerica intorno ad essa. I principali benefici delle palle lunghe, in queste situazioni sono:

- Un passaggio lungo può mettere fuori gioco molti avversari, poiché è probabile che siano in pressione alta e non si aspettino una giocata di questo tipo. È probabile che la squadra in possesso possa creare un attacco veloce, che porti alla conclusione in porta.
- Rende inutili le tattiche di "pressione alta" degli avversari; è probabile che provino a "ripiegare" per dare sicurezza alla fase difensiva, lasciando più spazio e tempo per giocare, ancora una volta, dal basso.

CAPITOLO 2

LA FASE PROPOSITIVA

Negli esempi di questo capitolo viene usato uno schieramento 4-3-3, ma gli schemi dei movimenti e le esercitazioni possono essere adattati alla formazione della propria squadra.

LA FASE PROPOSITIVA

Finora, abbiamo esaminato le fasi di costruzione e di consolidamento del possesso palla, presentando una serie di schemi di movimento coordinati, che la squadra può esplorare per costruire dal portiere e avanzare nella metà campo avversaria. Ora iniziamo ad analizzare la fase propositiva, in cui la squadra in possesso cerca di superare le linee difensive avversarie tramite passaggi filtranti, supportati da corretti movimenti, per concludere in porta. È così semplice. O no!

Tante possibilità nascono, quando si parla di calcio offensivo, in base a tattica, formazione e scaglionamento della squadra, gestione del gioco, ecc. Gli esempi da seguire sono strettamente legati alle basi già definite nelle fasi di costituzione e di consolidamento; in altre parole, la fase propositiva inizia dove finisce quella di consolidamento. E qui, un allenatore preparato si concentra sull'incoraggiare la squadra nel mantenimento del possesso, attraverso movimenti definiti e coordinati chiaramente.

L'allenatore dovrà lavorare con i giocatori divisi in gruppi, per assicurarsi che siano chiaramente consapevoli dei fattori chiave per far avanzare il gioco. Nelle fasi iniziali, probabilmente, l'allenatore dovrà assumere atteggiamento "direttivo"; tuttavia, lo scopo è semplicemente quello di far sì che tutti "si trovino sulla stessa lunghezza d'onda", per quanto riguarda il modo di coordinare i movimenti, "sulla palla e lontano da essa".

Una volta che i giocatori hanno imparato gli "strumenti" e che ne notano l'efficacia, allora l'allenatore può fare un passo indietro e lasciare che siano loro al centro dell'attenzione, fungendo solo da assistente, dando informazioni tecniche e tattiche giuste e concise, oltre ad un continuo incoraggiamento positivo. È probabile che la squadra possa progredire velocemente all'interno del modello di gioco condiviso. L'ingegnosità e la creatività dei giocatori, quando messi sotto pressione, faranno emergere ogni sorta di varianti e sarà soddisfacente vederli usare i propri punti di forza individuali, per costruire gioco, seguendo i principi fondamentali e i modelli collettivi che hanno esplorato. I giocatori diventano gli attori, dando vita al piano tattico, sul campo; ciò che deve fare un buon allenatore è innescare la scintilla e preparare il terreno per il gioco collettivo. Quindi, più ampie e profonde sono comprensione e immaginazione, come allenatore, maggiore è il supporto che è possibile dare ai giocatori per esprimersi e trasformare idee efficaci in realtà concreta.

Per iniziare, voglio spiegare il concetto base del blocco di costruzione, che aiuterà a mantenere una chiara visione dell'effettivo scaglionamento che i giocatori dovrebbero tenere, mentre trasmettono palla e si muovono "attraverso i terzi", cercando di creare opportunità di conclusione. Presenterò, quindi, alcuni esercizi molto efficaci, che rafforzano la comprensione di questi elementi basilari e che possono essere usati come attivazione delle sessioni di allenamento.

Abbiamo visto quanto sia importante la pazienza nel mantenere il possesso, ma diventa inutile se i giocatori mancano di consapevolezza e di "istinto omicida". Il modo migliore per affinare queste caratteristiche è proporre esercizi che combinano il mantenimento del possesso con movimenti coordinati, per creare spazio ed avanzare. Quindi, dopo aver esaminato i principi fondamentali, alla base del gioco in fase di proposizione, progrediremo e valuteremo il modo migliore per "cambiare lato" da una fascia all'altra, e il perché sia così importante. Molto semplicemente, più la squadra migliora in questa fase, più è probabile che il dominio del possesso sia continuo. Tuttavia, lo scopo generale, come vedremo, è aprire spazi attraverso i quali sia possibile far avanzare il gioco, con l'obiettivo di creare opportunità di conclusione.

Nelle fasi di costruzione e consolidamento, abbiamo esaminato il ruolo vitale svolto dal centrocampo a 3 in rotazione. Man mano che il gioco avanza e si passa alla fase propositiva, possiamo vedere quante varianti degli stessi schemi di movimento debbano essere esplorate, per agire efficacemente e superare la pressione avversaria. Ancora una volta, questo è un altro ottimo motivo per cui è così importante mettere i giocatori in grado di costruire dal portiere ed avanzare attraverso i terzi del campo. Ciò che apprendono nella fase di costruzione può essere, in una certa misura, replicato, in varie forme, nella fase propositiva del gioco offensivo.

Dopodiché esamineremo una serie di flussi di gioco offensivo molto utili, attraverso esercitazioni chiave per allenare e aiutare la squadra nella creazione di opportunità di conclusione. Ho dato a questi schemi di gioco nomi semplici, come "Classic", "X", "movimenti a tagliare" (per la fase propositiva), "apertura degli spazi", per favorirne l'apprendimento.

Anche la fase di contrattacco sarà analizzata in questa sezione e saranno presentate alcune proposte efficaci.

Giocare contro avversari compatti ed equilibrati

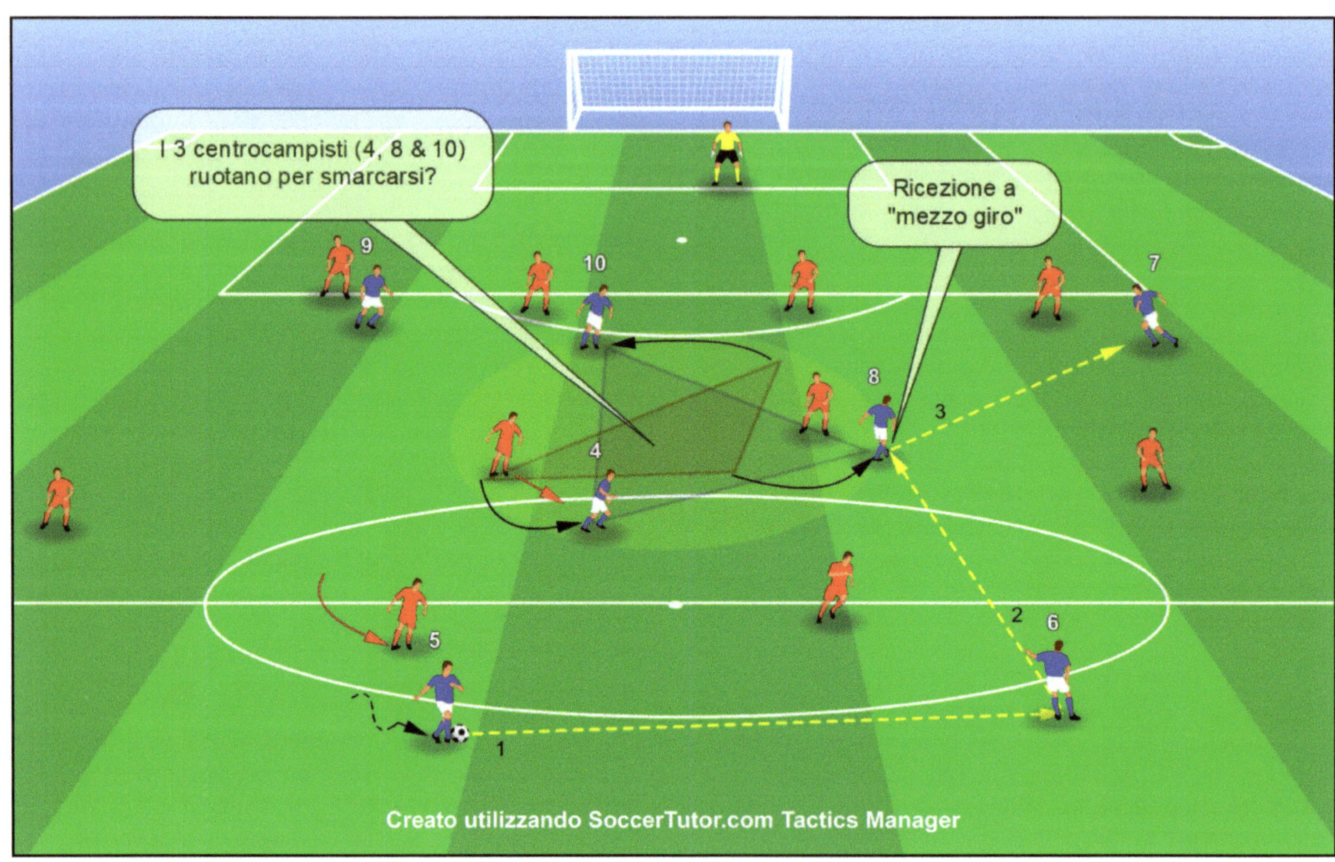

Questa situazione è un buon punto di partenza per analizzare la fase propositiva del gioco; in figura, l'avversario è relativamente compatto e ben organizzato nelle aree centrali. La sfida per la squadra attaccante è trovare il modo per superare le linee difensive. Quindi, quali opzioni è possibile esplorare, per creare combinazioni di gioco?

In questo esempio, la squadra in possesso deve cambiare lato, con lo scopo principale di cercare gli spazi per proporre gioco.

- I centrocampisti si scaglionano in un'effettiva forma ***triangolare sfalsata***, come mostrato?
- Possono quindi cercare la ***rotazione delle posizioni***, adattando ciò che hanno appreso nella fase di costruzione?

L'obiettivo, ancora una volta, è smarcarsi dall'avversario e creare spazio per ricevere e attaccare. Mentre la palla si muove tra i difensori centrali, i centrocampisti ruotano nello spazio; il Num.8 riceve un passaggio dal centrale difensivo (6), a mezzo giro, mettendo fuori gioco 3 o 4 avversari, con molte opzioni promettenti, tra cui le seguenti 3:

1. Girarsi e condurre palla in avanti, cercando di attirare i difensori verso di lui e combinare con il Num.10 e il Num.7.
2. Trasmettere palla di prima intenzione verso il Num.7, come mostrato in figura. Se il laterale basso non si è mosso in avanti, il Num.8 si potrebbe sovrapporre in ampiezza, ricevendo un passaggio di ritorno.
3. Se il Num.7 si accentra, il Num.8 ha anche la possibilità di giocare in ampiezza verso uno dei laterali bassi in sovrapposizione, se si sono portati in avanti per ricevere.

Creare gioco attraverso rotazioni in zone avanzate: smarcamenti e creazione di spazi in cui agire

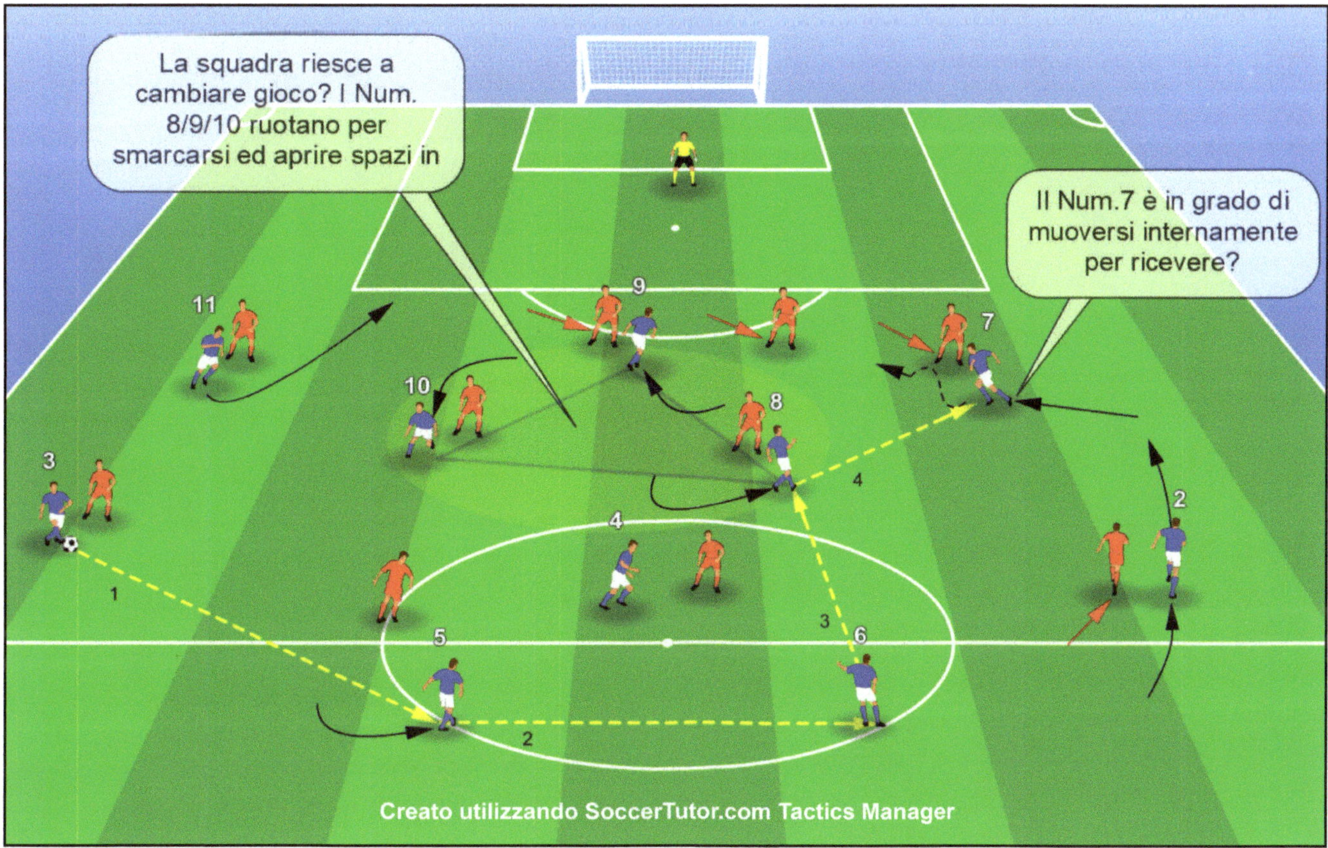

Gli avversari (in maglia rossa) sono posizionati bassi, compatti ed equilibrati.

- Cos'è possibile notare dello scaglionamento, del movimento della linea difensiva (2, 3, 5 e 6) e dei 3 centrocampisti (4, 8 e 10) della squadra in possesso?

Lo scaglionamento in figura è una variante degli schemi di movimenti coordinati, utilizzati per superare la pressione avversaria, nella fase di costruzione (capitolo precedente). I 2 difensori centrali si sono aperti, ma, in questa situazione, 2 centrocampisti (8 e 10) hanno formato rapidamente un triangolo in rotazione con l'attaccante (9). Mentre la palla è in movimento, i 3 giocatori creano spazio, smarcandosi dagli avversari, cercando di ricevere palla in avanti, con il corpo a mezzo giro (notare il Num.8, in figura).

È consigliabile utilizzare una lavagna tattica per dimostrare ogni step della sequenza e discutere delle rotazioni con i giocatori. È molto più facile, per loro, vedere lo scaglionamento, se impostato in questo modo, per capire che la sequenza è simile alle fasi di rotazione e di smarcamento nella metà campo difensiva e al momento in cui si trasmette indietro al portiere, per superare la pressione.

Tutto il duro lavoro che i giocatori hanno fatto per migliorare i loro movimenti in costruzione, li aiuterà nel superamento della pressione avversaria, in questa fase successiva. ***È possibile utilizzare lo stesso scaglionamento di base e gli stessi schemi di movimento delle fasi precedenti, per superare la pressione, nella metà campo offensiva.***

Avanzando sul campo, la squadra si avvicina alla fase di conclusione, in cui si deve scaglionare in modo deciso, con costante mobilità nelle aree centrali e in ampiezza; i giocatori dovrebbero presto sentirsi sicuri, sperimentando soluzioni per aprire le linee difensive più organizzate.

Ovviamente nelle situazioni di gioco reali, molto spesso solo 1 o 2 giocatori si smarcheranno dai difensori, altrimenti tutto diventerebbe prevedibile e gli avversari saprebbero come adattarsi. I punti focali sono la rotazione, lungo queste linee e la mobilità generale per aiutare la squadra negli smarcamenti e nel gioco per vie centrali. Se questi movimenti sono ben calibrati, anche solo uno di essi, potrebbe crearsi l'opportunità di giocare in avanti e creare opportunità di conclusione; motivo sufficiente per utilizzare queste rotazioni.

Continua...Cambiare gioco attraverso le rotazioni in posizioni avanzate

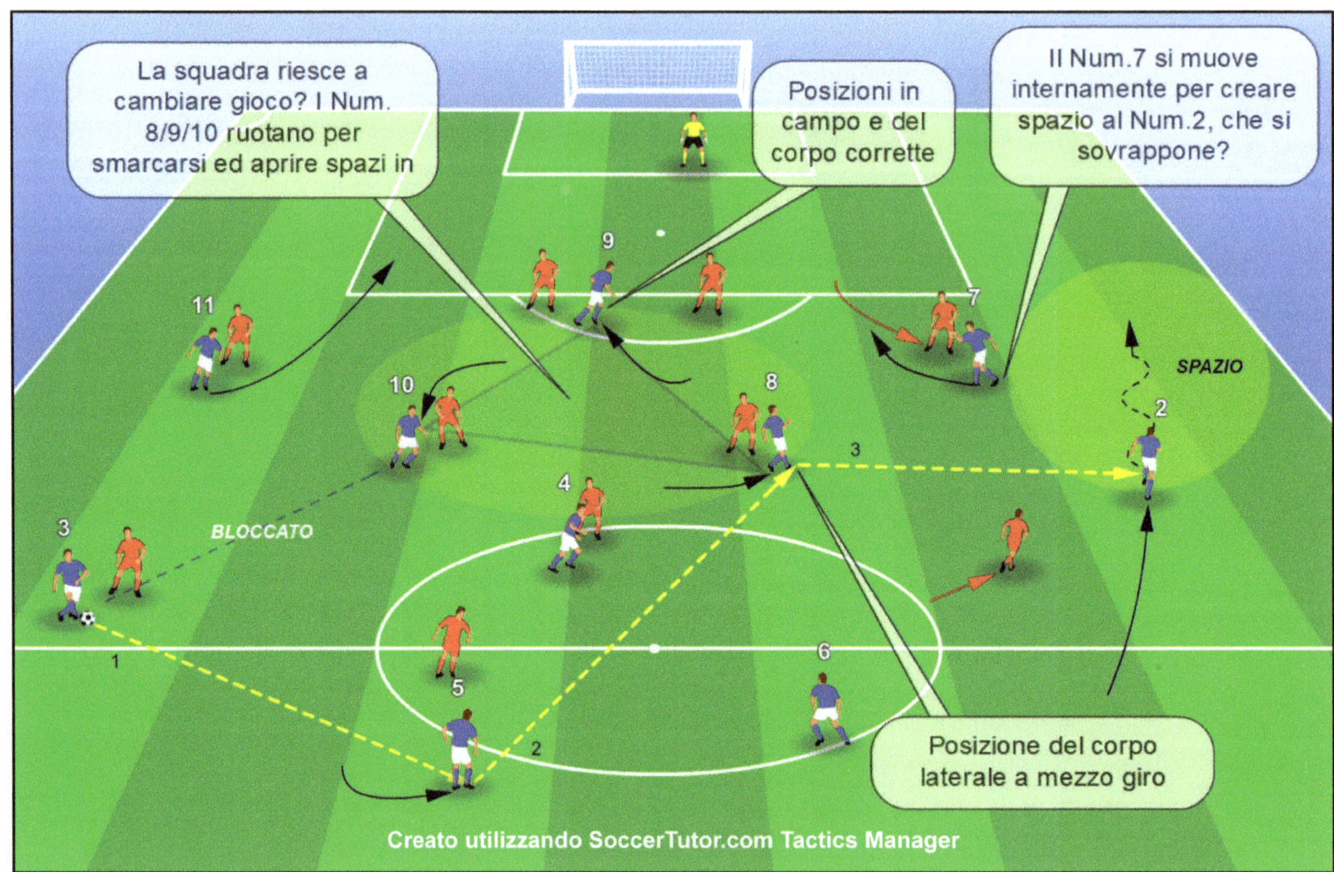

Le rotazioni nelle zone centrali più avanzate probabilmente coinvolgeranno centrocampisti e attaccanti; in questa situazione, 3 giocatori ruotano (8, 9 e 10), mentre il gioco progredisce.

In primo luogo, il Num.10 si muove incontro a supporto del laterale basso sinistro (3) in possesso palla, ma viene chiuso. Il Num.3 trasmette palla al centrale difensivo (5) che, a propria volta, gioca palla lungo la linea di passaggio verso il Num.8, che ha calibrato il proprio movimento in rotazione, per ricevere in diagonale (la posizione del suo corpo, in ricezione, dovrebbe essere laterale e a mezzo giro). Il Num.8, sotto pressione, gioca palla in ampiezza sulla corsa del laterale basso, che si è mosso nello spazio in anticipo.

L'attaccante (9) si muove seguendo questa sequenza, come mostrato in figura, in direzione opposta a quella della palla e della linea difensiva avversaria, che sta "scivolando" per portare pressione e coprire; il Num.9 è difficile da marcare, perché i difensori devono decidere chi prenderà la posizione su di lui, cosa non facile, data la copertura verso la direzione opposta. La situazione diventa ancora più difficile per i difendenti, se il Num.9 mantiene una posizione del corpo aperta, lateralmente alla palla, per inserirsi tra i difensori.

Meglio ancora, l'attaccante riesce a muoversi sul "lato cieco" dei difensori centrali, alle loro spalle, cercando di inserirsi per concludere, ricevendo un passaggio filtrante o un cross?

Se il passaggio o il cross non arrivano, il Num.9 e il Num.10 devono ruotare ancora una volta, con l'obiettivo di smarcarsi; l'argomento sarà analizzato più approfonditamente nella fase di conclusione, che segue questo capitolo.

Queste sono soluzioni che possono essere sperimentate con gli attaccanti, partendo dalle rotazioni di base che abbiamo visto.

Nel complesso, l'alto grado di mobilità collettiva renderà difficile la fase difensiva avversaria, soprattutto se gli attaccanti si muovono continuamente, per trovare piccole porzioni di spazio tra il centrocampo e la linea difensiva.

Esercitazione in spazi ridotti per cambiare lato e creare opportunità di conclusione attraverso "esterni alti invertiti"

Organizzazione dell'esercitazione

All'interno di una metà campo, si gioca un duello 8 c 7 (+ portiere); il numero dei giocatori è adattabile in base alla disponibilità. Vengono delimitate 3 porticine, formate dai coni rossi, sulla linea di metà campo (3 m di larghezza) e posizionati 5 coni blu, come mostrato in figura. La squadra attaccante blu schiera 2 laterali bassi (2 e 3), 1 centrocampista difensivo (4), 2 centrocampisti offensivi (8 e 10), 2 esterni alti (7 e 11) e 1 attaccante (9). La squadra rossa, senza possesso, schiera una difesa a 4, vicino al limite dell'area di rigore, 2 centrocampisti difensivi e 1 centrocampista offensivo. I giocatori sono limitati a 1 o 2 tocchi.

L'esercitazione inizia con un laterale basso che trasmette al centrocampista difensivo (4); si innescano così le rotazioni centrali e il movimento in avanti del laterale basso, come mostrato in figura. La squadra blu cerca di creare occasioni e concludere a rete. Se i giocatori rossi conquistano il possesso, devono contrattaccare e condurre palla attraverso una delle 3 porticine formate dai coni entro 6".

Regole

1. La squadra in possesso deve iniziare cambiando lato, come innesco per le rotazioni dai giocatori centrali (8, 9, 10).
2. Almeno un giocatore offensivo centrale (8, 9 o 10) deve toccare palla, prima che la squadra possa attaccare la porta.
3. Solo un laterale basso (2 o 3) può spingersi in avanti, ogni volta.

Attenzione a

1. La squadra riesce a scaglionarsi in modo corretto e a creare gli angoli per consentire un cambio di gioco rapido da una fascia all'altra?
2. I giocatori centrali sanno ruotare le posizioni per smarcarsi, durante il cambio di lato, cercando di trovare spazio all'interno della difesa avversaria?
3. I giocatori sono in grado di trasmettere palla "di mezzo collo" per sfruttare ogni spazio creato, attraverso il quale possono attaccare (ad esempio, verso l'esterno alto opposto)?
4. Gli attaccanti effettuano i contromovimenti con i tempi giusti per ricevere smarcati?
5. L'attaccante riesce a muoversi nella direzione opposta a quella della palla, cercando di inserirsi sul lato cieco dei difensori?

Esercitazione in spazi ridotti 7 c 7 (+2) per cambiare lato e creare opportunità di conclusione

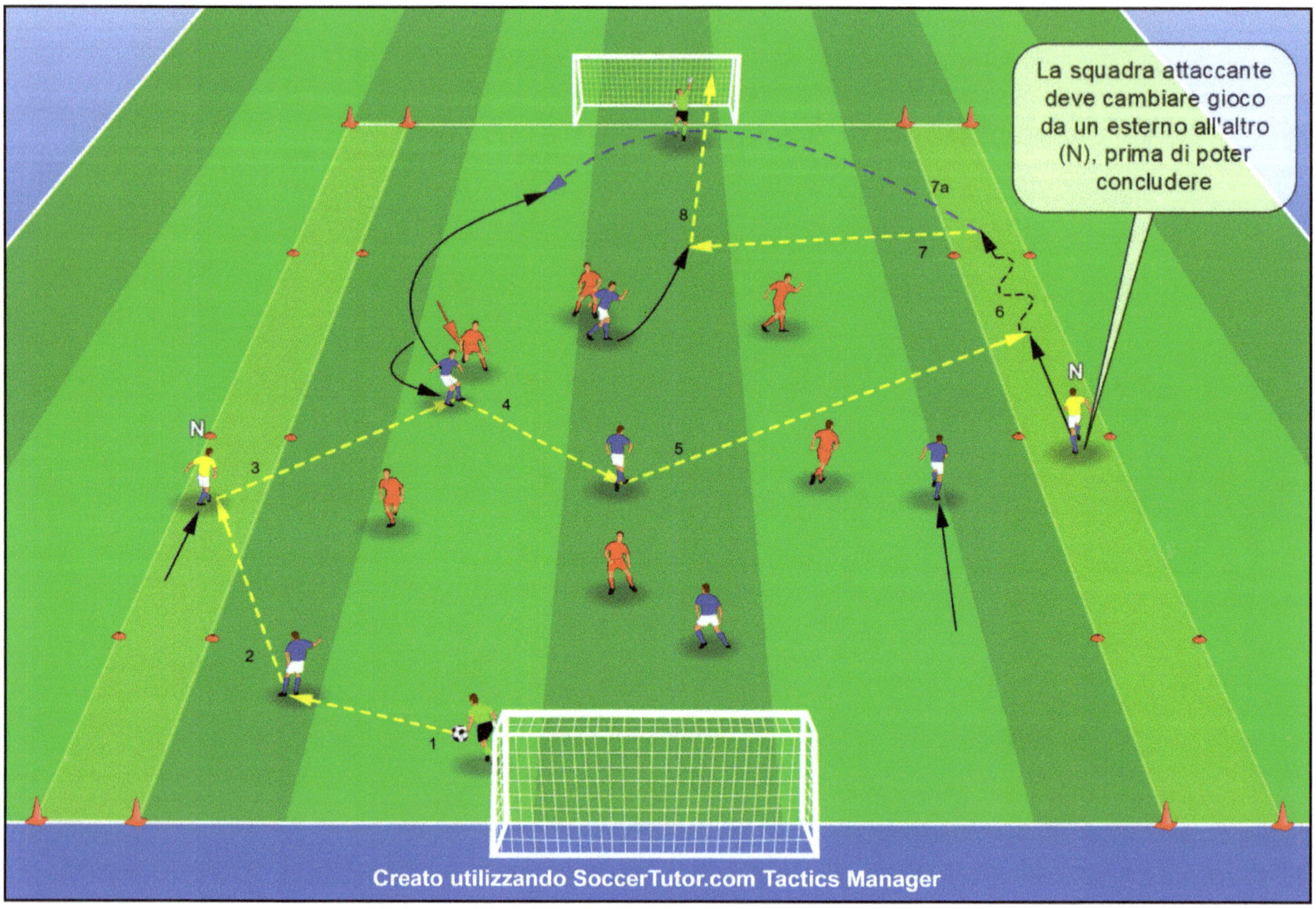

La squadra attaccante deve cambiare gioco da un esterno all'altro (N), prima di poter concludere

Creato utilizzando SoccerTutor.com Tactics Manager

Organizzazione dell'esercitazione

In un'area di 40 x 60 m, si svolge un duello 7 c 7 con il supporto di 2 giocatori neutrali, che però sono limitati ad un massimo di 3 tocchi palla e che non possono agire al di fuori delle zone laterali delimitate.

Le squadre possono schierare una formazione 3-2-1 oppure 2-2-2; le sequenze dell'esercitazione iniziano dai portieri.

L'obiettivo di entrambe le squadre è cambiare gioco da una zona laterale all'altra; entrambi i giocatori neutrali devono toccare la palla prima che una squadra possa concludere. Se la squadra difendente conquista il possesso, quella rossa, in figura, ha gli stessi obiettivi e segue le stesse regole, dovendo trasmettere verso entrambi i giocatori neutrali, in ampiezza, prima di concludere.

Attenzione a

1. Focus principale sulla squadra difendente, per assicurarsi che sia organizzata in fase di pressione e di copertura, equilibrata e compatta.
2. Le squadre sanno costruire gioco "attraverso i terzi del campo"?
3. Entrambi i portieri devono essere pienamente coinvolti, per essere di supporto alla squadra nel cambio di gioco.

Progressione

Il giocatore neutrale in ampiezza, sul lato opposto, può lasciare la propria zona per attaccare il secondo palo e concludere.

Esercitazione in spazi ridotti 7 c 7 con attaccanti in ampiezza per creare spazio al centro

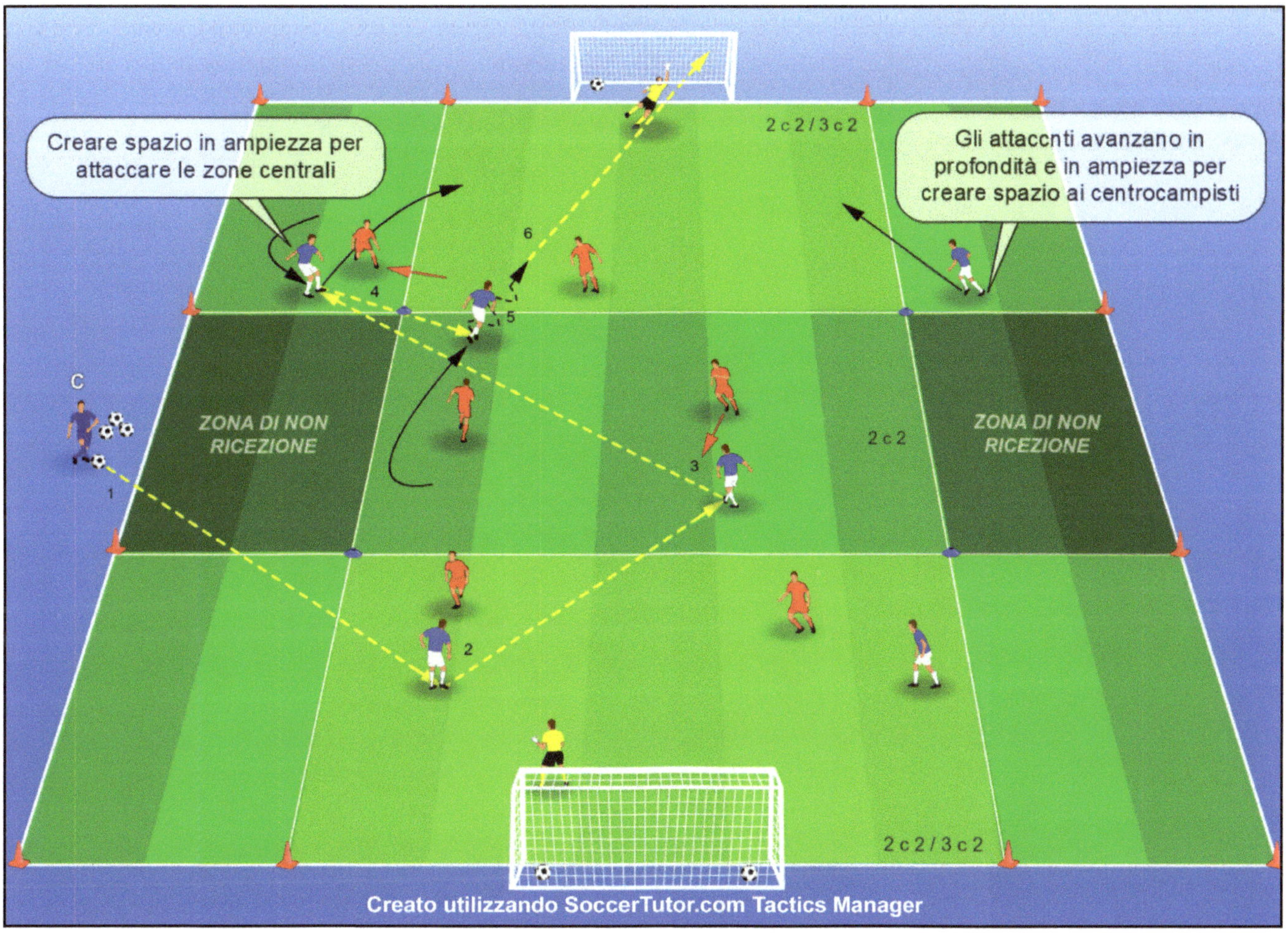

Creato utilizzando SoccerTutor.com Tactics Manager

Organizzazione dell'esercitazione

Uno spazio di 40 x 50 m viene diviso in terzi e vengono delimitate 2 zone laterali (8/10 m, utilizzabili solo nel terzo offensivo). Si gioca 7 c 7 in spazi ridotti, ma il numero dei partecipanti è adattabile alla disponibilità dei giocatori. Entrambe le squadre si schierano con una formazione 2-2-2, avendo 2 giocatori posizionati in ogni zona del campo. Le squadre sono in grado di "attraversare i terzi", partendo da quello difensivo, attraverso il centrocampo e arrivare in zona offensiva? Una volta che la palla è stata giocata nel terzo d'attacco, un centrocampista può entrare per creare superiorità numerica 3 c 2. Se la squadra difendente conquista il possesso, attacca seguendo le stesse regole. L'esercitazione inizia quando l'allenatore gioca palla; non ci sono angoli o rimesse e, se la palla esce dal gioco, si riprende dal portiere della squadra precedentemente in difesa.

- ***I 2 attaccanti sanno "muoversi sempre in verticale e in ampiezza", quando la loro squadra è in fase offensiva?***
- Un centrocampista è in grado di supportare i 2 attaccanti per creare superiorità numerica 3 c 2, nel terzo offensivo?

Attenzione a

1. Gli attaccanti riescono ad adattare rapidamente le loro posizioni per dare ampiezza nel terzo offensivo?
2. Un centrocampista avanzato è in grado di sfruttare lo spazio creato dai movimenti in ampiezza dei 2 attaccanti e supportare la fase offensiva?
3. Centrocampisti e attaccanti sanno combinare rapidamente per giocare all'interno di qualsiasi spazio creato nelle zone centrali?
4. Gli attaccanti riescono a smarcarsi per ricevere un passaggio? Se è così, si girano e vincono i duelli 1 c 1?
5. In caso contrario, scaricano palla lungo la linea di passaggio verso un centrocampista a supporto?
6. Se i centrocampisti cambiano il gioco, sono consapevoli dei movimenti degli attaccanti?

VARIANTE

Esercitazione in spazi ridotti 7 c 7 con attaccanti "che si accentrano" per creare spazio in ampiezza

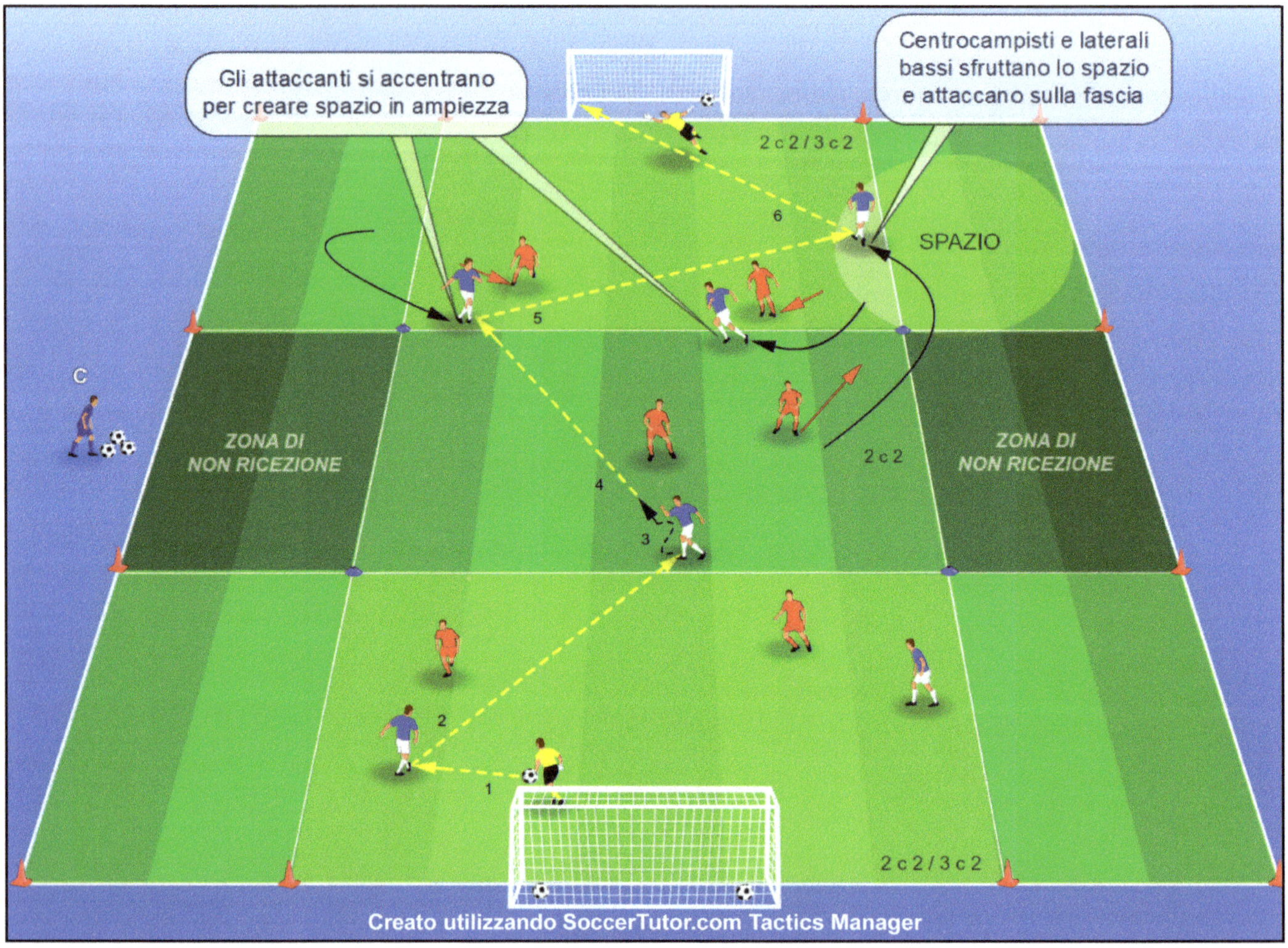

Creato utilizzando SoccerTutor.com Tactics Manager

Organizzazione dell'esercitazione

La struttura dell'esercitazione è la stessa della precedente, ma il focus è su quanto segue:

- Lo scopo principale è fare in modo che i ***2 attaccanti possano sempre "inserirsi" quando la loro squadra attacca.***
- ***Un centrocampista riesce ad essere di supporto per i 2 attaccanti, muovendosi in sovrapposizione, per creare superiorità numerica 3 c 2, in fase offensiva, nell'ultimo terzo?***
- La squadra difendente si posiziona e si scagliona in modo corretto, per recuperare il possesso e attaccare la porta avversaria?

Attenzione a

1. Gli attaccanti sanno equilibrare le loro posizioni rapidamente e "inserirsi" nel terzo offensivo (ad esempio, lasciando libere le 2 fasce)?
2. Un centrocampista offensivo riesce a sfruttare qualsiasi spazio creato in ampiezza, muovendosi in sovrapposizione o inserendosi internamente, per attaccare la porta?
3. Centrocampisti e attaccanti sanno combinare rapidamente per trarre vantaggio da questi movimenti e concludere?
4. Gli attaccanti si smarcano per ricevere un passaggio? Se è così, si girano e vincono i duelli 1 c 1? In caso contrario, scaricano palla lungo la linea di passaggio verso un centrocampista a supporto?
5. I centrocampisti sono in grado di cambiare gioco mostrando consapevolezza dei movimenti degli attaccanti?
6. I centrocampisti trasmettono palla agli attaccanti appena possibile e si muovono in sovrapposizione con i tempi giusti, per creare opportunità, combinando con il 3° uomo?
7. I giocatori usano 1 o 2 tocchi, durante le combinazioni e hanno un atteggiamento positivo, quando si girano per superare un difensore?

COMBINARE NEGLI SPAZI

Combinazione "Classic I"

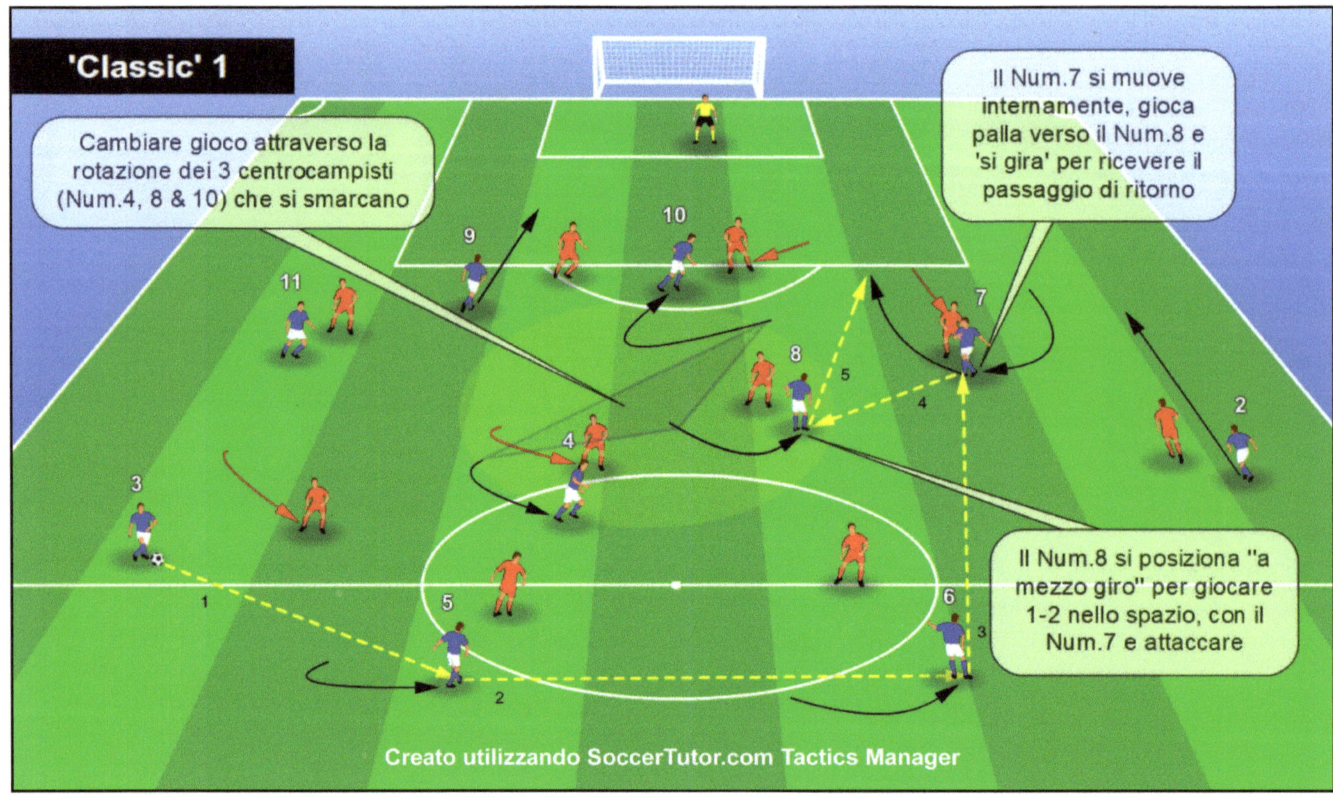

Gli schemi di gioco illustrati sopra prevedono un'elevata mobilità nelle aree avanzate centrali e sono i principi di base per un'intera gamma di combinazioni offensive.

Qui vengono prese in considerazione 3 opzioni provate sul campo, lavorando con i miei giocatori, e certamente affidabili. Chiamo queste soluzioni "Classic 1", "Classic 2" e "Classic 3".

"Classic 1". Di seguito, i fattori importanti perchè sia efficace:

1. I giocatori comprendono i movimenti coordinati e li anticipano, per assicurarsi di essere un passo avanti rispetto ai loro avversari.
2. Essi ricevono e scambiano rapidamente palla da una fascia all'altra, cercando sempre i centrocampisti in rotazione, quando e dove si aprono spazi disponibili.
3. I giocatori in ampiezza, sul lato debole (fianco opposto), ad esempio il Num.2 e il Num.7, in figura, anticipano il cambio di gioco e variano i loro movimenti per creare spazio. Il Num.7 dovrà decidere se "restare alto e in ampiezza", "muoversi incontro" o "inserirsi", cercando di ricevere e girarsi, oppure scaricare palla di prima intenzione.
4. Quando un giocatore è marcato, è essenziale che si allontani dal suo avversario, prima di muoversi per ricevere un passaggio nello spazio ("muoversi per farsi vedere"). Nell'esempio in figura, il Num.7 prova questo movimento, ma l'avversario lo segue e quindi cerca di scaricare palla indietro, di prima intenzione, e di ruotare la posizione per ricevere un passaggio di ritorno rapido, oltre il proprio marcatore.
5. Il laterale basso (2) dovrebbe prendere spunto, per il proprio movimento, dal posizionamento e dal movimento dell'esterno alto (7), nei seguenti modi:

- Se l'esterno alto destro (7) si muove in ampiezza, il laterale basso destro (2) cerca di ricevere e di condurre palla internamente?
- In alternativa, se l'esterno alto destro (7) si muove internamente, il laterale basso destro (2) riesce ad anticipare questo movimento e a sovrapporsi in modo tempestivo? Se è così, probabilmente sarà possibile fornire un buon angolo di supporto in ampiezza e creare, probabilmente, superiorità numerica.
- Se il laterale basso riceve in alto sul campo, è in grado di attaccare la porta, concludere, tentare un cross o di trasmettere un passaggio arretrato?

Combinazioni "Classic 2" e "Classic 3"

Negli esempi mostrati, la squadra propone gioco rapidamente, mentre i centrocampisti offensivi ruotano, cercando di creare spazio e ricevere palla in avanti. Quando gli spazi si aprono e i giocatori hanno la testa alta per giocare, questo è il momento per mettere in pratica gli schemi coordinati collettivi.

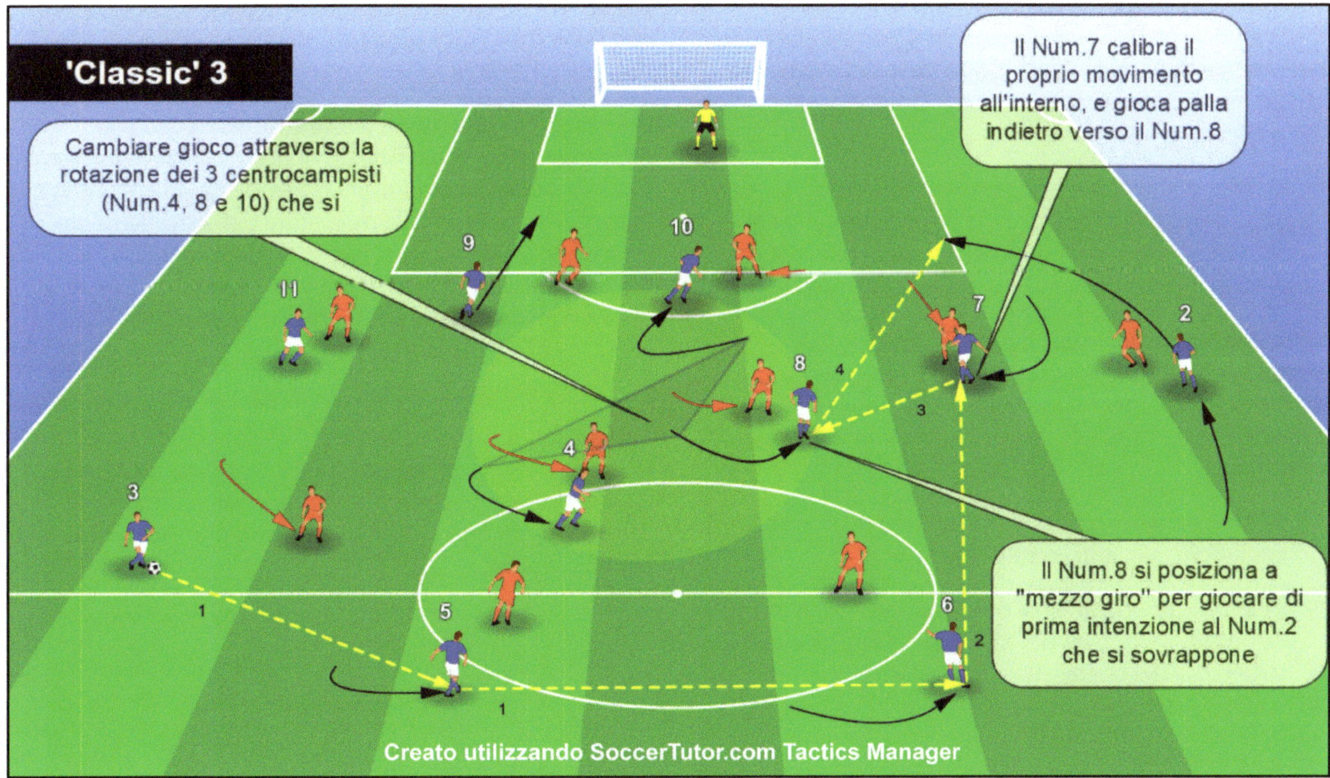

"Classic 3", variante: l'esterno alto resta posizionato in ampiezza

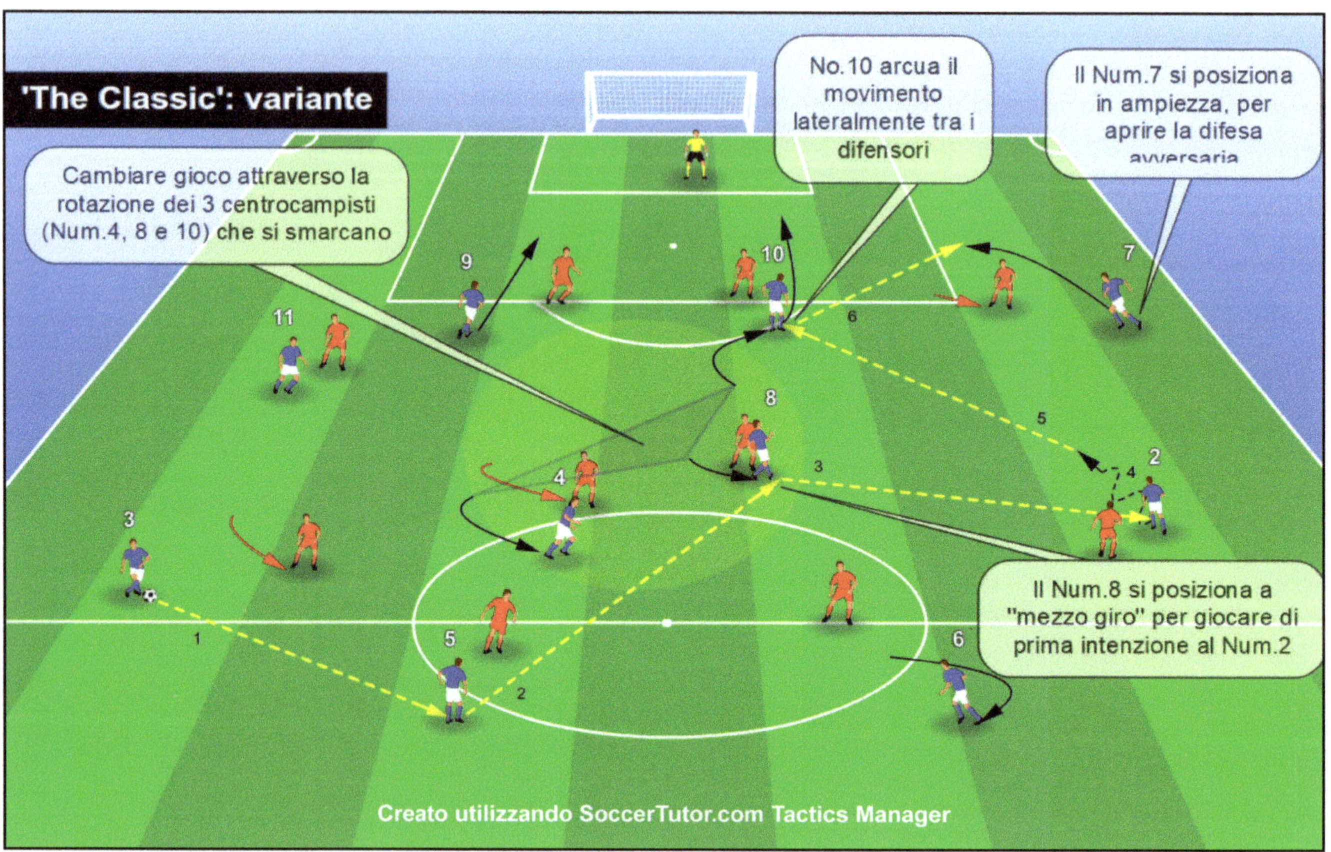

La situazione delineata mostra una variante della "Classic 3". Il Num.7 (o il Num.11, se lungo la fascia opposta) rimane posizionato in ampiezza e "nei pressi della linea laterale" per "allargare il gioco", in attesa del momento giusto per coordinare la sua corsa e attaccare alle spalle della difesa avversaria.

- Mentre la squadra in possesso cambia gioco, si apre uno spazio nella linea di centrocampo avversaria, attraverso il quale è possibile trasmettere in avanti e in diagonale (dal Num.5 al Num.8, nell'esempio in figura).

Se l'esterno alto destro (7) rimane posizionato in ampiezza, in questa situazione, allora il laterale basso destro (2) può cogliere la possibilità di muoversi in avanti, all'interno e nello spazio disponibile. Il Num.8 ha quindi 2 opzioni:

1. Se ha spazio per girarsi, può decidere di giocare un passaggio in avanti verso il Num.10.
2. Se è marcato e la linea di passaggio verso il Num.10 viene chiusa, può invece giocare palla in ampiezza, sulla corsa del laterale basso destro in arrivo (2).

In entrambi i casi, la palla dovrebbe finire in avanti e in possesso del Num.10, che "arcua" il proprio movimento, con l'obiettivo di inserirsi tra 2 difensori avversari, per ricevere palla lateralmente e preferibilmente sui piedi.

Il passaggio in avanti del laterale basso destro è il momento in cui l'esterno alto di destra (7) deve iniziare il suo movimento "sul lato cieco", nello spazio e all'interno, in modo da sfuggire alla marcatura dell'esterno basso avversario (evitando di farsi trovare in fuorigioco). Il Num.7, ora, può "puntare la porta", oppure cercare di ricevere un cross o un passaggio arretrato dalla fascia.

Il Num.10 può attaccare velocemente la porta, in linea con il primo palo e in tempo per sfruttare un cross. L'attaccante (9), nel frattempo, può concentrarsi sul lato cieco del difensore centrale, cercando di concludere, ricevendo un cross verso il secondo palo, oppure, conquistando una seconda palla, se il portiere respinge il primo tentativo.

L'esterno alto si accentra per agire come "secondo attaccante"

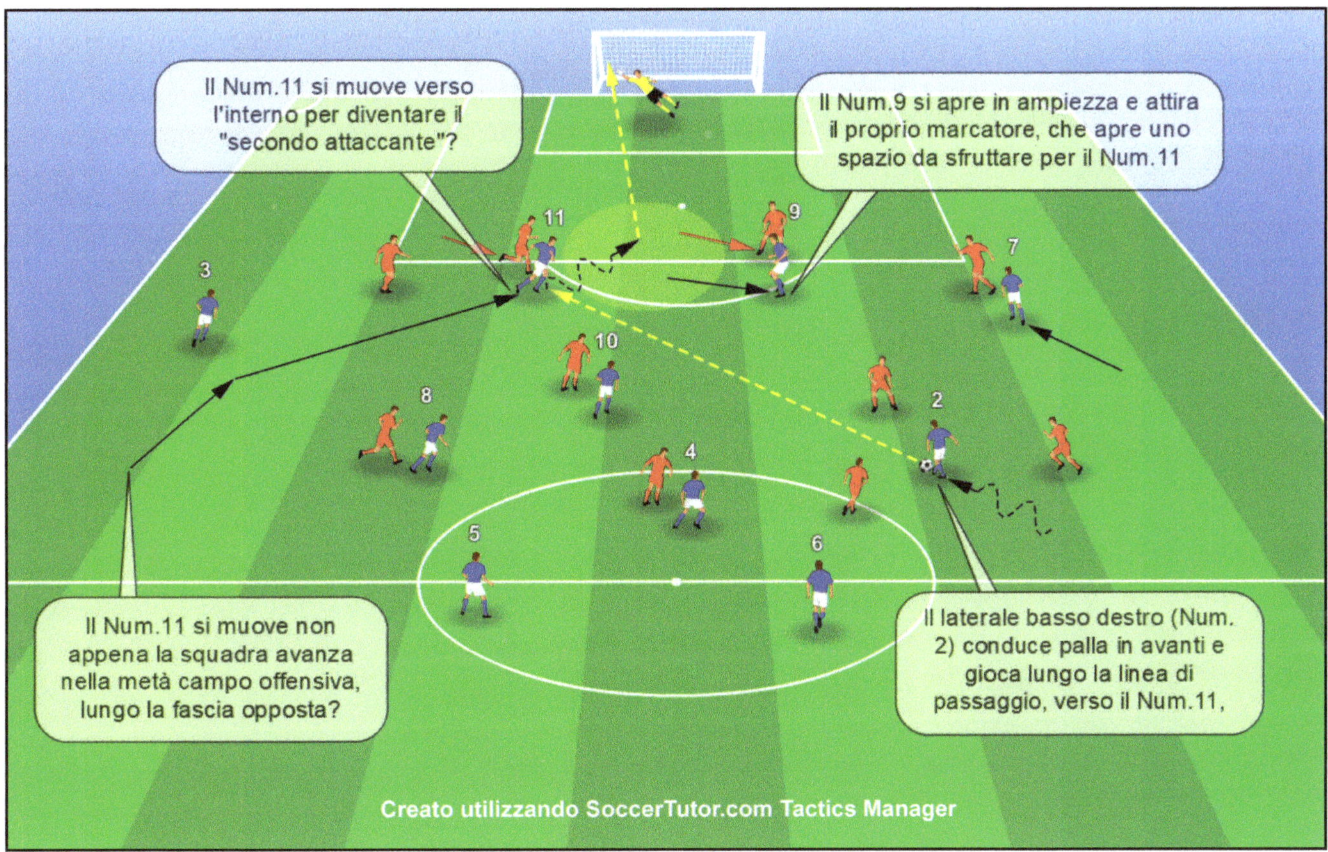

Quando la squadra si schiera con una formazione 4-3-3 o 4-2-3-1, una soluzione tattica molto semplice, ma efficace, è quella di invitare l'esterno alto a muoversi in avanti per diventare il "secondo attaccante". Quest'idea è ampiamente utilizzata e funziona come segue:

- Mentre la squadra avanza su una fascia e attraversa la linea di metà campo, l'esterno sul lato opposto riesce a portarsi in posizione avanzata più centrale, in modo deciso?

Questo movimento in avanti consente alla squadra di posizionare più giocatori nelle zone avanzate e maggiori possibilità di combinazioni rapide, per creare opportunità di conclusione.

Se questo movimento in avanti e interno è fatto con i tempi giusti, c'è la possibilità di giocare lungo e in diagonale, direttamente sulla corsa dell'esterno alto, come mostrato in figura. Un movimento intelligente dall'attaccante a supporto (9) può aiutare, trascinando con se il marcatore (centrale difensivo) e aprendo lo spazio da attaccare al centro.

Secondo quanto sia "offensivo" l'atteggiamento generale della squadra, c'è un ulteriore vantaggio, dato che si aprono spazi in ampiezza, per la sovrapposizione da parte di un laterale basso a supporto. Questo può dare alla squadra altre opzioni offensive. Nell'esempio in figura, mentre il Num.11 taglia dentro e riceve palla, apre uno spazio da attaccare per il laterale basso sinistro (3); se la sua corsa è fatta con i tempi giusti, per evitare la trappola del fuorigioco, potrebbe ritrovarsi presto in un duello 1 c 1 con il portiere avversario. Una combinazione semplice potrebbe essere rappresentata dal Num.11, che gioca verso il Num.9, che, a propria volta, trasmette un passaggio filtrante in diagonale sul movimento ad inserirsi del Num.3, il quale può concludere o giocare palla indietro, per un compagno di squadra a supporto.

Le possibilità sono numerose; quello che succede e quello che non succede viene deciso giocatori e dalle loro capacità di anticipazione e creatività. Tuttavia, introducendo alcune linee guida chiare, l'allenatore può aiutare ad aprire gli orizzonti dei giocatori, individualmente e collettivamente. Questa semplice soluzione tattica dovrebbe dare più libertà di espressione offensiva, incoraggiando combinazioni rapide, per creare opportunità di conclusione.

Combinazione a "X"

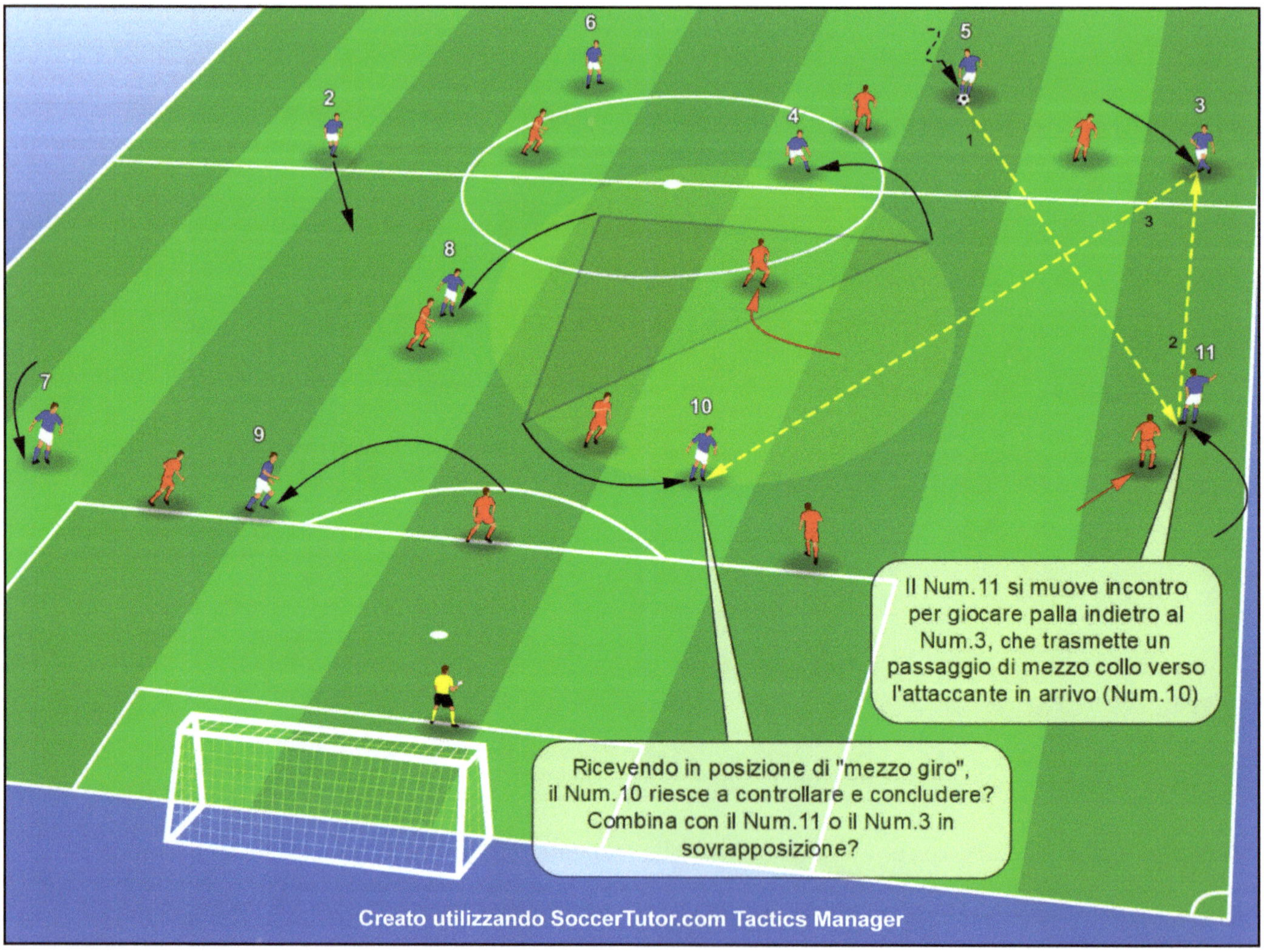

Il Num.11 si muove incontro per giocare palla indietro al Num.3, che trasmette un passaggio di mezzo collo verso l'attaccante in arrivo (Num.10)

Ricevendo in posizione di "mezzo giro", il Num.10 riesce a controllare e concludere? Combina con il Num.11 o il Num.3 in sovrapposizione?

Creato utilizzando SoccerTutor.com Tactics Manager

La combinazione a "X" è un altro schema di movimento coordinato classico, spesso utilizzato dai giocatori con le migliori capacità di trasmissione; qualcosa che andrebbe sperimentato con la propria squadra. Di nuovo, analizziamo questo schema di gioco, basandoci sullo scaglionamento della formazione nelle fasi di costruzione e consolidamento, ma adattandolo. Ciò che distingue la combinazione a "X" è che si tratta di un esempio di soluzione offensiva laterale, in cui l'esterno alto, prima resta posizionato in ampiezza per allargare le maglie delle linee difensive avversarie, poi si muove lungo la linea laterale per ricevere. Questa soluzione è esattamente opposta alle combinazioni Classic 1, 2 e 3, in cui abbiamo visto come l'esterno alto cerchi di accentrarsi in possesso o di inserirsi internamente senza palla.

La figura mostra lo schema della combinazione a "X" di base; un mezzo eccellente con cui una squadra può passare dalla fase di consolidamento a quella propositiva. ***Viene chiamata a "X" perché consiste di 2 passaggi diagonali, che si incrociano in direzioni opposte*** (dal Num.5 al Num.11, poi dal Num.3 al Num.9 o Num.10). Data una buona capacità di anticipazione del giocatore, ***la combinazione a "X" può rivelarsi molto efficace, mettendo fuori gioco le linee di attacco e di centrocampo avversarie, con solo 2 passaggi in diagonale, a medio raggio.*** Se eseguita correttamente, questa soluzione può richiedere solo 3 passaggi di prima intenzione.

Le varianti potrebbero coinvolgere il laterale basso, che riceve un passaggio indietro dall'esterno alto per poi condurre palla in avanti, prima di trasmettere un "passaggio filtrante" verso l'attaccante in arrivo. È una combinazione incisiva, dato che il secondo passaggio diagonale sposta la palla verso una zona centrale avanzata, davanti all'area di rigore avversaria.

- Ricevendo la palla posizionato a mezzo giro, l'attaccante (il Num.10, in figura) riesce a controllare con 1 tocco e concludere?
- In alternativa, può combinare con l'esterno alto (ad esempio il Num.11, in figura) che, supponendo

sia sotto pressione alle spalle, "imposta e ruota", cercando di dare ampiezza e supporto all'attaccante ricevente.

- Oppure, il laterale basso riesce a sovrapporsi per dare ampiezza, supponendo che possieda il ritmo di gioco per farlo?

In alternativa, la figura "racconta la storia di mille parole", mostrando il centrale difensivo (5) che trasmette palla filtrante verso l'esterno alto sinistro (11), il quale, però, è marcato. Il Num.11 compie "due movimenti", cercando di guadagnare spazio per girarsi e ricevere. Il suo marcatore, tuttavia, non lo perde e rimane "a distanza di tocco", così il Num.11 sceglie di giocare palla indietro, verso il laterale basso sinistro (3).

Perché la combinazione a "X" funzioni, il laterale basso sinistro (3) deve possedere una buona capacità di anticipazione ed essere in posizione di supporto "dietro la linea della palla". Il Num.11 può ora giocare palla verso il Num.3, il quale trasmette in avanti e in diagonale per il Num.9 o il Num.10, che si portano nello spazio, dopo un giusto doppio movimento.

Per essere efficaci con questo schema di combinazioni coordinate, i giocatori dovranno avere chiara l'immagine dello svolgimento della "X"; i movimenti devono essere eseguiti con i giusti tempi per smarcarsi e creare combinazioni a 1 o 2 tocchi. I giocatori hanno quindi bisogno di imparare ad eseguirli in condizioni variabili, anche contro avversari che portano pressione alta.

Perché la combinazione a "X" funzioni, il laterale basso sinistro (3) deve possedere una buona capacità di anticipazione ed essere in posizione di supporto "dietro la linea della palla". Il Num.11 può ora giocare palla verso il Num.3, che trasmette in avanti e in diagonale per il Num.9 o il Num.10, i quali si portano nello spazio, dopo un giusto contromovimento.

Per essere efficaci con questo schema a"X", fatto di combinazioni coordinate, i giocatori dovranno avere chiara l'immagine dello svolgimento, muovendosi con i giusti tempi per smarcarsi, e creando soluzioni a 1 o 2 tocchi. I giocatori hanno quindi bisogno di imparare ad agire in condizioni variabili, anche contro avversari che portano pressione alta.

L'utilizzo della combinazione a 'X' nel passaggio dalla fase di proposizione a quella di conclusione, potrebbe comportare quanto segue:

1. Una volta che il Num.11 si è mosso incontro, dietro alla linea e giocato palla verso il laterale basso (3), gira rapidamente attorno all'avversario che lo sta marcando, per dare ampiezza. Da qui può posizionarsi con angolo di supporto offensivo perfetto per il Num.10, che arriva nello spazio centrale per ricevere il passaggio finale (vedere la figura). Il Num.10 è ora in grado di giocare verso l'esterno alto di sinistra (11), che può sia condurre palla all'interno e scaricare indietro, oppure condurre sulla fascia e crossare.
2. In alternativa, il Num.10 può combinare con il Num.11, cercando di isolare il laterale basso avversario e magari giocare un 1-2 attorno a lui, per creare una chiara possibilità di conclusione.
3. Il Num.10 ha anche la possibilità, se riceve nello spazio, di aprire il controllo e calciare in porta da 25-30 m. Oppure, può girarsi nello spazio e combinare con l'attaccante centrale (9), prima di concludere.

La combinazione a "X" può anche essere usata quando la squadra ha il possesso in posizione più bassa, cioè nella fase di costruzione, per esempio, con il centrale difensivo, che gioca in ampiezza dal limite dell'area di rigore. Se il passaggio del laterale basso viene effettuato con precisione, nello spazio tra il laterale basso e il centrale difensivo avversari, supponendo che si siano mossi in avanti verso la linea di metà campo, il Num.9 o il Num.10 potrebbero facilmente ritrovarsi di fronte alla porta avversaria, per concludere l'azione.

Supponendo che l'attaccante calci in porta, la squadra avrà concluso una "lunga fase di possesso", partendo dal portiere e arrivando alla conclusione, senza che l'avversario possa toccare palla. Certo, questa è una situazione ideale, ma bisogna allenare la squadra perchè sia consapevole di poterla proporre in ogni partita. Ai miei occhi, il calcio diventa, in questo modo, davvero speciale come spettacolo e come fonte di intrattenimento. Le squadre che riescono a svolgere schemi di gioco come questo, mantenendo il possesso con un forte slancio offensivo attraverso rapide interazioni, stabiliscono gli standard di più alto livello, nel calcio!

Nelle 2 pagine seguenti vengono presentate 2 proposte di attivazione, che sono spesso utilizzate per allenare la meccanica di base della combinazione a "X", migliorando comprensione e consapevolezza, attraverso le esercitazioni competitive e strutturate presentate. I giocatori analizzeranno quindi le 5 combinazioni chiave, in fase propositiva, nonché eventuali varianti.

Attivazione con combinazioni di trasmissioni a "X"

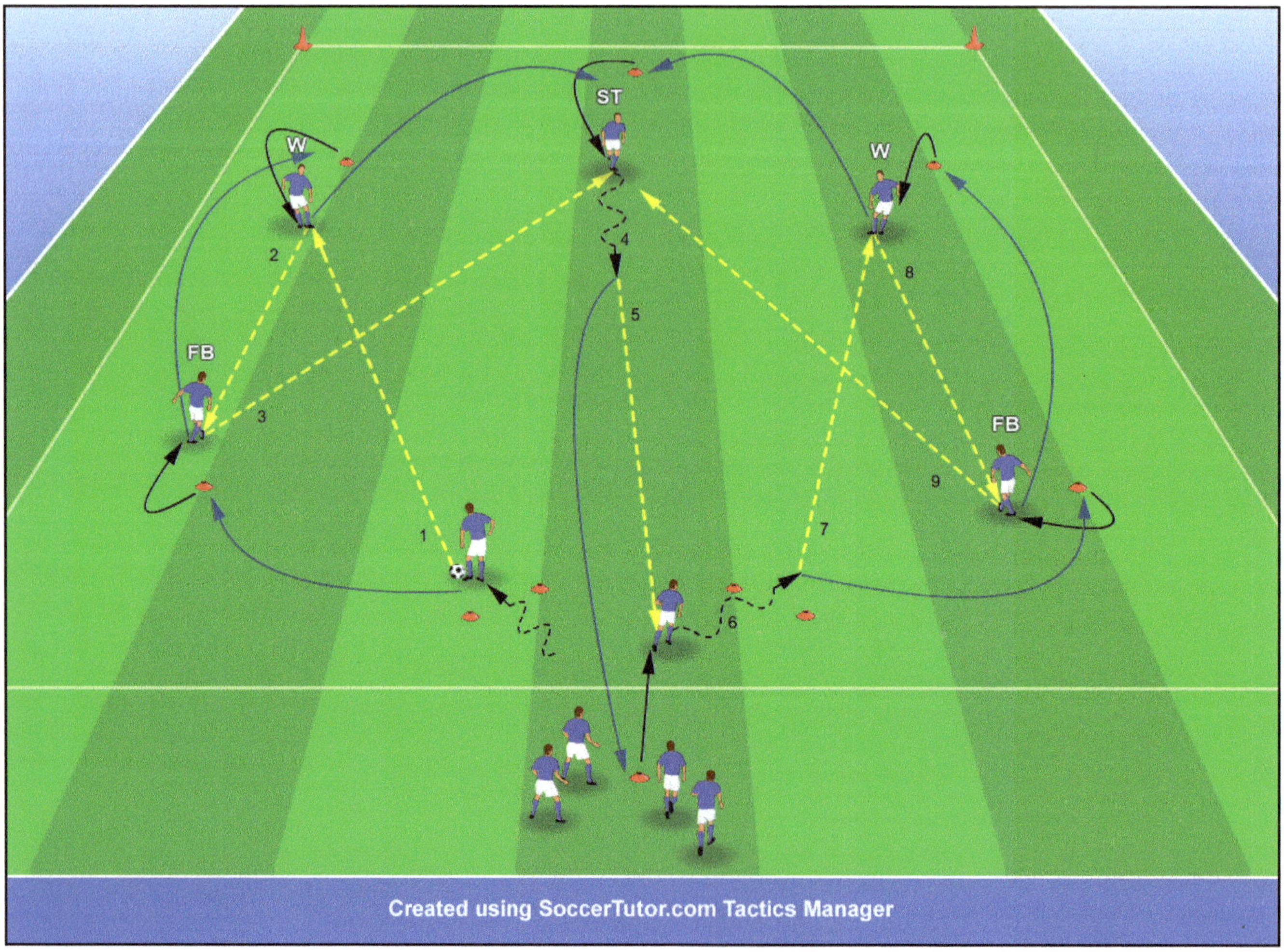

Created using SoccerTutor.com Tactics Manager

Organizzazione dell'esercitazione

11 giocatori agiscono all'interno di un'area 40 x 40 m, in cui 9 coni vengono posizionati come in figura.

L'esercitazione inizia sulla fascia sinistra, con un passaggio in avanti e in diagonale verso l'esterno alto (W), che scarica palla verso il laterale basso sinistro (FB), il quale, a propria volta, trasmette di nuovo in avanti e in diagonale verso l'attaccante (ST). Una volta che l'attaccante riceve, conduce palla velocemente e torna al punto di partenza.

I giocatori ruotano in senso orario (frecce blu), verso la posizione successiva, come mostrato. La stessa sequenza viene svolta sulla destra, con i giocatori che ruotano le posizioni in senso antiorario.

È importante assicurarsi di posizionare i coni a più di 20 m di distanza, per aiutare i giocatori a migliorare le loro capacità tecniche di trasmissione rasoterra a medio raggio.

Attenzione a

1. È possibile utilizzare una lavagna tattica per dimostrare l'esercitazione ed essere sicuri che i giocatori comprendano la sequenza di trasmissioni e di movimento.
2. I giocatori sanno trasmettere palla in modo preciso verso il compagno di squadra?
3. Sanno compiere 2 movimenti, allontanandosi prima di aprirsi per ricevere?
4. Sono in grado di indicare efficacemente dove ricevere palla?
5. Riescono a giocare di prima intenzione (oppure con un massimo di 2 tocchi; ricezione e trasmissione)?

PROGRESSIONE

Attivazione con combinazioni di trasmissioni a "X" sotto pressione e rapidi 1-2

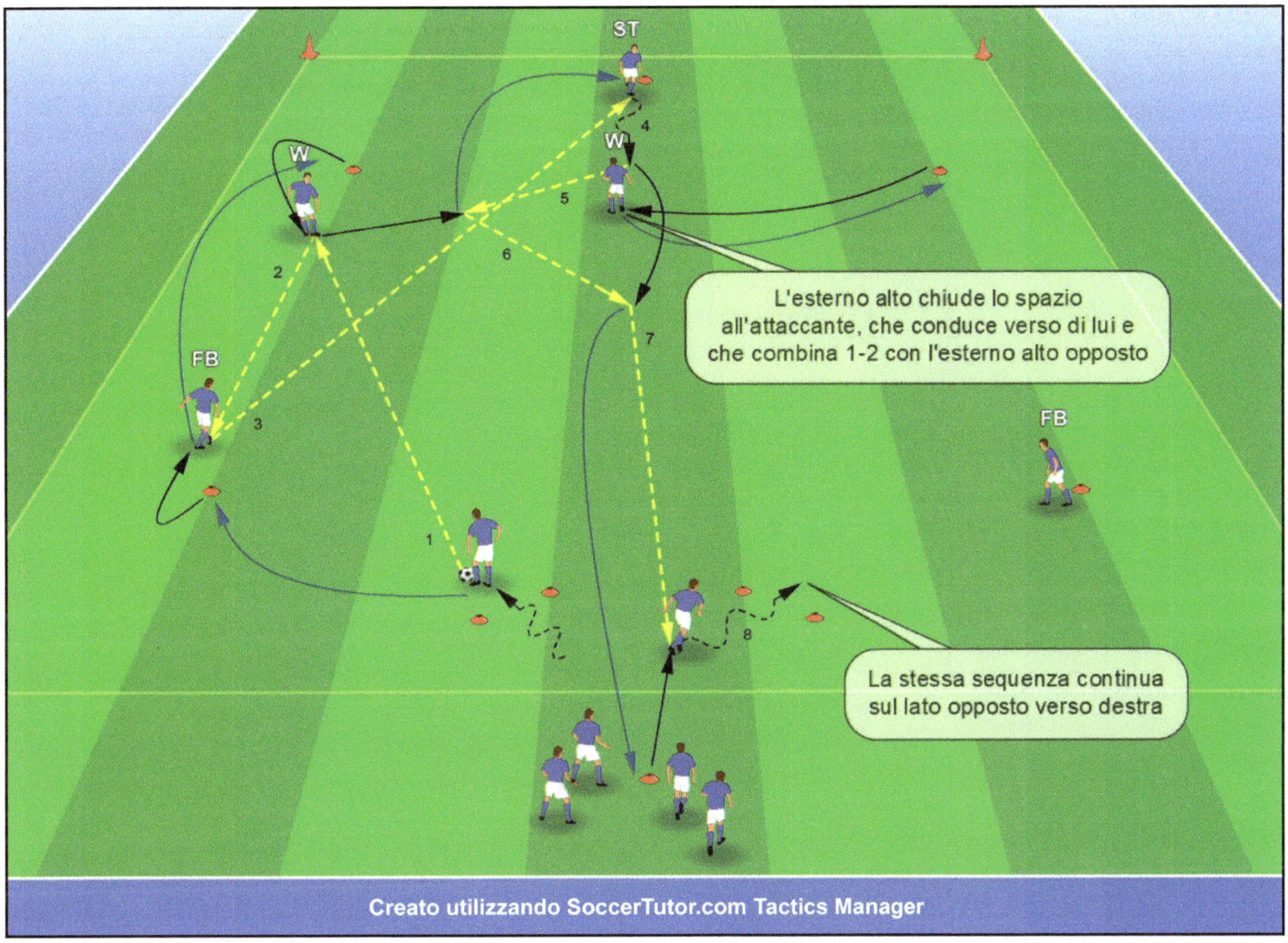

L'esterno alto chiude lo spazio all'attaccante, che conduce verso di lui e che combina 1-2 con l'esterno alto opposto

La stessa sequenza continua sul lato opposto verso destra

Creato utilizzando SoccerTutor.com Tactics Manager

Organizzazione dell'esercitazione

Usando le stesse struttura e organizzazione dell'esercitazione precedente, viene ora aggiunto un avversario passivo e una combinazione tra l'esterno alto e l'attaccante, dopo il terzo passaggio.

- Quando il 3° passaggio viene giocato verso l'attaccante, l'esterno alto, sul lato opposto, si avvicina per chiuderlo. L'attaccante riesce a ricevere palla e condurre in avanti, per affrontare l'avversario in pressione?
- Mentre l'avversario si avvicina, l'esterno alto si muove verso l'interno e l'attaccante gioca una combinazione 1-2 con lui, per poi trasmettere verso il punto di partenza. I giocatori ruotano le posizioni in senso orario, come mostrato.

La stessa sequenza viene eseguita sulla destra con i giocatori che ruotano le posizioni in senso antiorario; il giocatore in pressione, l'esterno alto, arriva dalla sinistra.

I giocatori in pressione tornano rapidamente verso il cono che delimita la loro posizione, dopo la combinazione 1-2. È importante assicurarsi di posizionare i coni a più di 20 m, per aiutare i giocatori a migliorare le loro capacità tecniche di trasmissione rasoterra a medio raggio.

Attenzione a

1. Prestare la stessa attenzione agli elementi allenanti dell'esercitazione precedente.
2. Il giocatore in pressione dovrebbe essere passivo, inizialmente. Una volta che tutti eseguono la sequenza in modo corretto, può invece diventare attivo, rendendo la proposta competitiva.
3. Sfidare l'attaccante a condurre palla verso il giocatore in pressione, per poi combinare 1-2, con i giusti tempi, insieme al compagno di squadra a supporto. Il passaggio di ritorno non deve essere giocato né troppo presto, né troppo tardi!

Flussi di gioco: combinazioni chiave nella fase propositiva (esercitazione con avversari)

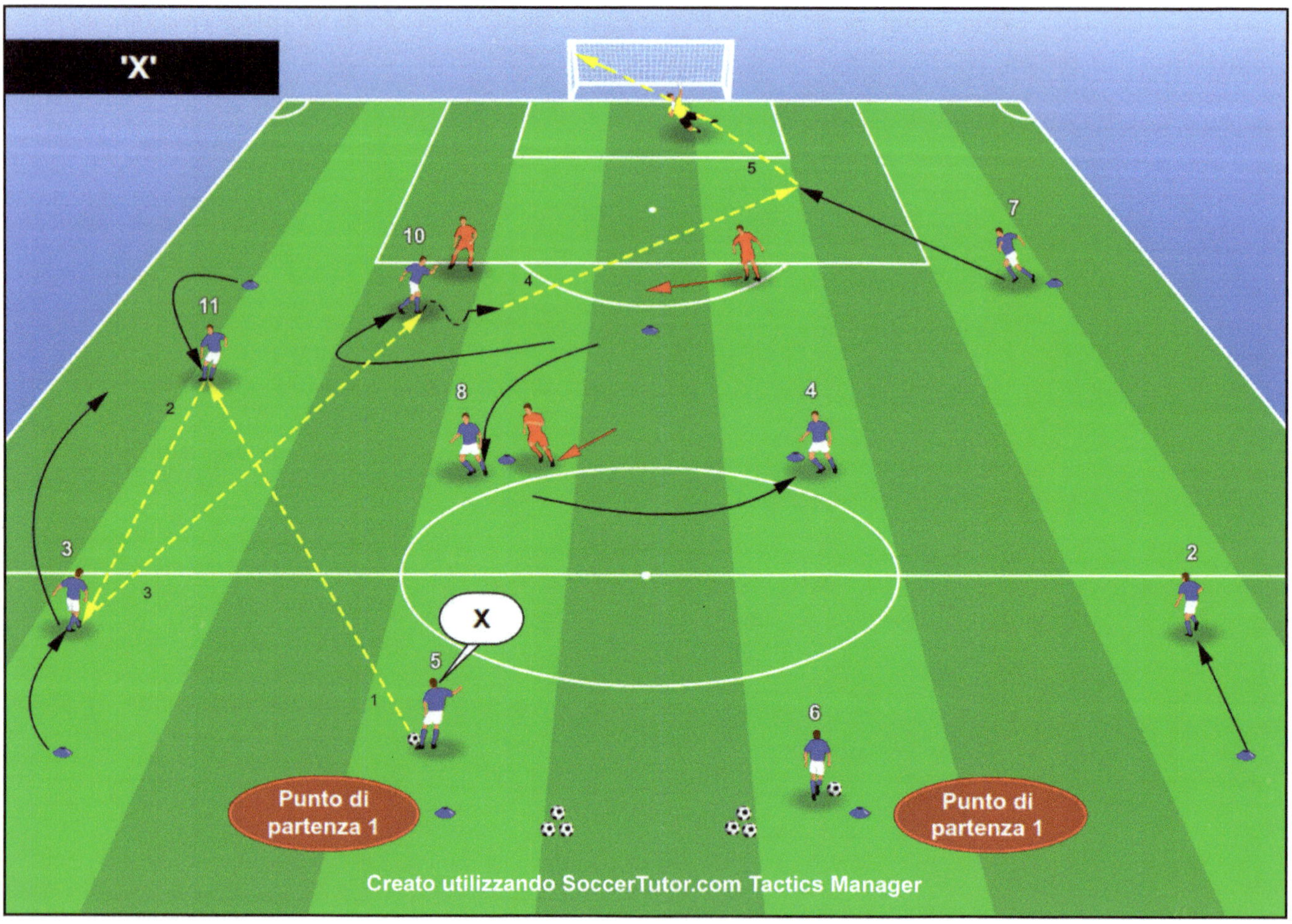

Organizzazione dell'esercitazione

9 coni vengono posizionati, come mostrato, all'interno di 3/4 di un campo regolare e un gruppo di palloni deve essere tenuto nel punto di partenza al centro dell'esercitazione, nei 2 punti centrali (5 e 6). La squadra blu schiera una difesa a 4, 3 centrocampisti in rotazione al centro, 2 esterni alti e 1 attaccante. La squadra rossa schiera invece 2 attaccanti al centro dell'area di rigore e 1 centrocampista nel mezzo (duello 3 c 1), tutti completamente attivi.

I laterali bassi e gli esterni alti blu non hanno avversari e sono limitati ad un massimo di 2 o 3 tocchi, secondo età e livello dei giocatori. La sequenza viene eseguita sia sulla sinistra, sia sulla destra, iniziando da uno dei difensori centrali.

L'obiettivo per i giocatori blu è mettere in pratica una delle 5 combinazioni chiave in fase propositiva, descritte in questa sezione, per attaccare la porta avversaria. I difensori centrali, o l'allenatore, indicano quella da utilizzare (ad esempio "X", "Classic 1", "Classic 2", "Classic 3" oppure la " variante Classic 3").

I 3 centrocampisti ruotano le posizioni per supportare il gioco su entrambe le fasce; una volta concluso in porta, i giocatori tornano rapidamente verso le loro posizioni di partenza e si inizia una nuova sequenza offensiva, sul lato opposto.

Ogni volta che viene completata una combinazione, ad esempio la "X", come mostrato nella prima figura sopra, l'esterno alto (7) e il laterale basso (2), sul lato opposto, possono unirsi alla fase di conclusione.

La seconda figura mostra la combinazione "Classic 3".

Attenzione a

1. I giocatori sanno "allinearsi per ricevere palla in modo corretto", e trasmettere il più rapidamente e precisamente possibile?
2. Sanno compiere contromovimenti, con i tempi giusti, per creare spazio e ricevere?
3. Sono tecnicamente dotati per trasmettere palla, di mezzo collo, con la giusta forza, a 10/15/20 m di distanza?
4. Comunicano in modo chiaro, con segnali verbali o visivi, per esempio con la mano, per indicare il punto in cui ricevere?

ESERCITAZIONI CONDIZIONATE PER SVILUPPARE LA SEDUTA DI ALLENAMENTO

Esercitazioni condizionate per sviluppare la seduta di allenamento della "fase propositiva"

Una volta che i giocatori hanno dimostrato di comprendere i movimenti di base della fase propositiva, è il momento di progredire nell'apprendimento, aumentando la competizione. Ho progettato queste esercitazioni con questo fine e credo siano efficaci per allenare gli schemi del gioco chiave, sotto pressione attiva, della fase propositiva.

Solitamente, mi piace proporre progressioni basate su "micro-sessioni", in cui i giocatori sperimentano le posizioni corrette all'interno di una metà campo e si esprimono attraverso i principali schemi di gioco con esercitazioni "ombra" (movimenti e scaglionamenti senza avversari).

La fase successiva consiste nel proporre esercitazioni condizionate competitive, con gli attaccanti in "superiorità numerica", che portino alla "creazione di densità di giocatori" nelle zone chiave, rendendo più semplice la visione degli schemi di gioco in azione.

Lo step finale è testare l'apprendimento dei giocatori in una proposta 11 c 11, completamente competitiva, se si hanno i giocatori a disposizione. In caso contrario, la partita settimanale diventa un test probante. Adottando un approccio strutturato come questo, facendo progredire i giocatori un passo alla volta, le possibilità di raggiungere il successo aumentano notevolmente.

Esercitazione condizionata 8 c 6 per combinazioni chiave nella fase propositiva

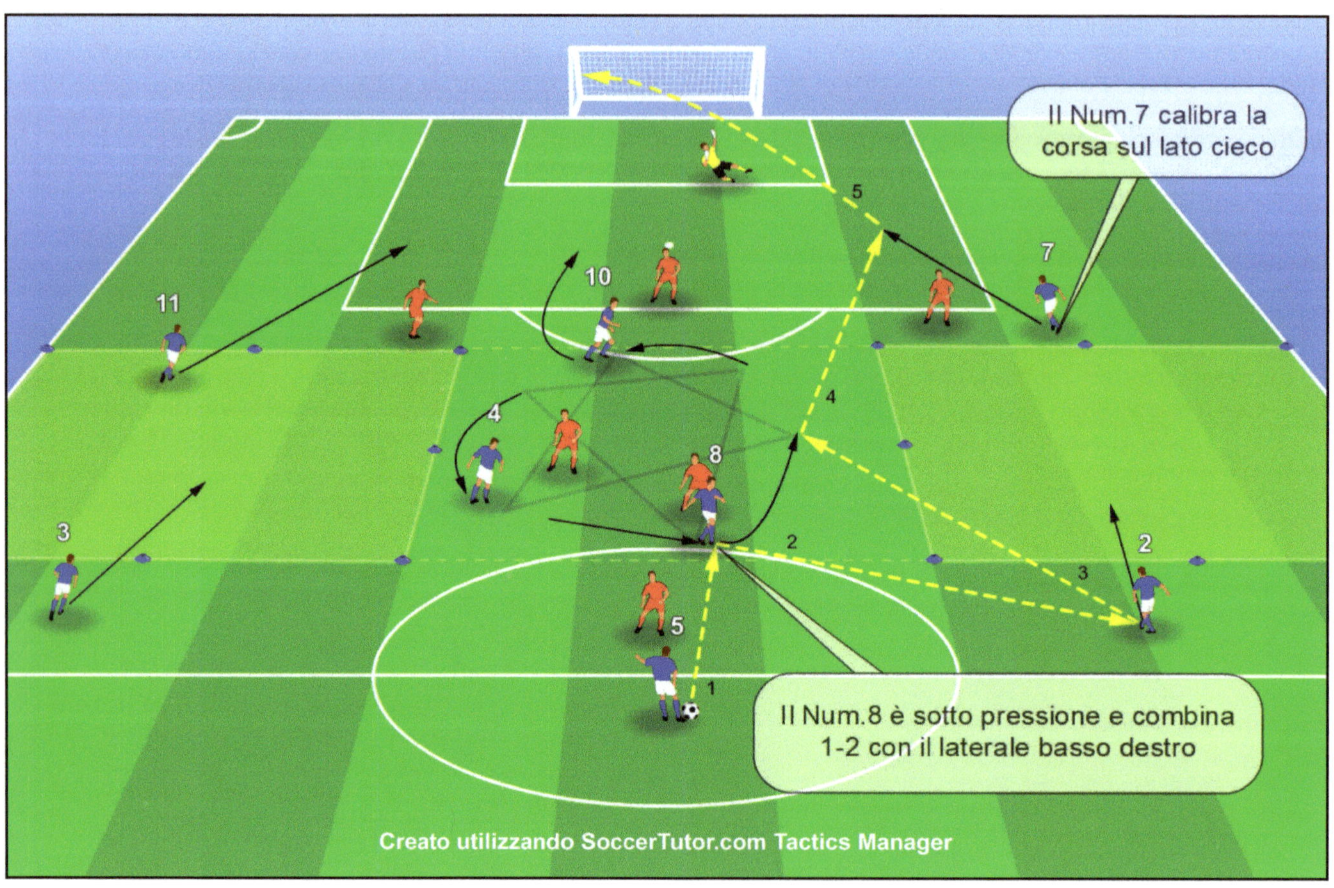

Organizzazione dell'esercitazione

All'interno di una metà campo, si svolge un'esercitazione condizionata 8 c 6 (+ portiere). Viene delimitata una zona centrale (25 x 20 m) e 2 aree in ampiezza. 3 centrocampisti blu agiscono in rotazione contro 2 centrocampisti rossi nella zona centrale; 3 difensori rossi sono posizionati al limite dell'area di rigore. 2 esterni alti blu (7 e 11) iniziano nelle aree in ampiezza e 2 laterali bassi (2 e 3) partono al di fuori delle stesse aree.

L'esercitazione inizia dal centrale difensivo blu Num.5 (o dall'allenatore), che trasmette verso un centrocampista in rotazione, come mostrato; dopo il primo passaggio, la sequenza si attiva con i giocatori che si possono muovere liberamente, sebbene seguano indicazioni e schemi specifici.

La squadra attaccante blu è chiamata a combinare attraverso gli schemi chiave del gioco in fase propositiva e a concludere. Se la squadra rossa difendente conquista il possesso, la palla viene giocata verso la posizione iniziale.

Questa prima figura mostra i giocatori coinvolti in una variante della combinazione "Classic 2". Se questa situazione viene destrutturata, è possibile notare il "terzo uomo in movimento", che porta l'azione verso la "fase di conclusione".

Il centrocampista offensivo (8) ruota per ricevere palla dal difensore centrale (5) e, quando sotto pressione, gioca 1-2 con il laterale basso destro (2), dando tempo all'esterno alto destro (7) di muoversi "sul lato cieco", in diagonale, alle spalle del laterale basso sinistro avversario. Se questa combinazione viene eseguita con i giusti tempi, l'esterno alto riceve un "passaggio filtrante" dal Num.8, nello spazio tra il centrale difensivo e il laterale basso sinistro rossi; a questo punto, riesce a concludere?

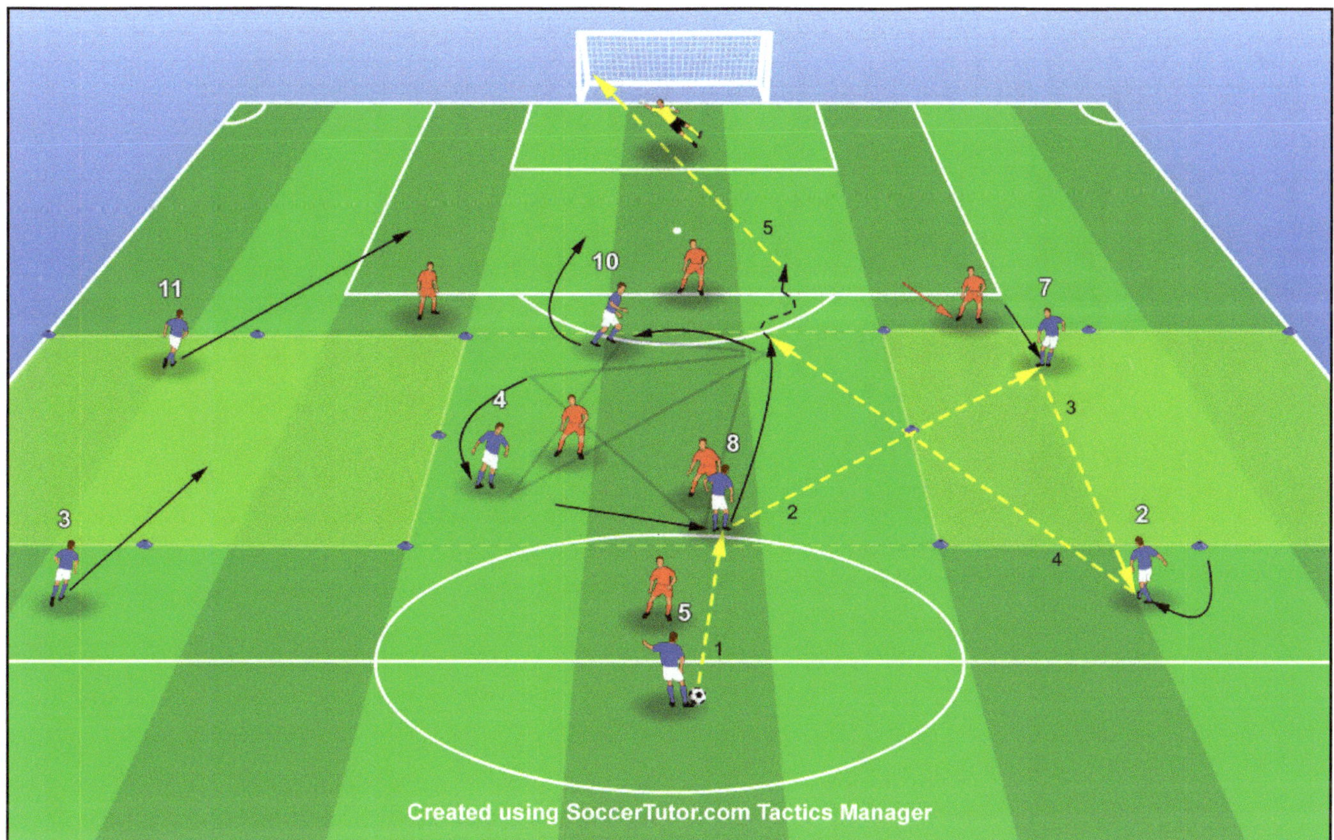

La seconda figura mostra la combinazione a "X" e lo schema di movimenti descritti in precedenza, nel libro.

Attenzione a

1. I giocatori sanno utilizzare gli schemi di gioco chiave in fase propositiva, ad esempio, la "X", le "Classic 1-2-3", oltre a tutte le varianti che si possono inventare?
2. I centrocampisti sono equilibrati nella rotazione delle posizioni per smarcarsi, restando collegati tra loro?
3. È possibile giocare con un massimo di 1/2/3 tocchi per creare azioni offensive, che abbiano i giusti ritmi e tecnica di esecuzione?
4. I giocatori sono correttamente allineati e posizionati lateralmente con il corpo per ricevere palla? Se sotto pressione, sanno scaricare indietro?
5. Tutti gli attaccanti agiscono attraverso contromovimenti, per creare spazio e ricevere o per rigiocare palla? I giusti tempi sono vitali perchè le combinazioni abbiano successo.
6. È possibile concludere efficacemente attraverso movimenti giusti dal punto di vista dei tempi, in area di rigore? (ulteriori informazioni su questo tema vengono forniti nella sezione "fase di conclusione" a seguire)
7. ***I giocatori devono essere incoraggiati nell'esplorazione di tutti gli schemi di gioco chiave della fase propositiva. Ogni combinazione che termina con una conclusione in porta merita un feedback positivo. In questi momenti, è utile fermare l'esercitazione e indicare quale movimento incisivo, per aprire la linea difensiva avversaria, sia stato compiuto con successo.***
8. ***Ogni volta che i giocatori hanno eseguito una combinazione, vanno incoraggiati a provare altre opzioni o varianti.***

COMBINAZIONI PER I "MOVIMENTI A TAGLIARE" E "L'APERTURA DEGLI SPAZI"

I "movimenti a tagliare" (fase propositiva)

Il Num.11 taglia all'interno ed apre una linea di passaggio per il Num.3 che gioca verso il Num.9

Creato utilizzando SoccerTutor.com Tactics Manager

I 'movimenti a tagliare' in fase propositiva, prendono il nome dalla cooperazione tra l'esterno alto (Num.11 o Num.7) e l'attaccante Num.9 (o Num.10 se si muove in ampiezza). Di nuovo, questa è una giocata che si vede spesso nel calcio, ai massimi livelli.

Perché il movimento sia efficace, ci deve essere la massima collaborazione tra 3 giocatori: laterale basso, esterno alto e attaccante (vedere la figura). È richiesta pratica, durante l'allenamento, per garantire che i movimenti coordinati di questi giocatori siano compiuti alla giusta distanza e con i tempi corretti; l'allenatore deve incoraggiarli a sperimentare quanto appreso in partita.

Nella situazione mostrata, l'attaccante (9) inizia l'azione muovendosi in ampiezza, mentre il laterale basso (3) riceve palla; questo è il momento in cui l'esterno alto (11) deve muoversi internamente, cercando di aprire lo spazio per un passaggio verticale verso l'attaccante in arrivo.

- Mentre si muove verso l'interno, l'esterno alto riesce a muoversi di fronte al proprio marcatore, chiamando palla al laterale basso?
- L'esterno alto sa indicare dove vuole ricevere palla sui piedi e all'interno dello spazio?

Questa giocata costringe il laterale basso avversario a prendere una decisione:

- Seguire il movimento verso l'interno dell'esterno alto o mantenere la posizione?

Se questi movimenti sono compiuti con i giusti tempi, è probabile che l'esterno alto funga da esca e che il marcatore avversario lo segua all'interno, aprendo uno spazio in ampiezza per l'attaccante in arrivo, che riceve palla in verticale dal laterale basso sinistro (3). L'attaccante (9) può quindi "aprirsi e invitare fuori l'avversario" (ad esempio, il centrale difensivo in copertura) oppure crossare, ecc.

In allenamento, più i giocatori eseguono tali movimenti coordinati, più è probabile che li applichino in partita. Come tutte le abilità, la pratica diventa fondamentale, per perfezionare queste sequenze e per fare in modo che i giocatori riconoscano e anticipino sempre di più gli indicatori comuni. Questi movimenti diventeranno parte dell'intelligenza del giocatore e del DNA offensivo della squadra.

I "movimenti a tagliare" (fase propositiva): condurre palla all'interno e "provocare gli avversari"

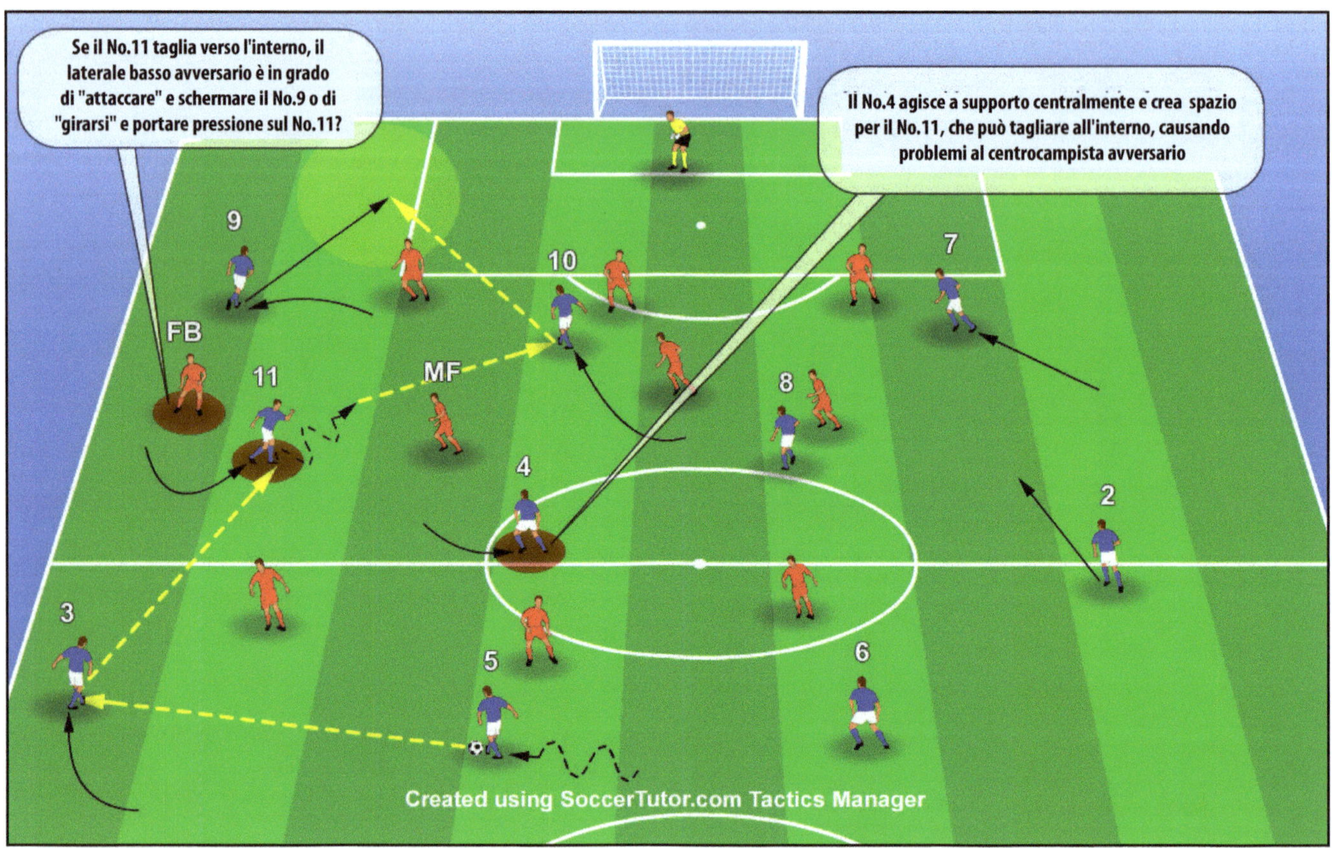

La figura mostra un'altra opzione di "trasmissioni e movimenti a tagliare". In questo caso, il laterale basso avversario(FB) mantiene la posizione, piuttosto che seguire la direzione di corsa interna del Num.11, per bloccare il passaggio in avanti, verso l'attaccante in arrivo. L'esterno alto (11) trova quindi spazio per ricevere un passaggio dal laterale basso (3) e può condurre palla in avanti.

Se il laterale basso avversario (FB), che sta marcando l'esterno alto (11), mantiene la posizione e cerca di chiudere la linea di passaggio in avanti, verso l'attaccante in arrivo (9) dietro di lui, è possibile passare ad un piano B, come indicato in figura.

L'esterno alto (11) si muove internamente per ricevere palla dal laterale basso (3), avanzare in conduzione e invitare la pressione degli avversari, oppure trasmettere al Num.10, che è posizionato per occupare i difensori centrali avversari e che può attaccare e concludere oppure, eventualmente, giocare di prima intenzione un passaggio decisivo verso l'attaccante (9). L'attaccante, inizialmente, si è mosso in ampiezza, ed è ora in posizione per attaccare lo spazio alle spalle del centrale difensivo.

Schemi di movimento come questo garantiscono molte varianti, rivelandosi molto difficili da difendere. In effetti, la marcatura e la pressione di un avversario (ad esempio, del laterale basso rosso, in figura) è controproducente sia nel caso in cui segua la corsa all'interno, sia nel caso in cui cerchi di chiudere la linea di passaggio in avanti. Se eseguiti correttamente, tali movimenti coordinati possono rivelarsi molto efficaci, come arma offensiva.

Da questa situazione di gioco in poi, si creano molte opzioni disponibili per la squadra in fase di conclusione, che saranno analizzate nel dettaglio nella sezione sulla fase di conclusione, a seguire.

"L'apertura degli spazi" attraverso "giocata e movimento a giro"

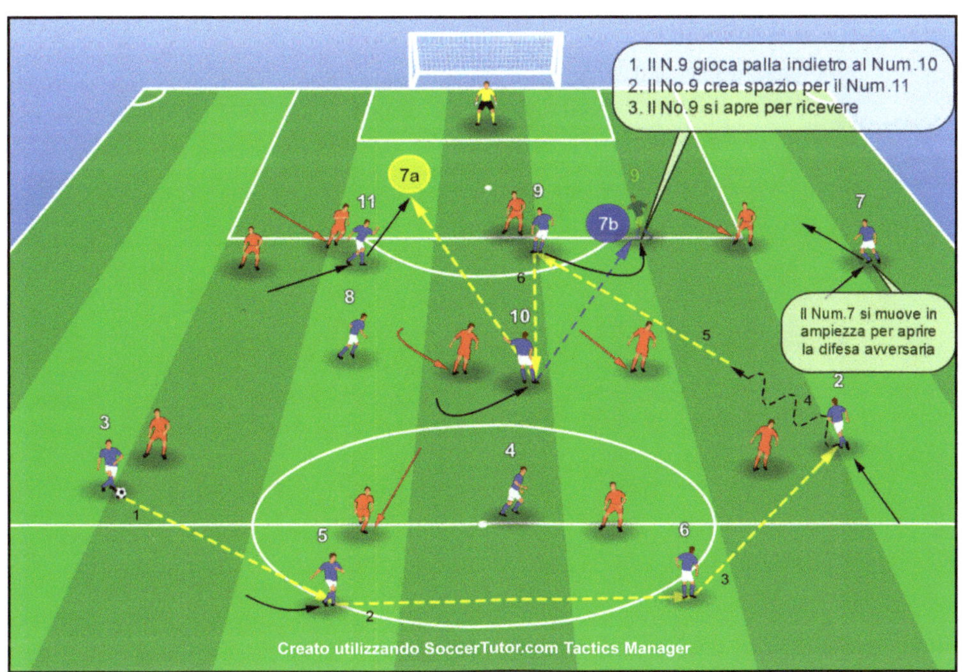

'L'apertura degli spazi' è un altro classico movimento coordinato schematizzato, spesso utilizzato dai giocatori di alto livello. Un mezzo molto efficace per trovare spazi tra le maglie avversarie compatte, specialmente in fase difensiva, vicino all'area di rigore; il punto dove diventa veramente importante è nei pressi delle aree centrali, vicino alla lunetta dell'area di rigore. Se eseguito correttamente, questo schema di movimento coordinato è molto difficile da difendere; la figura fornisce un'idea del perché.

Nella forma di base, "l'apertura degli spazi" è una variante di ciò che viene comunemente chiamato "giocata e movimento a giro"; ma c'è di più, e la figura ne mostra l'esempio più noto. L'attaccante (9) si allontana dal suo marcatore, cercando di ricevere un passaggio in diagonale e in avanti, sui piedi, da un compagno di squadra (Num.2); successivamente il Num.9 gioca palla indietro di prima intenzione, verso un giocatore a supporto (il Num.10, in figura) e si gira nella direzione opposta, per ricevere il passaggio di ritorno.

L'attaccante riesce a muoversi, mantenendo il corpo in posizione laterale, in ogni momento, per vedere bene la palla? Questo è forse ciò che definisce meglio "l'apertura degli spazi", come abilità tecnico-tattica. Il giocatore trasmette palla e si muove, curvando la propria corsa, per creare spazio e ricevere un veloce passaggio di ritorno sui propri piedi. Se lo spazio si apre, l'attaccante è in grado di indicare esattamente dove vuole ricevere il passaggio di ritorno? E se è nelle possibilità di concludere, riesce a calciare in porta, di prima intenzione, in solo mezzo metro di spazio?

Questa semplice sequenza può essere difficile da affrontare, per un difensore. In questo esempio, il difensore centrale marca a uomo e segue la corsa ad allontanarsi dell'attaccante Num.9?

Se è così, apre spazio per il Num.10, che avanza e, potenzialmente, può concludere in porta. Sebbene improbabile, mantenendo la posizione, il Num.10 trasmette semplicemente palla verso il Num.9 che, aprendosi, può concludere di prima intenzione, se il passaggio è calibrato in modo corretto. In altre parole, questa sequenza è un'ottima soluzione tattica per isolare il centrale difensivo e creare una situazione potenziale 2 c 1, a distanza di conclusione.

Ancora meglio è fare in modo che i giocatori sperimentino questi movimenti coordinati e che siano allenati efficacemente per "trasmettere e muoversi in modo codificato". Quando tutti i giocatori hanno fatto propria la situazione di gioco, possono anticipare le giocate per provarle contro gli avversari.

In questo esempio l'esterno alto di sinistra (11) si porta verso l'interno per diventare un "secondo attaccante"; mentre il passaggio diagonale raggiunge il Num.9, il Num.11 anticipa il movimento "per aprire gli spazi" e si smarca davanti al difensore centrale avversario. Ora il Num.10, che riceve palla, ha 2 opzioni per trasmettere un "passaggio decisivo", in quella che è diventata, effettivamente, una situazione 3 c 1: giocare verso il Num.9 o il Num.11, che possono concludere in porta. Non c'è di meglio in termini di combinazioni rapide e incisive.

"L'apertura degli spazi" attraverso movimenti davanti al compagno

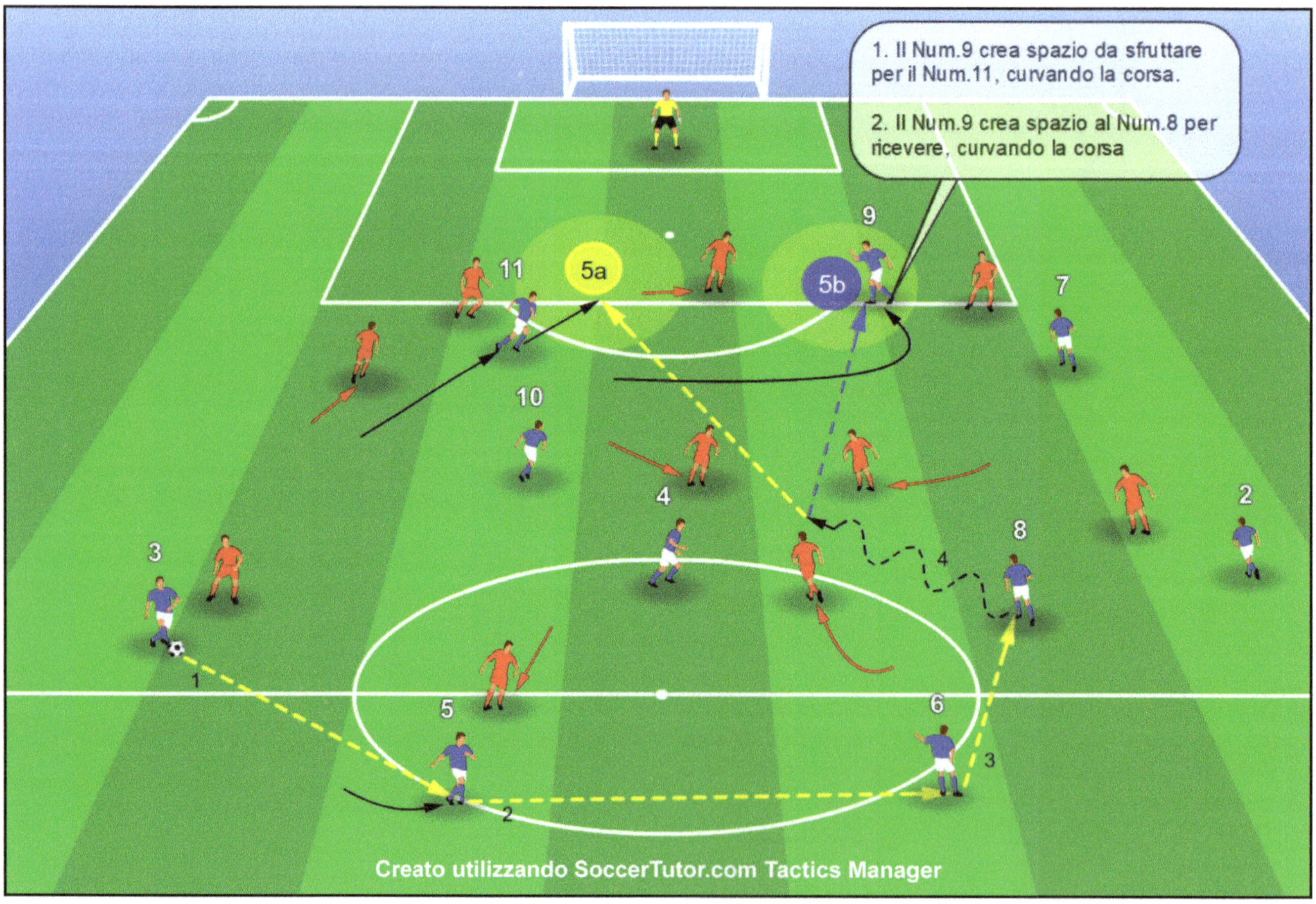

1. Il Num.9 crea spazio da sfruttare per il Num.11, curvando la corsa.

2. Il Num.9 crea spazio al Num.8 per ricevere, curvando la corsa

Creato utilizzando SoccerTutor.com Tactics Manager

La figura mostra un altro esempio di "apertura degli spazi". In questa variante, l'attaccante (9) non "trasmette e si gira", ma si muove di fronte al centrocampista, che avanza (8) in conduzione palla. Di nuovo, il suo movimento è a incrociare e nella direzione opposta a quella della palla. ***Ora l'attaccante (9) è in grado di posizionarsi rapidamente e "lateralmente", per essere un'opzione di passaggio?*** In questo modo isola il centrale difensivo più vicino, che ora deve decidere se tenere la posizione o seguire la corsa dell'attaccante avversario.

Di nuovo, l'esterno alto sul lato opposto (11), che conosce lo schema di movimento, avanza, passando davanti all'altro difensore centrale. La porta è vicina, specialmente quando questa sequenza viene eseguita nelle zone offensive centrali.

Per allenare i giocatori sullo schema di movimento dell'"apertura degli spazi', un'esercitazione utile può essere ideata, proponendo un dello 7 c 6, su una metà campo, con 3 attaccanti, 2 centrocampisti offensivi e 2 difensori centrali arretrati contro 4 difensori e 2 centrocampisti difensivi. I movimenti devono essere inizialmente illustrati su una lavagna tattica, per mostrare lo svolgimento. I giocatori devono prima esplorare la sequenza, semplicemente lanciando la palla con le mani e camminando; una volta compresa, l'esercitazione vera e propria inizia con una fase difensiva "passiva" della squadra senza possesso, seguendo i movimenti ma senza affrontare gli avversari. I giocatori in possesso possono così vedere lo schema nella pratica, avendo l'opportunità di sperimentare tecnicamente "l'apertura degli spazi" (ad esempio, "staccarsi dalla marcatura", mantenendo il corpo aperto, nella direzione opposta a quella della palla). Una volta che tutti effettuano i movimenti in modo efficace e creano opportunità di conclusione, è possibile progredire rimuovendo il vincolo della passività difensiva, in modo che la proposta diventi completamente competitiva.

Al fine di mantenere gli attaccanti focalizzati sull'obiettivo di apprendimento, va fornito un feedback positivo, ad ogni rete segnata attraverso "l'apertura degli spazi", che vale 5 punti; qualsiasi altra conclusione in porta, ottenuta proponendo una variante, vale 3 punti. Nel frattempo, se i difensori conquistano il possesso, riescono a trasmettere palla lunga verso l'allenatore, che agisce come un "giocatore obiettivo", sulla linea di metà campo, per conquistare 1 punto?

Come riconquistare il dominio del possesso, quando il gioco diventa frammentario

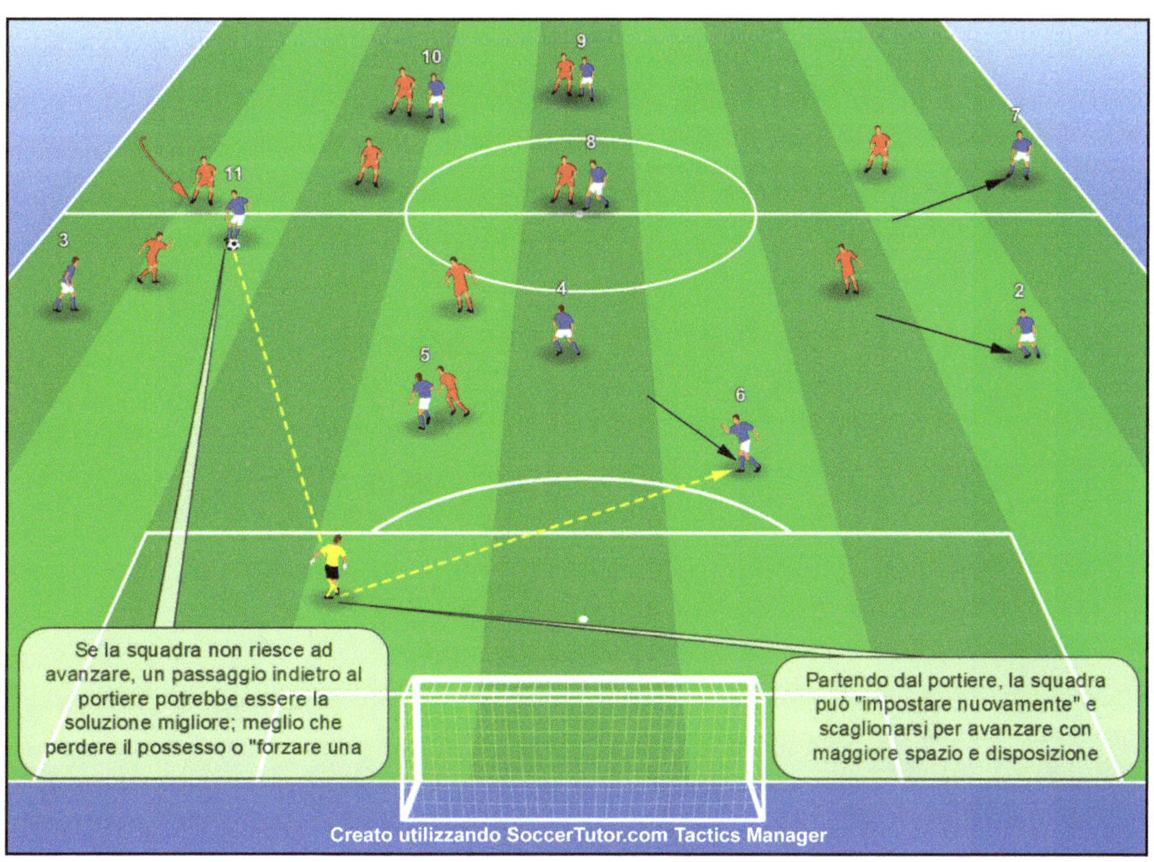

Cosa può fare un allenatore, quando la partita sta diventando frammentata?

L'avversario che porta un'intensa pressione, rendendo difficile il mantenimento del possesso o il collegamento tra i giocatori, è una situazione che deve essere affrontata negli allenamenti, con esercitazioni a pressione. Se la causa, invece, è la fatica, diventa un problema di condizione fisica da risolvere, anch'esso, durante gli allenamenti. Tuttavia, le partite diventano spesso frammentate a causa della perdita di concentrazione ed equilibrio e, se è così, si possono trovare soluzioni. La maggior parte, se non tutte le squadre, avranno a che fare con simili momenti, in cui i collegamenti tra i giocatori non funzionano, i passaggi vengono sbagliati, la squadra perde lo scaglionamento, oppure i giocatori guardano la palla, ecc.; può accadere in qualsiasi partita, in qualsiasi momento e, ovviamente, le cause, di solito, sono tutte interconnesse. Quindi, prima si trova una risposta a questo problema, meglio è; l'allenatore deve proporre soluzioni semplici, in momenti come questo:

"È possibile giocare indietro al portiere, recuperare lo scaglionamento offensivo e la coordinazione dei movimenti?"

Ad alcuni può sembrare una soluzione negativa, pensando "dovremmo giocare in avanti, non indietro", ma nulla potrebbe essere più lontano dalla verità. Se si vuole dominare e vincere le partite, l'ultima cosa desiderabile è una fase prolungata di calcio frammentato e disordinato. L'allenatore deve far capire ai giocatori che possono fare meglio; ecco perché, a volte, trasmettere palla al portiere è esattamente ciò di cui una squadra ha bisogno, per recuperare concentrazione ed organizzazione. Questo è un altro motivo per allenare i giocatori sulla costruzione efficace dal portiere, come spiegato nel primo capitolo "Le fasi di costruzione e consolidamento". La squadra tende a scaglionarsi offensivamente in modo corretto e i giocatori tengono sempre presente che il calcio si basa su posizionamenti e movimenti corretti. Partendo da queste convinzioni, i giocatori possono nuovamente agire per superare la pressione avversaria, questa volta con giuste distanze e movimenti corretti, che danno alla squadra un certo grado di coordinamento ed equilibrio. Di nuovo, questa semplice soluzione tattica viene proposta dalle migliori squadre. Secondo la mia esperienza, può essere veramente efficace e dà fiducia ai giocatori, che capiscono la positività potenziale di "tornare indietro nel gioco", ripartendo dalla linea di fondo o dal portiere, ogni volta che il possesso palla perde scopo e slancio. Da questa situazione è possibile recuperare scaglionamento, equilibrio e, in definitiva, la capacità di dominare il gioco, per creare opportunità di conclusione.

CAPITOLO 3

LA FASE DI CONCLUSIONE

LA FASE DI CONCLUSIONE

La fase di conclusione

In definitiva, il calcio è un gioco in cui bisogna segnare delle reti; sono i goal a creare la maggior parte del pathos e a renderlo lo sport più popolare al mondo. Concludere con stile, anzi, qualsiasi tipo di conclusione, è ciò a cui i giocatori ambiscono e ciò che il pubblico vuole vedere. I goal fanno la differenza tra vincere e perdere e, per alcune persone, vincere è tutto ciò che conta. Devo ammettere di avere un problema con me stesso, dato che mi piace vincere partite ma, come allenatore, vincere partite senza migliorare i giocatori è semplicemente inaccettabile. Non va bene per il calcio, sia ora che in futuro.

Un allenatore moderno e progressista si pone sempre uno standard più alto, punto e basta; il suo compito è sviluppare le abilità dei giocatori a prendere decisioni intelligenti, le loro capacità tecniche così come la consapevolezza tattica. Creare e segnare goal è una parte fondamentale di questo compito; tuttavia c'è il pericolo che goal e vittoria diventino "tutto e la fine di tutto". Anche ai massimi livelli professionistici può creare problemi e portare a pianificazioni e preparazioni errate. Il calcio è organico e, in quanto tale, è semplice e complesso allo stesso tempo. Per l'osservatore casuale è un gruppo di giocatori che cercano di calciare una palla in porta; ma studiandolo, praticandolo, allenando, ci si rende rapidamente conto delle complessità nascoste, delle così tante variabili, degli innumerevoli scenari, considerando 22 giocatori, che si muovono attraverso uno spazio grande.

Per un allenatore di settore giovanile, il primo obiettivo deve essere il miglioramento dei giocatori; da questo punto di vista, vincere una partita è solo un plus. Quindi, c'è qualcosa di deprimente nel guardare una partita preparata da allenatori il cui unico interesse sia la vittoria; di solito, in questi casi, la palla viene lanciata in campo dal portiere, difensori e centrocampisti restano a guardarla volare sopra le loro teste e, spesso, alla fine, in possesso dell'avversario. Ci si chiede quindi, chi impara qualcosa da questo tipo di calcio? Alzare lo sguardo in aria non rende migliore un calciatore, né tecnicamente, né tatticamente; difensori e centrocampisti non migliorano il loro tocco di palla, la loro consapevolezza o la loro capacità di gioco contro la pressione dell'avversario, ecc. Con questo approccio, tutti, o in gran parte, guardano la palla e probabilmente le fasi di gioco saranno piene di errori, di movimenti errati, tecnica e capacità decisionali approssimative; giocatori, allenatori e spettatori ne saranno frustrati e, a volte, sembrerà di guardare un'orchestra piena di musicisti a cui non è stato mostrato come accordare gli strumenti. Se tutto ciò che l'allenatore vuole è vincere, è come essere un direttore di sordi; nessuno vuole essere scelto per un ruolo come questo.

Una contro-argomentazione potrebbe essere che a livello di base "non c'è tempo" o che "i giocatori non sono abbastanza bravi"; difficile da accettare. Ci sono sempre aspetti tecnici o tattici su cui è possibile lavorare durante una stagione, e anche con una sola sessione di allenamento a settimana, ci si può aspettare progressi, con un minimo di pianificazione e preparazione. La chiave è chiarire con giocatori e genitori il proprio essere un "allenatore di settore giovanile", non un "allenatore vincente a tutti i costi". E, ironia della sorte, si può scoprire che con questo approccio è possibile arrivare alla vittoria; ecco il plus.

La fase di conclusione come parte di un piano più generale

Quindi, mentre il calcio è fatto di reti segnate, un buon allenatore vede il risultato come parte di un quadro più ampio, aiuta i giocatori a sperimentare vie efficaci per costruire gioco e per creare opportunità di conclusione, naturalmente, nel modo migliore possibile. Si arriva quindi alla fase di conclusione, l'ultima delle 4 fasi chiave del gioco, che, una squadra deve sperimentare nel dettaglio, per eccellere e raggiungere il successo su una base coerente. Oltretutto, è molto divertente da fare.

Tutto ciò che è stato analizzato fino ad ora è incentrato sulla costruzione del gioco; tuttavia, dominare il possesso senza penetrazione delle maglie avversarie, è come sedersi su un'auto sportiva, ma rifiutarsi di andare da qualche parte. Quindi, in "fase di conclusione", la squadra deve mettere il piede sull'acceleratore e cercare l'adrenalina che porta a calciare in porta, per far fruttare il duro lavoro e la creatività applicati in fase di costruzione e consolidamento.

Le esercitazioni che seguono hanno l'obiettivo di migliorare le prestazioni offensive; l'attenzione si concentra su come migliorare le capacità tecniche e la consapevolezza tattica dei giocatori in modo che segnino più goal. La speranza è che le pagine seguenti aiutino allenatori e giocatori nel dare risposte, con stile, a queste necessità, .

Ogni esercitazione di questa sezione ha il potenziale per migliorare i giocatori sia individualmente che collettivamente. L'allenatore può usare quelle che più piacciono oppure adottarle in blocco, ma tutte danno l'opportunità di acquisire nuove e importanti capacità offensive, per creare occasioni e segnare più gol, concludendo le fasi di costruzione e possesso.

MOVIMENTI E COMBINAZIONI OFFENSIVI CHIAVE

Duello 1 c 1 per muovere il proprio avversario, creare spazio e concludere

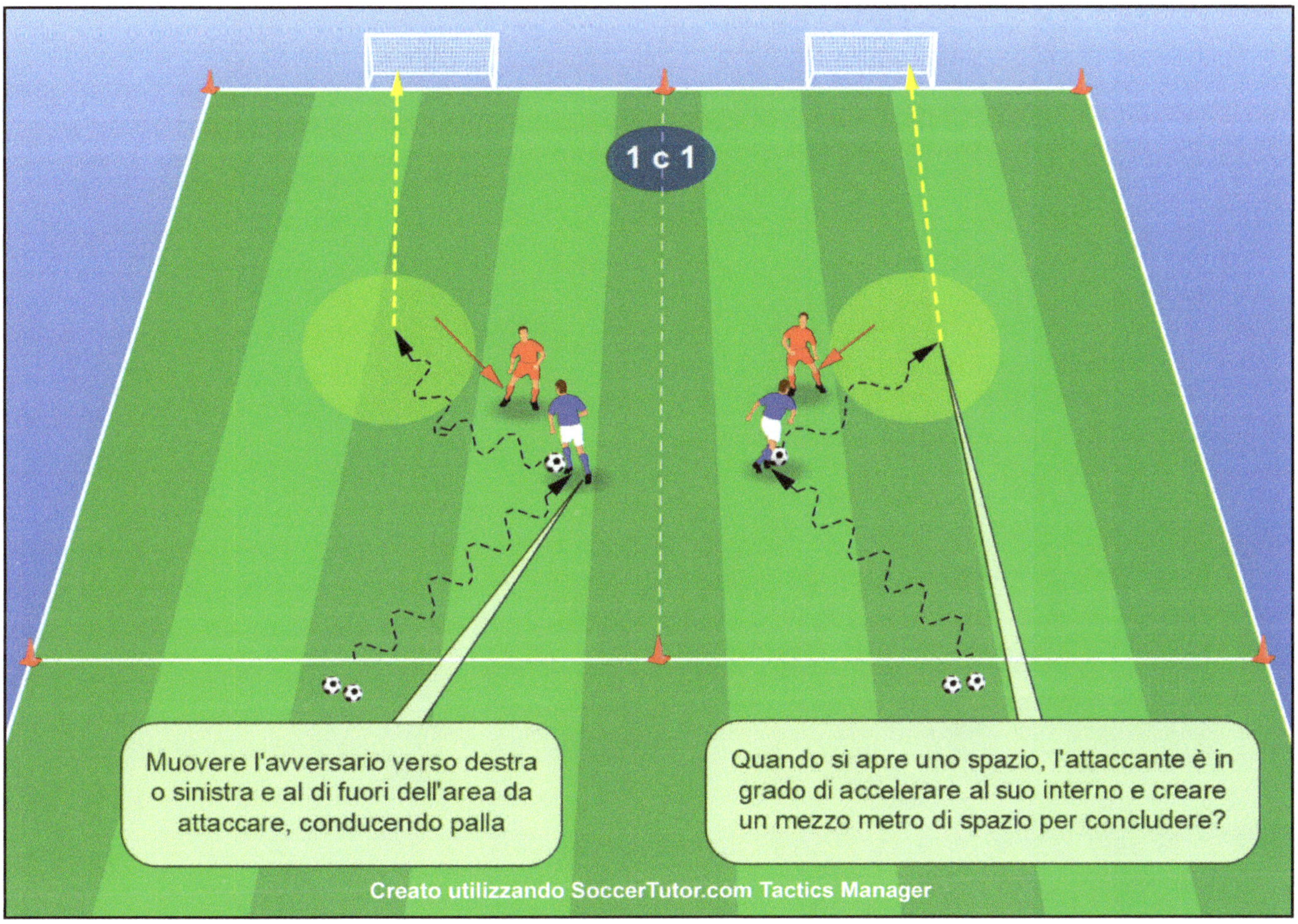

1 c 1

Muovere l'avversario verso destra o sinistra e al di fuori dell'area da attaccare, conducendo palla

Quando si apre uno spazio, l'attaccante è in grado di accelerare al suo interno e creare un mezzo metro di spazio per concludere?

Creato utilizzando SoccerTutor.com Tactics Manager

Organizzazione dell'esercitazione

Una serie di duelli 1 c 1 tra attaccanti e difensori si volge all'interno di un'area di 15 x 30 m; i giocatori agiscono divisi in "griglie" in cui, singolarmente, gli attaccanti, a turno, cercano di superare il diretto avversario e di concludere e, nei tempi di recupero, possono osservare anche le giocate dei compagni di squadra. È possibile aggiungere i portieri per complicare la fase di conclusione. Se un difensore conquista palla oppure se essa esce dal gioco, l'esercitazione riparte dall'attaccante; dopo 5-10 sequenze, i ruoli si invertono e i partecipanti devono, alla fine, contare quanti goal sono stati segnati, per aggiungere un elemento motivazionale e competitivo.

- I giocatori in possesso riescono a condurre palla e ad allontanare il difensore dall'area che vogliono attaccare?
- Gli attaccanti sono in grado di cambiare passo nello spazio che hanno creato, cercando di concludere e segnare?

È importante utilizzare una lavagna tattica per indicare come l'attaccante possa, per esempio, condurre palla in diagonale, per allontanare il difensore dall'area centrale e quindi accelerare il ritmo, al suo interno, cercando di concludere. Il difensore deve mostrare i giusti principi di tattica individuale in fase di non possesso. Ogni 5'-10' i giocatori devono essere raggruppati insieme, per porre domande e richiedere loro risposte, per verificare i progressi.

Attenzione a

1. I giocatori sanno "muoversi all'interno" per poi "tagliare all'esterno" oppure "muoversi all'esterno" per poi "tagliare all'interno", con l'obiettivo di creare "uno spazio" per concludere e segnare una rete?
2. Sono in grado di "nascondere" le intenzioni e superare il difensore all'interno o all'esterno, prima di condurre palla nella direzione opposta, per creare un'opportunità di conclusione?
3. Sanno come eseguire 2 finte, ad esempio "dentro-fuori"? Se il difensore segue questi movimenti, l'attaccante riesce a cambiare di nuovo direzione e anche ritmo, questa volta, per superare l'avversario?

PROGRESSIONE
Allenare i movimenti alle spalle, le corse in orizzontale e i contromovimenti (2 c 2)

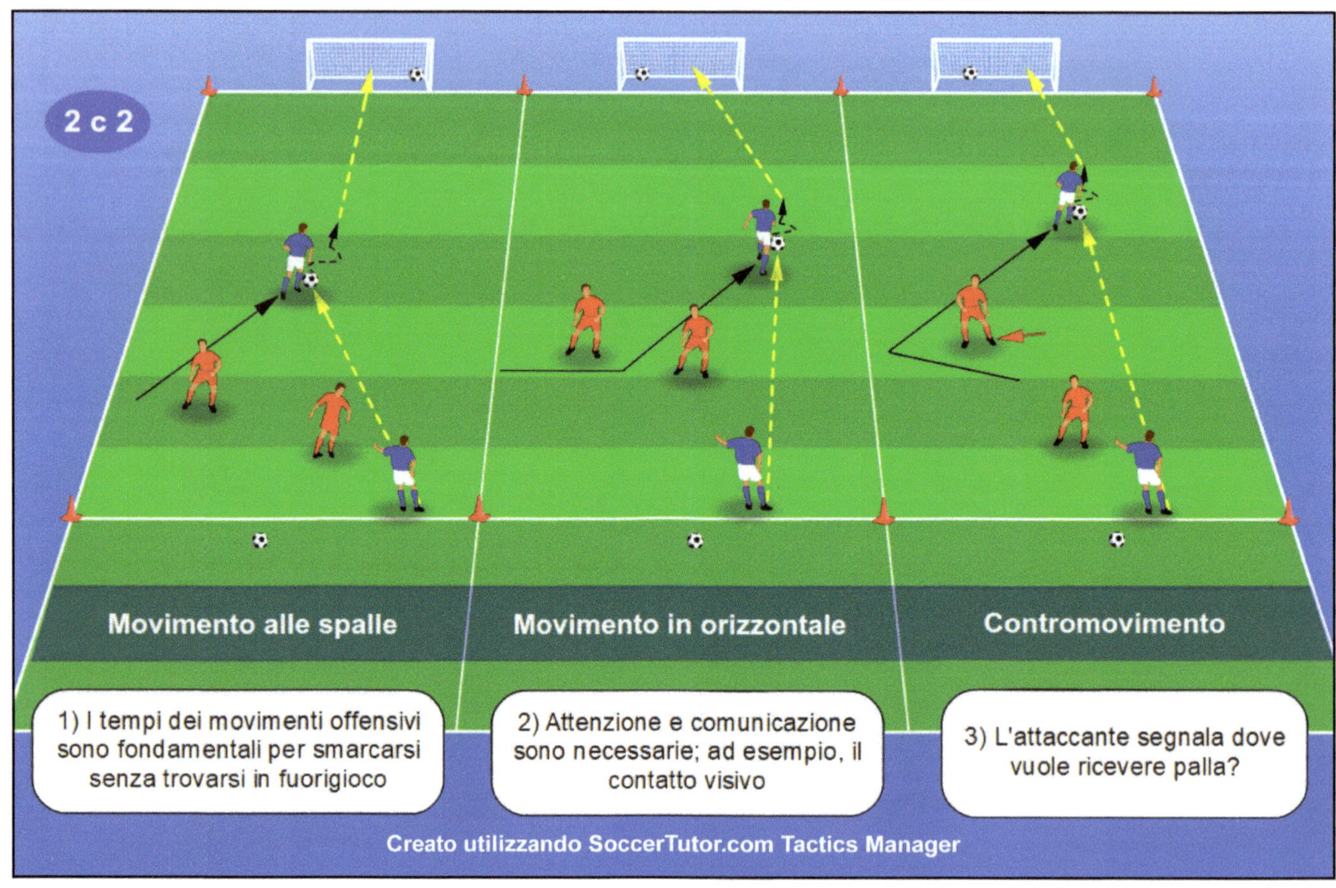

Organizzazione dell'esercitazione

Nelle stesse griglie da 15 x 30 m della proposta precedente, si gioca, ora, 2 c 2. Gli attaccanti lavorano a coppie e, a turno, svolgono l'esercitazione; nei tempi di recupero, possono osservare anche le giocate dei compagni di squadra. È possibile aggiungere i portieri per complicare la fase di conclusione.

Gli attaccanti devono eseguire movimenti offensivi specifici (***alle spalle, in orizzontale o contromovimenti***), così come mostrate chiaramente in figura, per ricevere e concludere. Un goal segnato attraverso una di queste 3 soluzioni offensive vale 3 punti e qualsiasi altro goal vale 1 punto. Inizialmente non viene applicata la regola del fuorigioco, che viene aggiunta solo quando i giocatori sono pronti. Se un difensore conquista palla, oppure se esce dal gioco, l'esercitazione inizia dall'attaccante; dopo 5-10 sequenze, i ruoli si invertono.

È importante utilizzare una lavagna tattica per mostrare le 3 soluzioni offensive e discuterne con i giocatori. È possibile iniziare semplicemente giocando con le mani, per esplorare ogni singolo movimento, in modo semplice. I difensori devono agire insieme, seguendo i principi fondamentali di tattica collettiva in fase di non possesso. Ogni 5'-10' i giocatori devono essere raggruppati insieme per porre domande e richiedere loro risposte e per verificare i progressi.

Attenzione a

1. I giocatori riescono a stabilire un contatto visivo per aiutare a coordinare le azioni e aiutare a "fintare" le intenzioni?
2. Il giocatore più avanzato si muove con i giusti tempi, comunicando dove vuole ricevere palla?
3. I movimenti sono utili ad evitare "la trappola del fuorigioco", quando la regola viene applicata?
4. Le giocate offensive degli attaccanti sono "dirette" nello spazio giusto in cui si posiziona il ricevente?
5. Gli attaccanti riescono a concludere "piazzando la palla" oppure "di potenza"? L'allenatore dovrebbe mostrare l'esecuzione tecnica individuale corretta per la conclusione.
6. I giocatori sanno riconoscere le "opportunità di conclusione secondarie"?

VARIANTE
Allenare i "movimenti a incrociare" e le "sovrapposizioni" (2 c 2)

Organizzazione dell'esercitazione

In questa variante dell'esercitazione precedente, le sequenze offensive vengono cambiate, includendo comunque movimenti in diagonale, come mostrato nelle 2 figure (movimenti a incrociare e sovrapposizioni). Obiettivi, regole e obblighi per i giocatori sono gli stessi. Nei ***movimenti a incrociare***, un giocatore sta conducendo palla in diagonale e i difensori si spostano per chiuderlo; il compagno del portatore corre in direzione opposta, per ricevere nello spazio creato e concludere.

Nella variante in ***sovrapposizione***, un giocatore sta conducendo palla in diagonale, il compagno di squadra ne entra in possesso in direzione opposta. I 2 difensori seguono il portatore e il primo giocatore, ora senza palla, continua la sua corsa con la stessa angolazione precedente e può ricevere nello spazio per concludere. Entrambe le situazioni offensive sono mostrate chiaramente in figura.

È consigliabile una prima fase in cui i difensori siano passivi (non possono cioè contrastare, ma solo coprire gli spazi), per consentire agli attaccanti di vedere e capire lo schema. Una volta che le sequenze vengono svolte con successo, l'esercitazione diventa completamente competitiva.

Attenzione a

1. È possibile coordinare efficacemente i movimenti per confondere i difensori?
2. I giocatori sanno comunicare verbalmente o visivamente in modo chiaro, ad esempio, attraverso segni delle mani, per indicare dove vogliono ricevere il passaggio?
3. Sanno evitare la trappola del fuorigioco, quando la regola viene applicata?
4. Il passaggio finale è "ben calibrato" nello spazio in cui il ricevente si posiziona?
5. I giocatori riescono a stabilire un contatto visivo e a coordinare i movimenti per "fintare" le intenzioni?
6. Progredendo con l'utilizzo di porta e portiere, i giocatori sono sempre consapevoli delle "opportunità secondarie", avanzando nel caso in cui il portiere respinga una conclusione e si verifichi l'opportunità di concludere da distanza ravvicinata?

Duelli 2 c 1 continui per combinazioni offensive e conclusioni

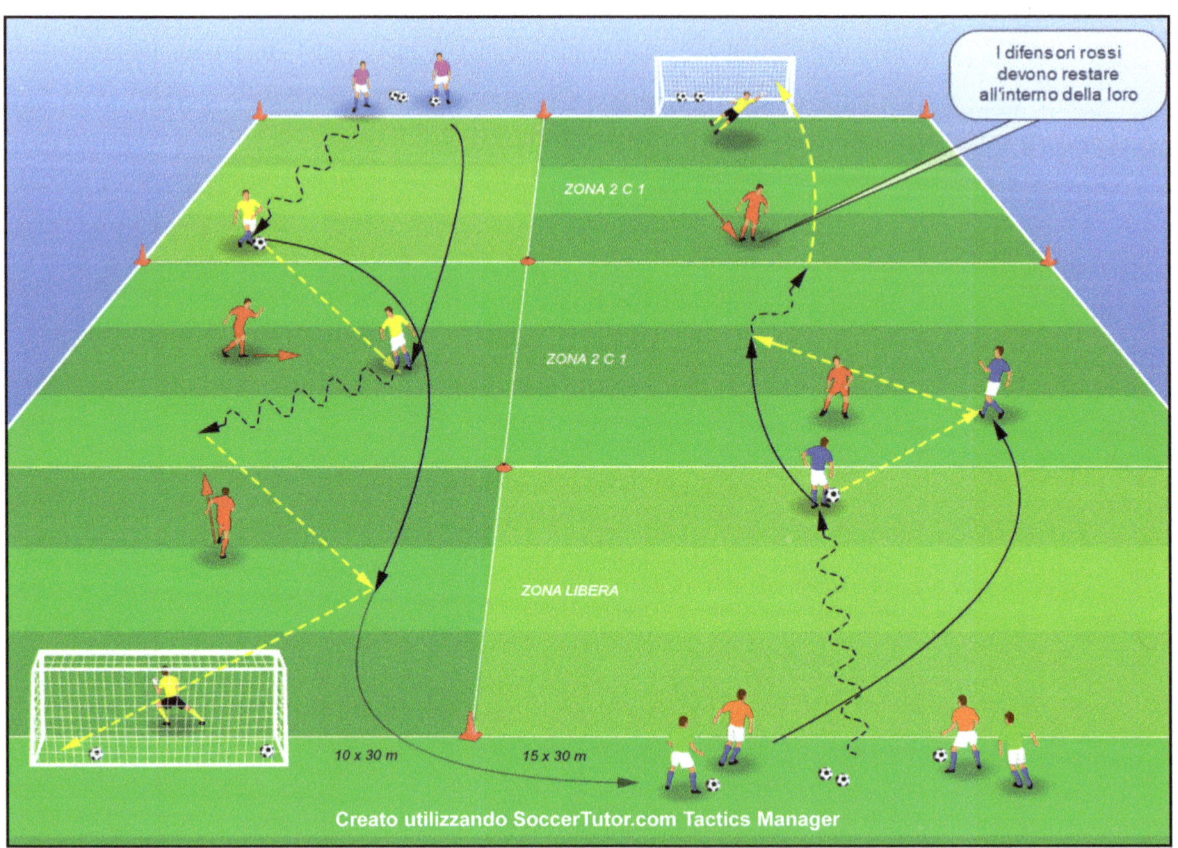

Organizzazione dell'esercitazione

Quanto sperimentato nelle precedenti esercitazioni, può essere sviluppato in questa proposta, in cui vengono delimitate 2 griglie (10 x 30 e 15 x 30 m), le porte e i portieri sono posizionati come mostrato e 2 attaccanti giocano contro 2 difensori, in ciascuna area. 3 zone uguali (10 m di lunghezza) vengono delimitate, utilizzando coni, in ogni griglia. Questa è un'esercitazione continua, in cui le coppie di giocatori in possesso si alternano per attaccare e concludere in una griglia, per poi passare a quella successiva in direzione opposta. Se un difensore conquista palla o quest'ultima esce dal gioco, la sequenza riparte con altri 2 attaccanti.

I difensori devono rimanere all'interno delle loro zone e dopo 5-10 sequenze, i giocatori ruotano, in modo che i difensori diventino attaccanti. Gli attaccanti sono chiamati a combinare velocemente per concludere e tutti devono contare i goal segnati dalle coppie, in fase offensiva, per aggiungere un elemento motivazionale. È consigliabile l'utilizzo di una lavagna tattica per chiarire l'organizzazione ed alcune serie di combinazioni offensive che i giocatori sono chiamati a svolgere. I difensori devono agire insieme, seguendo i principi fondamentali di tattica collettiva in fase di non possesso. Ogni 5'-10' i giocatori devono essere raggruppati insieme per porre domande e richiedere risposte, per verificare i progressi.

Attenzione a

1. I giocatori riescono a coordinare i movimenti per aprire gli spazi e creare opportunità di conclusione? Sanno condurre palla in diagonale, per muovere il marcatore e creare spazio da sfruttare, per un compagno di squadra?
2. Sono in grado di comunicare verbalmente o visivamente in modo chiaro (segni con le mani, per esempio), per mostrare dove vogliono ricevere l'ultimo passaggio?
3. Sanno leggere i "segnali visivi" in anticipo e muoversi in ampiezza e in sovrapposizione, per "trovare" lo spazio, in cui ricevere palla? Il passaggio sulla corsa dell'attaccante è "ben calibrato" nello spazio, perché il giocatore possa concludere di prima intenzione?
4. Gli attaccanti sanno valutare la posizione del portiere e concludere in modo efficace sotto pressione? I giocatori si focalizzano sulla tecnica individuale del tiro in porta, quando, cioè "piazzare" la palla e quando "calciare di potenza"?

Allenare i movimenti "incontro" e "laterali" attraverso le rotazioni (3 c 2 / 3 c 3)

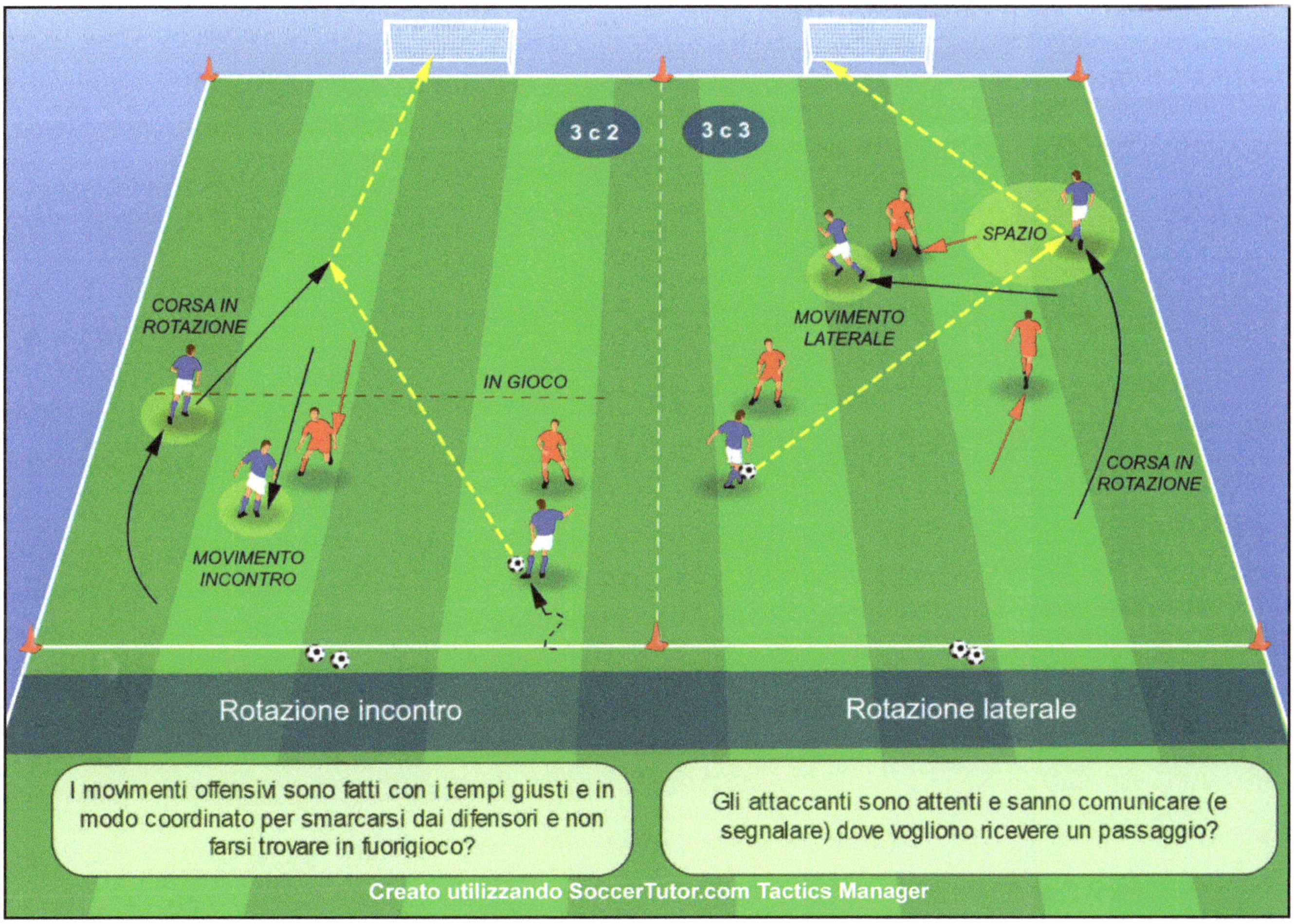

Organizzazione dell'esercitazione

Nelle stesse griglie 15 x 30 m delle precedenti esercitazioni, si giocano duelli 3 c 2, con possibilità di progressione al 3 c 3. Obiettivi, regole e restrizioni per i giocatori restano gli stessi. I 2 movimenti offensivi vengono modificati, come mostrato in figura (rotazioni per movimenti "incontro" e "laterali"), ed entrambi richiedono coordinazione: per la ***"rotazione incontro"***, un giocatore si muove incontro e attira un difensore verso di lui, creando spazio, e un compagno si sposta tempestivamente alla spalle, per ricevere.

Per la ***"rotazione laterale"***, un giocatore si sposta davanti ad un difensore per attirarlo e creare spazio, mentre un compagno si muove con i tempi giusti, alle spalle, per ricevere. Entrambi i movimenti offensivi sono mostrati chiaramente in figura.

Progressione: si aggiungono i portieri oppure si posizioniamo coni mezzo metro all'interno di ciascun palo e gli attaccanti devono concludere tra cono e palo.

Attenzione a

1. L'attaccante avanzato riesce a muoversi ad "esca", per attirare un difensore?
2. L'altro attaccante riesce a "leggere" l'opportunità e a spostarsi in anticipo, per arrivare nello spazio creato e ricevere un "passaggio decisivo", per concludere?
3. I giocatori sanno stabilire un contatto visivo, per coordinare le azioni e "fintare" le intenzioni?
4. I giocatori sanno comunicare verbalmente o visivamente in modo chiaro, ad esempio, attraverso segni delle mani, per indicare dove vogliono ricevere il passaggio?
5. L'attaccante sa evitare la trappola del fuorigioco, quando la regola viene applicata?
6. Il passaggio verso l'attaccante è "ben calibrato" nello spazio in cui il giocatore si posiziona?

VARIANTE

Rapide combinazioni di gioco attraverso movimenti davanti al compagno e sovrapposizioni (3 c 2 / 3 c 3)

3 c 3

MOVIMENTO DAVANTI AL COMPAGNO

TRASMISSIONE ORIZZONTALE

TRASMISSIONE IN DIAGONALE

SOVRAPPOSIZIONE

Trasmissione orizzontale e movimento davanti al compagno

Tramissione in diagonale e movimento in sovrapposizione

I movimenti offensivi sono fatti con i tempi giusti e in modo coordinato per smarcarsi dai difensori e non farsi trovare in fuorigioco?

Gli attaccanti sono attenti e sanno comunicare (e segnalare) dove vogliono ricevere un passaggio?

Creato utilizzando SoccerTutor.com Tactics Manager

Organizzazione dell'esercitazione

In questa variante delle esercitazioni precedenti (duelli 3 c 2 / 3 c 3, in spazi di 15 x 30 m), cambiano le combinazioni e i movimenti offensivi. Obiettivi, regole e limitazioni per i giocatori sono gli stessi.

Nella sequenze con ***"movimento davanti al compagno"***, il primo giocatore effettua un passaggio laterale e si muove in diagonale, tra 2 avversari, per ricevere quello di ritorno, oltre la linea dei difensori. Contemporaneamente, il terzo compagno di squadra si sposta nella direzione opposta, attirando il proprio marcatore.

Nelle sequenze di ***"sovrapposizione con passaggio in diagonale"***, il primo giocatore trasmette in diagonale e in avanti e si sovrappone, curvando la propria corsa, per ricevere il passaggio di ritorno. Contemporaneamente, il terzo compagno di squadra si è mosso nella direzione opposta, creando tempo e spazio di conclusione, per il primo giocatore, oppure per lasciare al ricevente lo spazio disponibile, per controllare palla e concludere (come mostrato in figura).

Attenzione a

1. Il giocatore che trasmette palla "in orizzontale" o "in diagonale" è in grado di cambiare ritmo rapidamente, per trovare una posizione avanzata?
2. Il giocatore che trasmette in orizzontale, riesce a muoversi rapidamente davanti al compagno e, invece, chi gioca palla in diagonale, si sovrappone altrettanto rapidamente?
3. Gli attaccanti più avanzati sanno "leggere" la situazione in anticipo e cercare di "aprire gli spazi", facendosi seguire dai marcatori, per il compagno in arrivo o in sovrapposizione?
4. C'è attenzione costante per combinare con un compagno di squadra e arrivare alla fase di conclusione?
5. I giocatori sanno stabilire un contatto visivo per coordinare le loro azioni e "fintare" le intenzioni? C'è comunicazione verbale o visiva, ad esempio attraverso segni delle mani, per indicare dove ricevere il passaggio?
6. Chi partecipa è in grado di evitare la trappola del fuorigioco, quando viene applicata la regola? Il passaggio verso l'attaccante è "ben calibrato" nello spazio in cui il compagno di squadra può ricevere?

VARIANTE

Allenare i movimenti del 3° uomo e le combinazioni classiche 1-2 (3 c 2 / 3 c 3)

3 c 3

MOVIMENTO DEL 3° UOMO

1-2

Combinazione con il terzo uomo

Combinazione 1 - 2

Allenare queste 2 classiche combinazioni come mostrato, inizialmente

Poi progredire verso proposte competitve

Creato utilizzando SoccerTutor.com Tactics Manager

Organizzazione dell'esercitazione

Anche in questa variante delle esercitazioni precedenti (duelli 3 c 2 / 3 c 3, in spazi di 15 x 30 m), cambiano le combinazioni e i movimenti offensivi. Obiettivi, regole e limitazioni per i giocatori sono gli stessi.

Nella ***"combinazione con il terzo uomo"***, il primo giocatore effettua un passaggio laterale verso il secondo compagno; il terzo giocatore si muove in avanti per ricevere nello spazio e prova a concludere.

Nella classica ***"combinazione 1-2"***, il primo giocatore trasmette al compagno di squadra, che, a propria volta, trasmette un passaggio di ritorno, sulla corsa, di prima intenzione. Entrambe le combinazioni sono mostrate chiaramente nella figura.

Progressione: si aggiungono i portieri, oppure vengono posizionati coni mezzo metro all'interno di ciascun palo e gli attaccanti devono concludere tra cono e palo.

Attenzione a

1. I giocatori sanno coordinare i movimenti in modo efficace e con i tempi giusti (soprattutto per quanto riguarda il "terzo uomo"), per smarcarsi e creare spazio per ricevere?
2. C'è comunicazione verbale o visiva, ad esempio attraverso segni della mano, per indicare dove ricevere il passaggio?
3. I giocatori sanno evitare la trappola del fuorigioco, quando la regola viene applicata?
4. Il passaggio dell'attaccante è "ben calibrato" nello spazio, per il compagno di squadra in arrivo?
5. I giocatori sanno stabilire un contatto visivo per coordinare le loro azioni e "fintare" le intenzioni?
6. Se nell'esercitazione viene incluso il portiere, gli attaccanti sono attenti alle "opportunità secondarie"?

VARIANTE

Allenare i movimenti a incrociare alle spalle (colpo di tacco) e i movimenti per girarsi dopo una finta ad "esca" (3 c 2 / 3 c 3)

3 c 2

SOVRAPPOSIZIONE

COLPO DI TACCO INDIETRO

MOVIMENTO A GIRARSI

ESCA

Colpo di tacco - Sovrapposizione

Questi 2 movimenti creativi prevedono "finte"
- Attenzione e comunicazione sono necessarie per i movimenti a supporto
- Controllo di palla corretto e tecnica individuale per trasmettere palla sono altrettanto richiesti

Esca e movimento a girarsi

Iniziare l'esercitazione con "difensori passivi"
- Permette ai giocatori di imparare lo schema
- Poi progredire con una proposta completamente competitiva

Creato utilizzando SoccerTutor.com Tactics Manager

Organizzazione dell'esercitazione

Anche in questa ulteriore variante delle esercitazioni precedenti (duelli 3 c 2 / 3 c 3, in spazi di 15 x 30 m), cambiano le combinazioni e i movimenti offensivi. Obiettivi, regole e limitazioni sono gli stessi. I movimenti a incrociare alle spalle e quelli ad esca sono abilità più avanzate, per giocatori tecnicamente dotati.

Quando il secondo giocatore ***incrocia alle spalle***, il primo conduce palla in avanti per attirare i difensori verso di lui e ***scarica palla indietro di tacco***, nella direzione opposta, per il compagno di squadra che si sovrappone e può quindi ricevere nello spazio e attaccare.

Nei ***movimenti per girarsi dopo una finta ad "esca"***, un giocatore si muove per ricevere un passaggio da un compagno di squadra, che attira i difensori verso di lui. Invece di controllare palla, la lascia correre attraverso le sue gambe e verso un compagno di squadra, che si è mosso in avanti, nello spazio creato. Dopo aver fatto passare la palla attraverso le sue gambe, quello stesso giocatore attacca e cerca di concludere. Entrambe le combinazioni sono mostrate chiaramente nella figura.

Attenzione a

1. I giocatori riescono a coordinare efficacemente i movimenti, per confondere i difensori?
2. Il giocatore alle spalle riesce a muoversi in avanti per attirare gli avversari e liberare lo spazio?
3. Il compagno di squadra in sovrapposizione è in grado di sfruttare lo spazio, muovendosi alle spalle e poi avanzando, come mostrato?
4. I giocatori sanno comunicare verbalmente in modo chiaro, oppure attraverso segni della mano, per indicare dove ricevere palla?
5. È possibile evitare la trappola del fuorigioco, quando la regola viene applicata?
6. Il passaggio verso l'attaccante è "ben calibrato" nello spazio, per il compagno di squadra che deve ricevere?

PROGRESSIONE

Allenare i movimenti incontro, le giocate per aprire gli spazi e i movimenti a tagliare con il 3° uomo (4 c 3)

4 c 3

SPAZIO

MOVIMENTO INCONTRO - GIOCATA

MOVIMENTO DEL 3° UOMO

TAGLIO INTERNO

Movimento incontro - giocata e apertura degli spazi

Questi 2 movimenti creativi prevedono "finte"
- Attenzione e comunicazione sono necessarie per i movimenti a supporto
- Controllo di palla corretto e tecnica individuale per trasmettere palla sono altrettanto richiesti

Movimenti a tagliare con il terzo uomo

Iniziare l'esercitazione con "difensori passivi"
- Permette ai giocatori di imparare lo schema
- Poi progredire con una proposta completamente competitiva

Creato utilizzando SoccerTutor.com Tactics Manager

Organizzazione dell'esercitazione

In questa progressione, le dimensioni delle aree vengono aumentate a 20 x 30 m; 4 attaccanti giocano contro 3 difensori. Obiettivi, regole e limitazioni sono gli stessi, ma combinazioni e i movimenti offensivi vengono cambiati nuovamente, sfidando gli attaccanti a svolgerne di specifiche, per concludere.

- Nei ***movimenti incontro e l'apertura degli spazi***, il primo giocatore trasmette palla verso un secondo, che si muove incontro, attirando un difensore e che gioca nuovamente verso un terzo compagno. Nel frattempo, il giocatore più avanzato si allontana e il primo si sovrappone nello spazio, per ricevere un passaggio dal terzo compagno.
- Nei ***movimenti a tagliare con il terzo uomo***, un giocatore taglia internamente, per attirare il marcatore e creare spazio per un compagno di squadra, che riceve il primo passaggio. Nel frattempo, il giocatore più avanzato diventa il terzo uomo, attraverso il contromovimento mostrato in figura, per ricevere il secondo passaggio indietro.

Questa proposta è adatta a giocatori più evoluti e consapevoli, che hanno esperienza di schemi di gioco più complicati. La sequenza può essere svolta prima con le mani, per sperimentare ogni singolo movimento in modo semplice, per poi progredire, inserendo "difensori passivi". Infine i difensori possono diventare completamente attivi, per rendere competitiva l'esercitazione.

Attenzione a

1. I giocatori sanno coordinare i movimenti in modo efficace per smarcarsi e aprire lo spazio, creando opportunità di conclusione? I partecipanti devono essere incoraggiati a muoversi ad esca (attraverso tagli, venendo incontro, corse ad inganno) per aprire lo spazio.
2. Viene stabilito un contatto visivo tra i giocatori, per coordinare le azioni e "fintare" le intenzioni? L'attaccante utilizza segnali visivi chiari per comunicare dove ricevere l'ultimo passaggio?
3. I giocatori sanno leggere i "primi segnali visivi" ed anticipare i movimenti per farsi trovare nello spazio alle spalle del marcatore?

COMBINAZIONI OFFENSIVE PER CONCLUDERE

Combinazioni offensive per concludere: "1-2 e tiro"

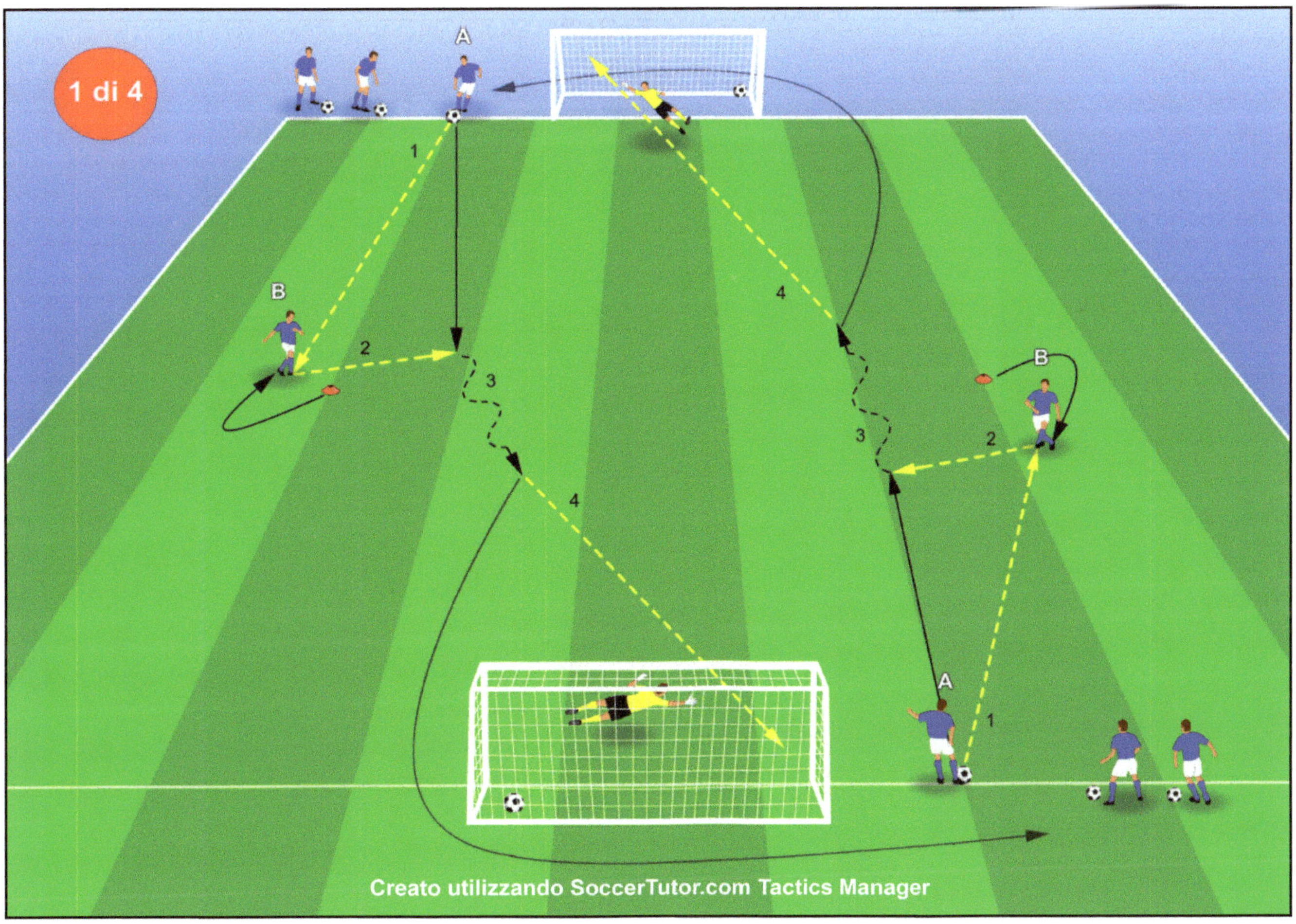

1 di 4

Creato utilizzando SoccerTutor.com Tactics Manager

Organizzazione dell'esercitazione

2 porte regolari con i portieri e 2 gruppi di giocatori in egual numero e in possesso palla, sono posizionati agli estremi opposti di un'area di 40 x 50 m; l'esercitazione si svolge verso entrambe le direzioni contemporaneamente, come mostrato in figura.

2 giocatori, posizionati come in figura, fungono da "appoggio" (B); gli altri, a turno, attaccano e cercano di concludere, segnando una rete. A gioca 1-2 con B, riceve il passaggio di ritorno, conclude in porta, si muove verso il gruppo sul lato opposto e il successivo inizia nuovamente la sequenza. Dopo 5-10 serie, vengono cambiati i giocatori sponda. I giocatori devono tenere contro dei goal fatti, aggiungendo un elemento motivazionale, per vedere chi ne segna di più. È possibile utilizzare una lavagna tattica per chiarire l'organizzazione della proposta. Ogni 5', i partecipanti vengono raggruppati per porre domande ed ascoltare le loro risposte, esaminando i progressi e discutere gli elementi allenanti.

Attenzione a

1. Il giocatore sponda si allontana dal cono per posizionarsi correttamente con il corpo per ricevere palla? È in grado di trasmettere di prima intenzione, per impostare rapidamente le opportunità di conclusione?
2. Riesce a giocare palla sulla corsa del compagno che deve concludere?
3. I giocatori sono precisi nella combinazione 1-2 e mostrano propensione offensiva?
4. Sanno comunicare chiaramente, attraverso segnali verbali o visivi, per esempio con le mani, per indicare dove ricevere il passaggio di ritorno?
5. Sono in gradi di concludere di prima intenzione all'interno del raggio d'azione, oppure condurre in velocità e calciare in modo corretto dal punto di vista tecnico?
6. Focus sulla tecnica individuale in fase di conclusione per capire quando "piazzare" la palla oppure quando e come optare "calciare di potenza".

VARIANTE

Combinazioni offensive per concludere attraverso "giocata e movimenti a girarsi"

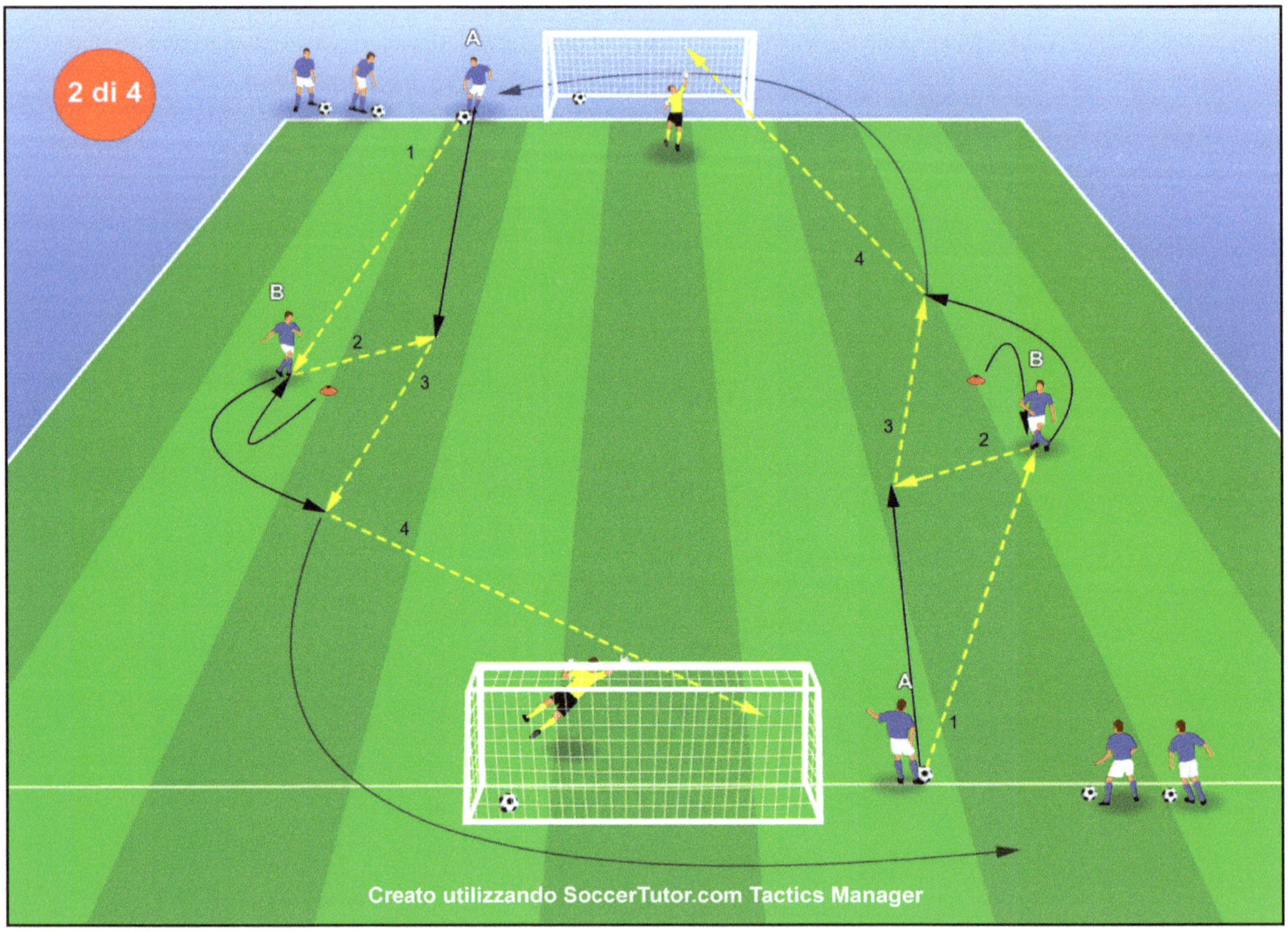

2 di 4

Creato utilizzando SoccerTutor.com Tactics Manager

Organizzazione dell'esercitazione

Questa esercitazione è una variazione della precedente. Quando A riceve palla indietro, questa volta, gioca in avanti sulla corsa di B che, non appena riceve, trasmette di nuovo verso A e si muove curvando la corsa intorno al cono (movimento "giocata e movimento a giro"), per ricevere nello spazio e concludere in porta.

A prende la posizione di B e il giocatore successivo inizia una nuova sequenza. B recupera palla e si porta verso il gruppo sul lato opposto.

È possibile utilizzare una lavagna tattica per chiarire lo svolgimento della sequenza. Ogni 5', i partecipanti vengono raggruppati per porre domande ed ascoltare le loro risposte, esaminando i progressi e discutere gli elementi allenanti.

Attenzione a

1. Il giocatore sponda si allontana dal cono per posizionarsi correttamente con il corpo e ricevere palla? È in grado di trasmettere di prima intenzione, per impostare rapidamente le opportunità di conclusione?
2. I giocatori sono precisi nella combinazione 1-2 e mostrano propensione offensiva?
3. Sanno comunicare chiaramente, attraverso segnali verbali o visivi, per esempio con le mani, per indicare dove ricevere il passaggio di ritorno?
4. La giocata finale in avanti è in direzione del compagno che deve concludere in porta?
5. Sono in grado di concludere di prima intenzione, all'interno del raggio d'azione, oppure condurre in velocità e calciare in modo corretto dal punto di vista tecnico?
6. Focus sulla tecnica individuale in fase di conclusione per capire quando "piazzare" la palla oppure quando "calciare di potenza".

VARIANTE
Combinazioni offensive per concludere attraverso i "movimenti del 3° uomo"

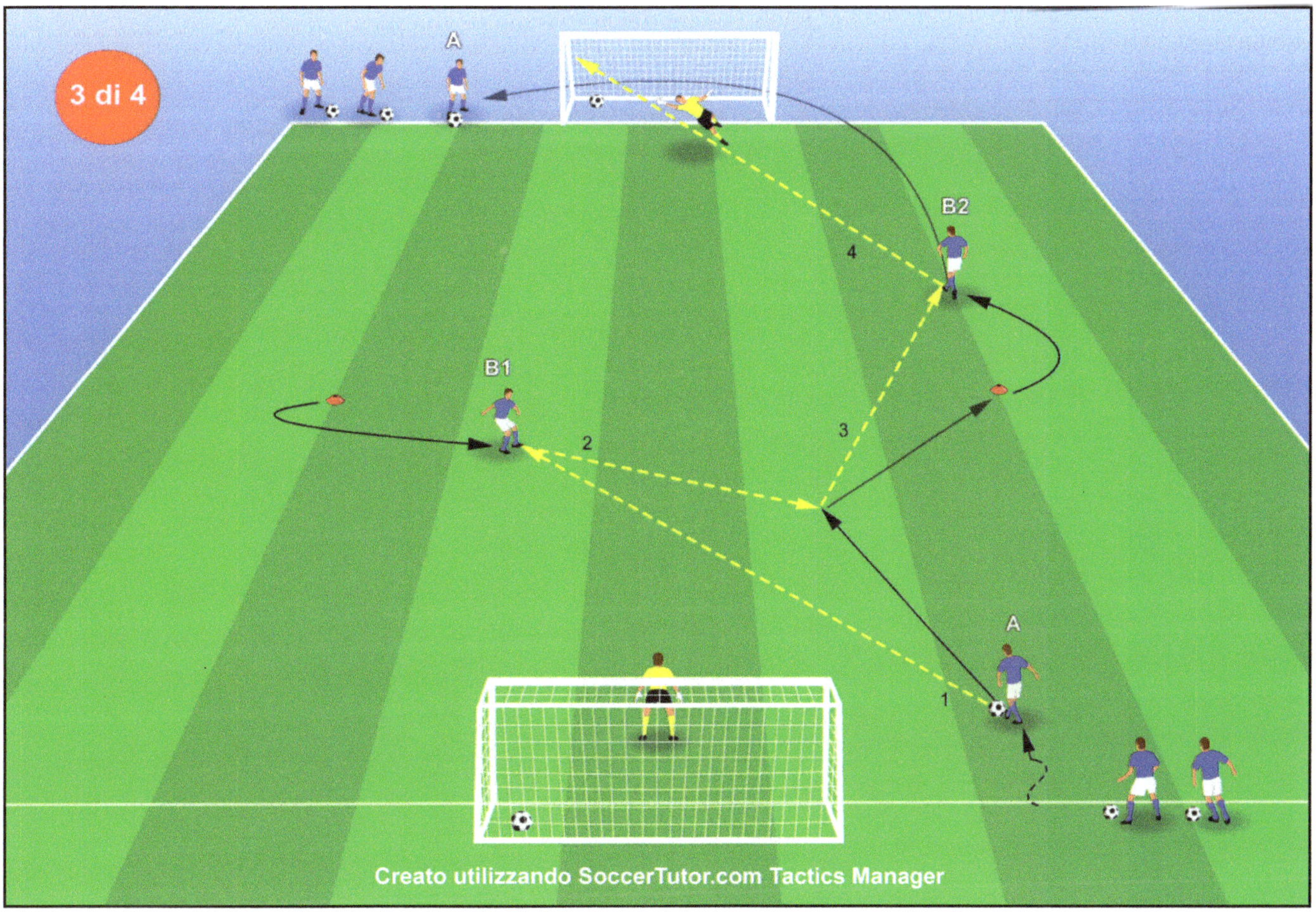

Organizzazione dell'esercitazione

Questa proposta è un'ulteriore variante delle precedenti 2, in cui i gruppi di giocatori si alternano e non agiscono contemporaneamente. 2 "sponde" (B1 e B2) sono ancora presenti, ma ora sono coinvolte nella stessa sequenza.

A inizia giocando una combinazione 1-2, con la sponda sul lato opposto (B1); non appena il giocatore B1 trasmette il passaggio di ritorno verso A, B2 si muove curvando la propria corsa, per ricevere il passaggio successivo nello spazio e calciare in porta. A prende la posizione di B2 e B2 si porta verso il gruppo sul lato opposto.

La sequenza si ripete ora nella direzione opposta, con questo svolgimento; A -> B2 -> A -> B1 -> conclusione in porta -> ripresa della palla e posizionamento verso il gruppo opposto.

È possibile utilizzare una lavagna tattica per chiarire lo svolgimento della sequenza. Ogni 5', i partecipanti vengono raggruppati per porre domande ed ascoltare le loro risposte, esaminando i progressi e discutere gli elementi allenanti.

Attenzione a

1. I giocatori sanno comunicare chiaramente, attraverso segnali verbali o visivi, per esempio con le mani, per indicare dove ricevere il passaggio di ritorno?
2. Si posizionano correttamente con il corpo a mezzo giro, per ricevere e combinare 1-2?
3. Sono precisi nella combinazione 1-2 e mostrano propensione offensiva?
4. La giocata finale in avanti è in direzione del compagno che deve concludere in porta?
5. Sono in grado di concludere di prima intenzione, all'interno del raggio d'azione, oppure condurre in velocità e calciare in modo corretto, dal punto di vista tecnico?
6. Focus sulla tecnica individuale in fase di conclusione per capire quando "piazzare" la palla oppure quando "calciare di potenza".

VARIANTE
Combinazioni offensive per concludere attraverso "giocata e 1-2"

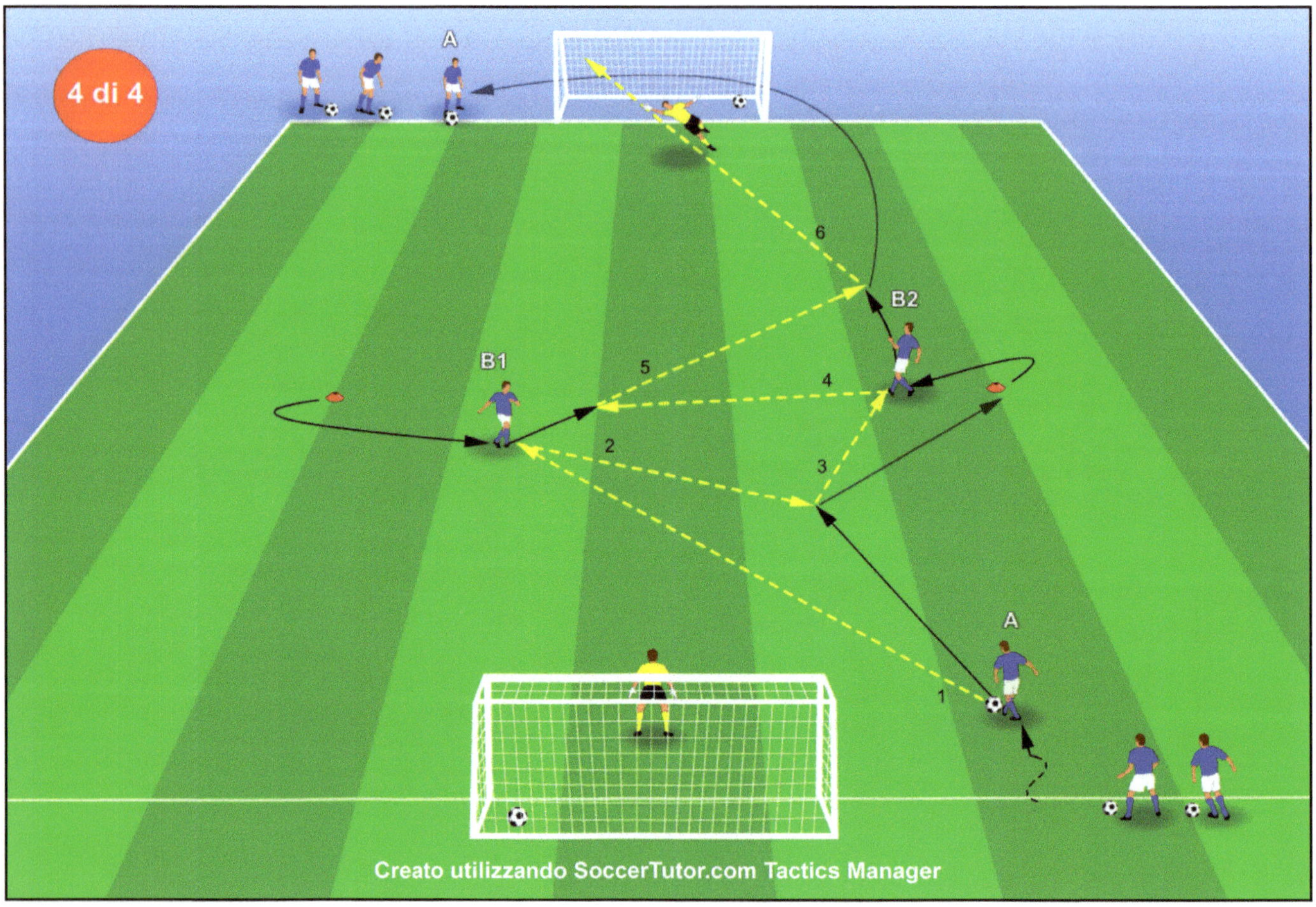

Organizzazione dell'esercitazione

Questa esercitazione è una variante della precedente.

A inizia giocando una combinazione 1-2 con la "sponda" sul lato opposto (B1); successivamente, trasmette verso B2 (3° passaggio), che si è allontanato dal cono. B2, poi, combina 1-2 con B1 (4° e 5° passaggio), riceve palla nello spazio e conclude in porta.

B2 poi si unisce al gruppo sul lato opposto e A assume il ruolo di sponda".
La sequenza, ora, si ripete nella direzione opposta con questo svolgimento: A -> B2 -> A -> B1 -> B2 -> B1 -> tiro in porta -> ripresa della palla e posizionamento verso il gruppo opposto.

È possibile utilizzare una lavagna tattica per chiarire lo svolgimento della sequenza. Ogni 5', i partecipanti vengono raggruppati per porre domande ed ascoltare le loro risposte, esaminando i progressi e discutere gli elementi allenanti.

Gli elementi allenanti e su cui porre l'attenzione sono gli stessi della proposta precedente.

PROGRESSIONE

Esercitazione 5 c 3 per la conclusione, dopo combinazioni offensive negli spazi centrali

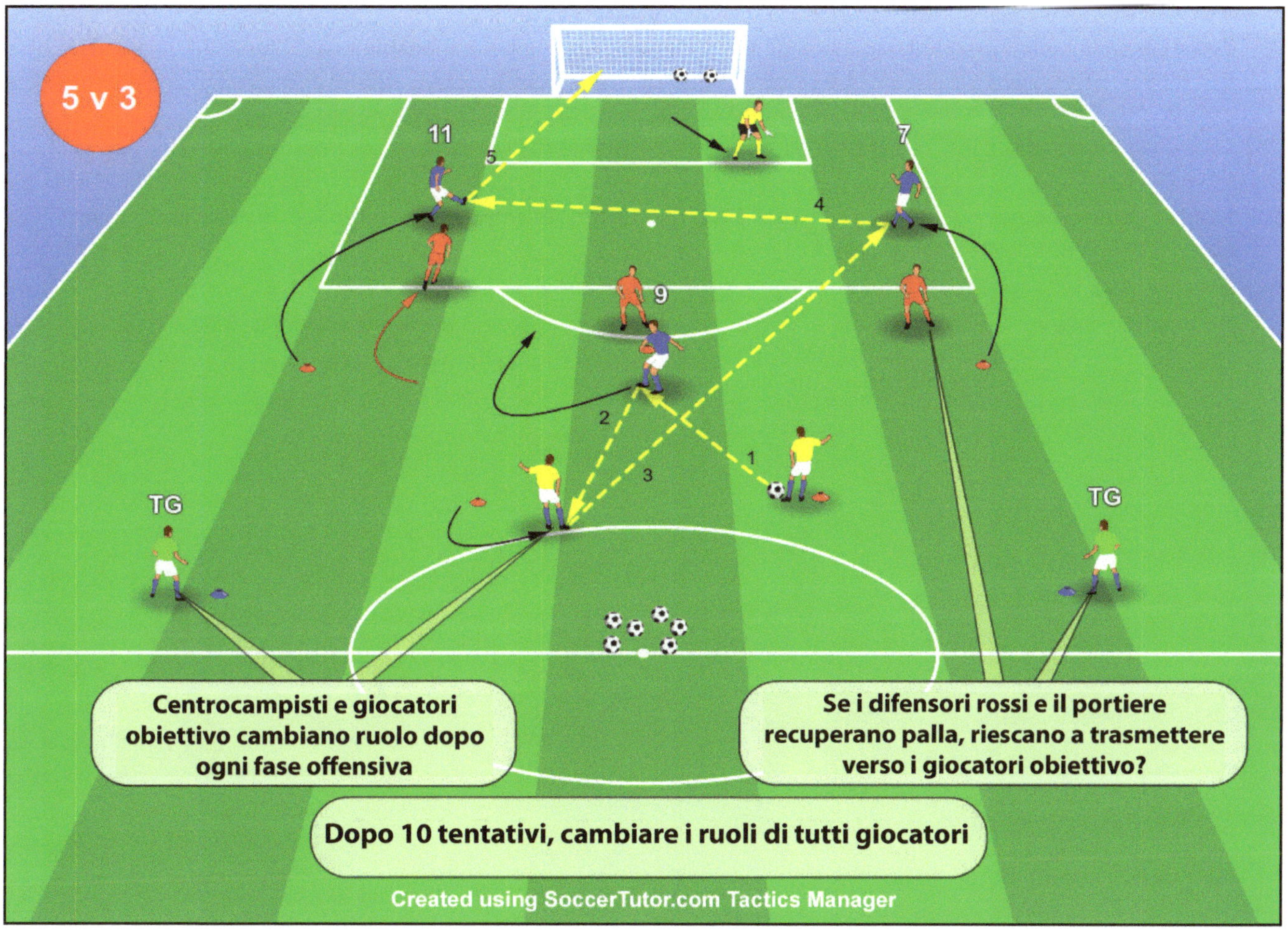

Organizzazione dell'esercitazione

All'interno di una metà campo, vengono posizionati 7 coni, come mostrato in figura. 5 giocatori offensivi (2 centrocampisti centrali, 2 esterni alti e 1 attaccante) contro 3 difensori rossi e 2 'giocatori obiettivo' (TG) sono coinvolti nell'esercitazione, che inizia dai centrocampisti centrali, in maglia gialla, i quali combinano e aspettano il momento giusto per trasmettere palla alle spalle della linea difensiva.

I 3 attaccanti devono coordinare efficacemente i movimenti per smarcarsi, aprire lo spazio e creare opportunità di conclusione, avendo 10 tentativi possibili, con il supporto di 2 centrocampisti (situazione 5 c 3) e mantenendo il conto dei goal fatti. I ruoli dei giocatori ruotano, in modo da avere 3 nuovi attaccanti; i centrocampisti e i "giocatori obiettivo" cambiano dopo ogni tentativo.

I 3 difensori rossi cercano di chiudere le linee di passaggio e seguono i movimenti degli attaccanti all'interno dell'area di rigore; i difendenti devono agire seguendo i principi di tattica collettiva in modo corretto, pur essendo "passivi", inizialmente (non possono contrastare, ma solamente coprire lo spazio). Quando lo svolgimento delle combinazioni offensive diventa fluido, i difensori possono agire attivamente. La regola del fuorigioco non è applicata nelle prime fasi, ma può essere introdotta una volta che gli attaccanti diventano efficaci.

Se un difensore o il portiere conquistano palla, riescono a trasmettere velocemente in avanti, verso uno dei "giocatori obiettivo"? Se la palla esce dal gioco, l'esercitazione ricomincia dalla successiva coppia di centrocampisti.

È possibile utilizzare una lavagna tattica per mostrare ai giocatori i movimenti offensivi che dovrebbero compiere, per rafforzare la loro comprensione e proporre una prima fase dell'esercitazione, giocando con le mani, per mostrare ogni singolo movimento.

Ogni gruppo di 3 attaccanti tiene il conto dei goal (3 punti per un goal e 1 punto per ogni conclusione), per aggiungere un elemento motivazionale e competitivo.

Ogni 10 tentativi i giocatori devono essere raggruppati per valutare i progressi e discutere gli elementi allenanti della proposta.

Attenzione a

1. L'attaccante sa "giocare e girarsi, aprendo gli spazi" per un movimento, sul lato cieco o di fronte ad un avversario, dell'esterno alto? Quest'ultimo riesce a ricevere un "passaggio filtrante" e concludere in porta? (Vedere l'esempio in figura)
2. I giocatori sanno comunicare chiaramente, attraverso segnali verbali o visivi, per esempio con le mani, per indicare dove ricevere palla?
3. Sono in grado di leggere in anticipo i "segnali visivi" e muoversi in ampiezza e in sovrapposizione per "rubare" spazio alle spalle o davanti al marcatore?
4. Sanno evitare la "trappola del fuorigioco", quando la regola viene applicata?
5. Il passaggio sulla corsa dell'attaccante è "ben ponderato" verso lo spazio in cui il giocatore può ricevere?
6. I giocatori sanno stabilire un contatto visivo per coordinare le azioni e "fintare" le intenzioni?
7. Sono sempre consapevoli delle "opportunità secondarie"?

PROGRESSIONE
Esercitazione in spazi ridotti, a 3 squadre, per "concludere a vista"

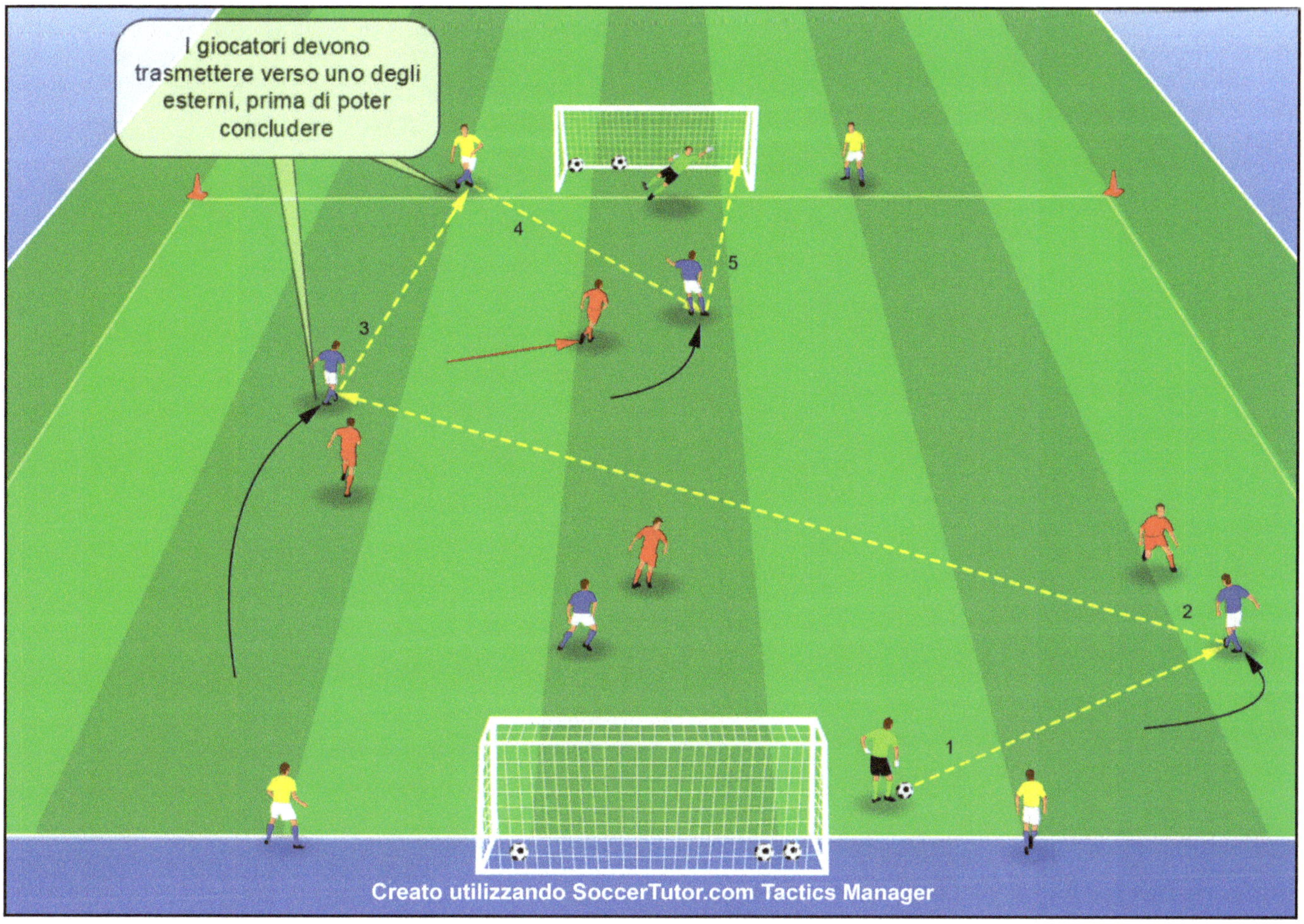

I giocatori devono trasmettere verso uno degli esterni, prima di poter concludere

Creato utilizzando SoccerTutor.com Tactics Manager

Organizzazione dell'esercitazione

All'interno di un'area di 30 x 30 m, vengono posizionate 2 porte regolari con i portieri e agiscono 3 squadre formate da 4 giocatori ciascuna, di cui 2 giocano una partita 4 c 4, mentre la terza schiera giocatori esterni sponda (in maglia gialla), nelle posizioni mostrate. Se il numero dei giocatori a disposizione non è pari, è possibile aggiungere un jolly neutrale in supporto alla squadra in possesso. Non viene applicata la regola del fuorigioco, non vengono effettuati calci d'angolo e si inizia sempre dal fondo, in sostituzione delle rimesse in gioco.

Le 2 squadre giocano una normale partita in spazi ridotti, dovendo però trasmettere verso un giocatore esterno, prima di poter concludere da qualsiasi zona del campo. Ogni 5'-10', i giocatori devono essere raggruppati per valutare i progressi e discutere gli elementi allenanti della proposta, che risulta, di solito, divertente, dato che tutti hanno la possibilità di sperimentare le loro abilità offensive e di conclusione.

Attenzione a

1. I giocatori hanno l'ambizione di concludere ogni volta che trovano spazio (anche solo mezzo metro) e tempo?
2. Sanno comunicare chiaramente, attraverso segnali verbali o visivi, indicando dove ricevere palla per concludere?
3. Sono in grado di trasmettere verso un giocatore di supporto per concludere, nel caso non riescano a farlo velocemente?
4. I passaggi sono "ben calibrati" sui movimenti in avanti di un compagno di squadra, in modo che possa concludere di prima intenzione?
5. Si posizionano correttamente con il corpo per ricevere palla e giocare di prima intenzione, per impostare rapidamente la fase di conclusione?
6. Focalizzarsi sul miglioramento della tecnica individuale del tiro in porta: quando "piazzare la palla" e quando "calciare di potenza"?

PROGRESSIONE
Esercitazione in spazi ridotti 7 c 7 per "concludere a vista"

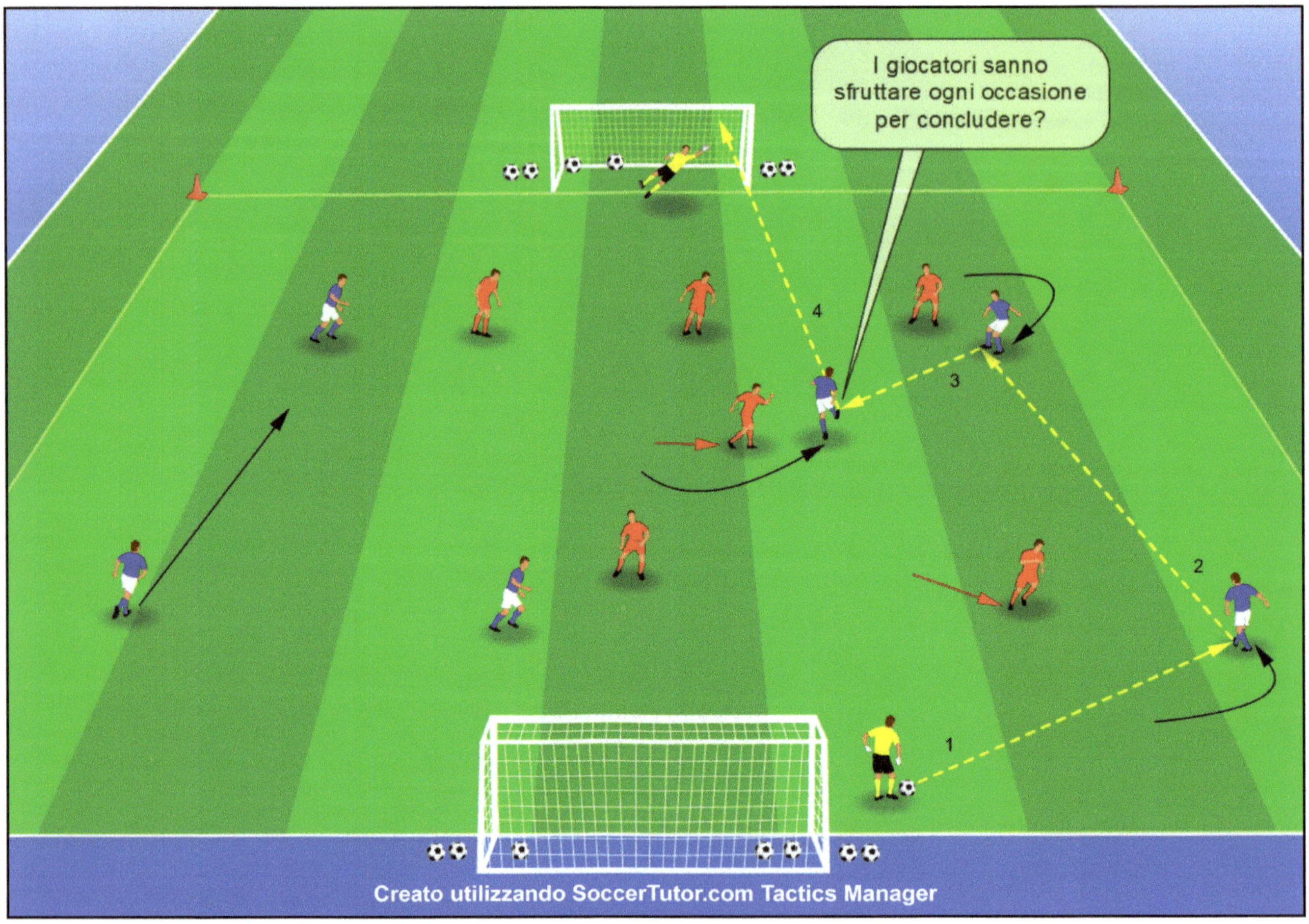

I giocatori sanno sfruttare ogni occasione per concludere?

Creato utilizzando SoccerTutor.com Tactics Manager

Organizzazione dell'esercitazione

In questa progressione dell'esercitazione precedente, i 4 giocatori esterni si uniscono alle squadre che agiscono dentro il campo, formando un duello 7 c 7 (portieri compresi).

Sfidare i giocatori a concludere appena ne hanno la possibilità (da vicino o lontano dalla porta).

Non viene applicata la regola del fuorigioco, non vengono effettuati calci d'angolo e si inizia sempre dal fondo, in sostituzione delle rimesse in gioco.

Gli elementi allenanti e su cui porre l'attenzione sono gli stessi della proposta precedente.

CROSSARE E CONCLUDERE

Movimenti offensivi chiave per concludere dopo un cross o un traversone basso arretrato

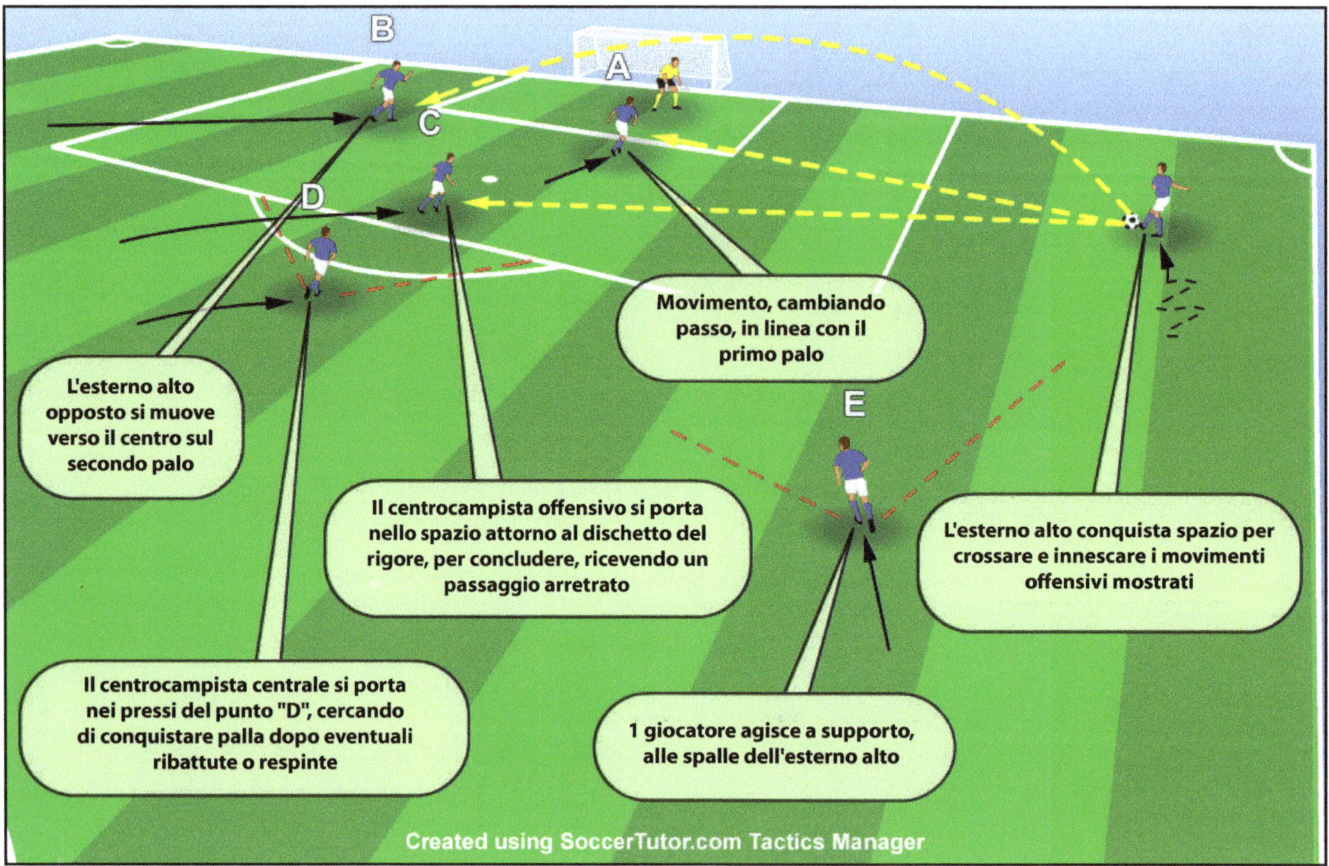

La figura illustra i movimenti offensivi chiave, per arrivare alla conclusione, più comunemente usati nel calcio; il loro innesco è il momento in cui l'esterno alto ha trovato spazio per avanzare in conduzione palla, crossare oppure giocare palla bassa indietro.

- Gli attaccanti "si muovono con i giusti tempi", per arrivare nello spazio delle 4 aree chiave identificate (A, B, C, D), con un giocatore di supporto (E), come ulteriore opzione di passaggio, se il cross non è possibile?
- L'esterno alto riesce ad anticipare i movimenti offensivi e giocare palla verso la migliore opzione possibile? Per esempio, condurre palla verso il primo palo, trasmettere palla alta verso il secondo palo o un passaggio indietro a tagliare?
- Tutti gli attaccanti sanno comunicare correttamente il punto dove ricevere il passaggio, quando possibile?
- L'attaccante (A) riesce a cambiare ritmo per smarcarsi e arrivare sul primo palo per concludere?
- Questo attaccante si muove, più o meno, in modo parallelo al primo palo, per rendere più facile la conclusione di prima intenzione ("tap in")?.
- Se l'attaccante è marcato, riesce a calibrare la corsa per anticipare l'avversario e concludere?
- Un giocatore, per esempio un centrocampista offensivo (C), riesce a calibrare il proprio movimento per arrivare sul dischetto del rigore e concludere, ricevendo un cross o un passaggio indietro tagliato?
- Riesce ad anticipare il marcatore mentre la palla è in arrivo? (Il passaggio indietro tagliato è tipicamente eseguito con palla a terra)
- Un centrocampista centrale (D) può ritardare il suo inserimento, posizionandosi appena fuori l'area di rigore?
- I giocatori sono in grado di concludere, dopo aver ricevuto un passaggio indietro tagliato dall'esterno alto, comunicando correttamente dove ricevere palla? In alternativa, sono attenti ad eventuali ribattute, o respinte sbagliate, per concludere di prima intenzione?
- Un giocatore (di solito il laterale basso - E) riesce ad occupare una posizione di supporto alle spalle, per dare una possibilità di sbocco, nel caso in cui non ci sia possibilità di conclusione, ed equilibrio, nel caso in cui l'esterno alto perda palla?

L'allenatore deve fare un passo indietro e osservare se, ogni volta che la squadra agisce in ampiezza per crossare o trasmettere palla indietro, i giocatori sanno compiere i movimenti chiave indicati in figura (dalla A alla E).

Se la squadra vuole massimizzare le possibilità di segnare una rete da queste situazioni vantaggiose, deve essere ***SFRUTTATA L'AREA DI RIGORE***. Di base significa concludere il maggior numero di volte possibile attraverso questi movimenti chiave.

ELEMENTI ALLENANTI CHIAVE:

Il concetto di ***REGOLA DEI 3"***, usata da molte delle migliori squadre, potrebbe essere introdotto; se un attaccante arriva e rimane in una posizione di conclusione chiave, per 3", senza ricevere un passaggio, deve spostarsi o ruotare con un altro attaccante, per potersi smarcare nuovamente, quando il passaggio di finalizzazione ritarda. È importante, in qualsiasi momento, che siano ricercati mobilità e spazio, in area di rigore, dato il tempo limitato per concludere.

Esercitazione per allenare i movimenti offensivi chiave per concludere dopo un cross

Organizzazione dell'esercitazione

All'interno di una metà campo, 3 attaccanti (A, B e C in figura) giocano contro 2 difensori, partendo dal limite dell'area di rigore; altri 4 giocatori, che si uniscono per creare opportunità di conclusione, sono posizionati come in figura.

L'esercitazione inizia con il giocatore 1 che trasmette a 2, nello spazio delimitato; 2 gioca palla verso 3, che si allontana dal cono e trasmette a 4; nel frattempo, il giocatore 2 si è mosso in avanti. 4 gioca 1-2 con il compagno 2 e riceve il passaggio di ritorno, in alto sulla fascia; ognuno di loro si sposta nella posizione successiva (da 1 a 2, da 2 a 3, da 3 a 4, da 4 alla posizione iniziale).

L'esterno alto crossa palla verso i 3 attaccanti blu, che si muovono all'interno dell'area di rigore (verso il primo palo, sul secondo e sul dischetto del rigore). Gli attaccanti sanno calibrare i tempi dei loro movimenti, per inserirsi al momento giusto e concludere?

Se un difensore conquista palla o quest'ultima esce dal gioco, l'esercitazione ricomincia dall'inizio; dopo 10 tentativi, gli attaccanti vengono cambiati, per consentire ad altri giocatori di sperimentare questi movimenti offensivi.

È consigliabile utilizzare una lavagna tattica per chiarire i movimenti da compiere, così come rinforzare la loro comprensione, giocando inizialmente con le mani, per capire la sequenza dei passaggi.

Inizialmente non si applica la regola del fuorigioco, che viene inclusa nelle regole, quando la sequenza viene svolta in modo corretto; l'allenatore deve essere ben posizionato per gestirla. I difensori devono agire seguendo i principi di tattica collettiva in fase di non possesso. Quando gli attaccanti vengono cambiati, i giocatori devono essere riuniti insieme per porre domande, richiedere loro risposte e rivedere ciò che hanno fatto bene e cosa va migliorato.

Progressione: una rete segnata, usando uno qualsiasi dei 3 movimenti offensivi chiave (primo palo, secondo palo e dischetto del rigore), vale 3 punti, mentre tutte le altre reti valgono 1 punto. I giocatori devono tenere conto dei propri punti guadagnati.

Attenzione a

1. I 3 attaccanti (A, B e C) coordinano efficacemente i movimenti per smarcarsi e creare opportunità di conclusione, attraverso i 3 movimenti chiave? Incrociano, ad esempio, sul primo e sul secondo palo?
2. Gli attaccanti sanno variare i loro movimenti offensivi, per evitare di effettuare lo stesso tipo di corsa?
3. I movimenti sono tempestivi, cosicché gli attaccanti arrivino nello spazio per concludere?
4. L'attaccante accelera verso il primo palo per provare a terminare la sua corsa più o meno "in linea" con esso?
5. Gli attaccanti sanno comunicare correttamente, attraverso un segnale verbale o visivo, ad esempio un segno della mano, per mostrare dove vogliono ricevere un cross o un passaggio tagliato indietro?
6. I cross o i passaggi tagliati indietro, verso gli attaccanti, sono giocati nello spazio per il ricevente?
7. Gli attaccanti sono in grado di stabilire un contatto visivo, utilizzarlo per coordinare le azioni e "fintare" le loro intenzioni?
8. Gli attaccanti sanno "evitare la trappola del fuorigioco", una volta che la regola viene applicata?
9. Gli attaccanti sono consapevoli delle "opzioni secondarie", ovvero muoversi in avanti nel caso in cui il portiere respinga una conclusione e si presenti l'opportunità di calciare da distanza ravvicinata?

ESERCITAZIONI PER I CONTRATTACCHI

Esercitazione 6 c 6 per creare continui duelli 2 c 1 in fase offensiva e di contrattacco

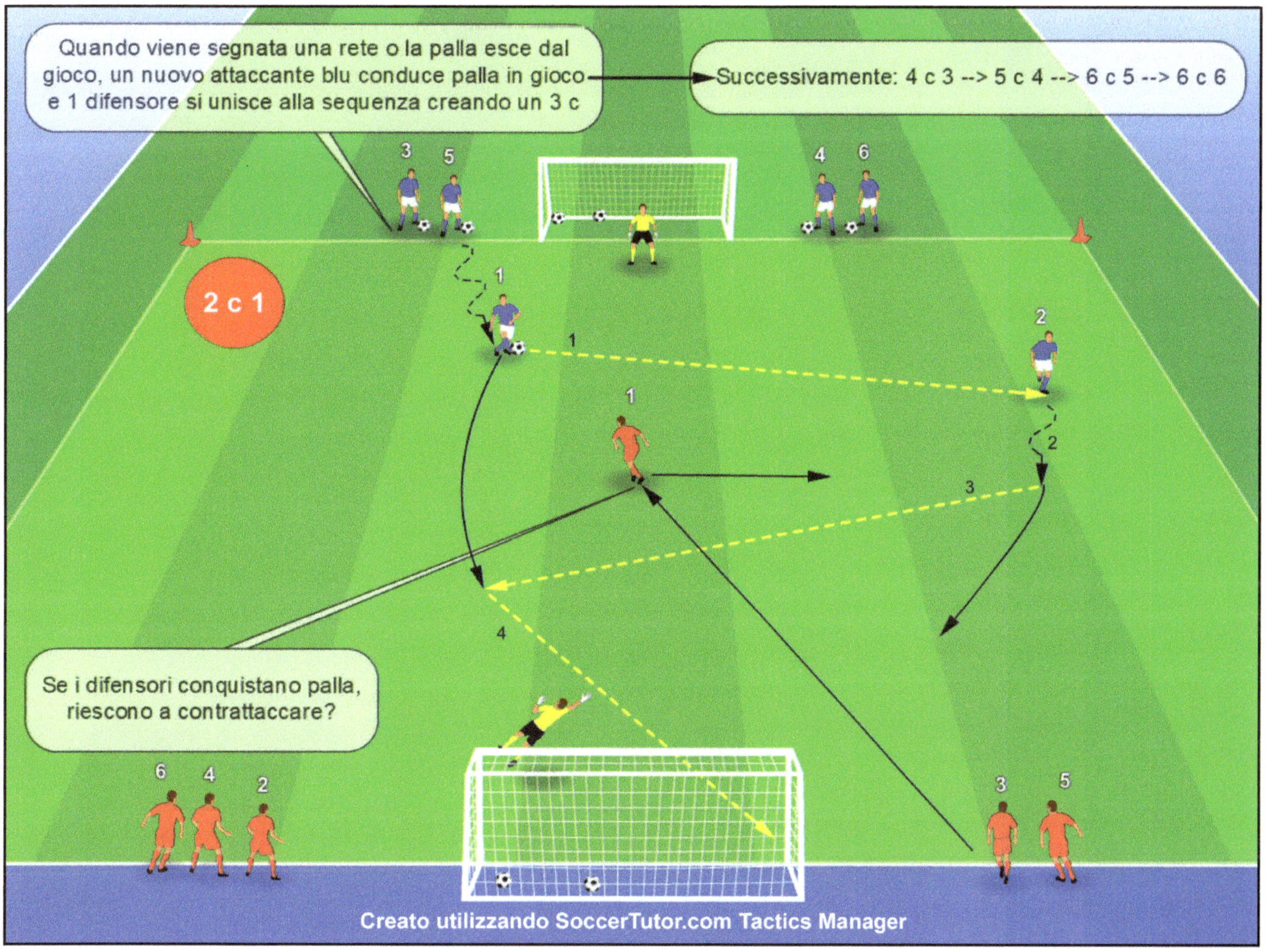

Organizzazione dell'esercitazione

All'interno di un'area di 40 x 40 m, vengono posizionate 2 porte con i portieri e agiscono 2 squadre formate da 6 giocatori numerati. Si svolge un'esercitazione, ad alti ritmi, con una situazione 2 c 1 a favore della squadra blu, la quale attacca e cerca di concludere e segnare. Quando viene segnata una rete o la palla esce dal campo, un nuovo attaccante blu conduce per metterne in gioco un'altra e 1 difensore rosso si unisce alla sequenza, per creare una situazione 3 c 2, sempre con gli attaccanti in superiorità numerica. L'esercitazione continua allo stesso modo, giocando 4 c 3, 5 c 4, 6 c 5, 6 c 6. Gli attaccanti sono in grado di combinare, per creare opportunità di conclusione? I difensori riescono a contrastarli per conquistare palla e contrattaccare?

È consigliabile utilizzare una lavagna tattica per chiarire le possibili combinazioni tra i giocatori e rinforzare la loro comprensione, completando le sequenze, inizialmente, con le mani. Nelle prime fasi non si applica la regola del fuorigioco che, una volta raggiunto un livello corretto di svolgimento, viene, invece, inclusa. I difensori devono agire seguendo i principi di gioco in fase di non possesso. Porre domande e richiedere risposte ai giocatori, per valutare cosa è stato fatto in modo corretto e cosa deve essere migliorato.

Attenzione a

1. I giocatori sanno coordinare i movimenti per trovare spazio, combinare e creare opportunità di conclusione?
2. I movimenti offensivi sono eseguiti in modo tempestivo, così i giocatori arrivano nello spazio cercando di concludere?
3. Sono creativi dal punto di vista motorio, per smarcarsi dai difensori e superarli in possesso palla?
4. Sanno calciare dalla distanza e in anticipo appena possibile? Sono consapevoli delle "opportunità secondarie"?

Esercitazione attacco contro difesa: 3 c 1 (+2 giocatori in ripiegamento)

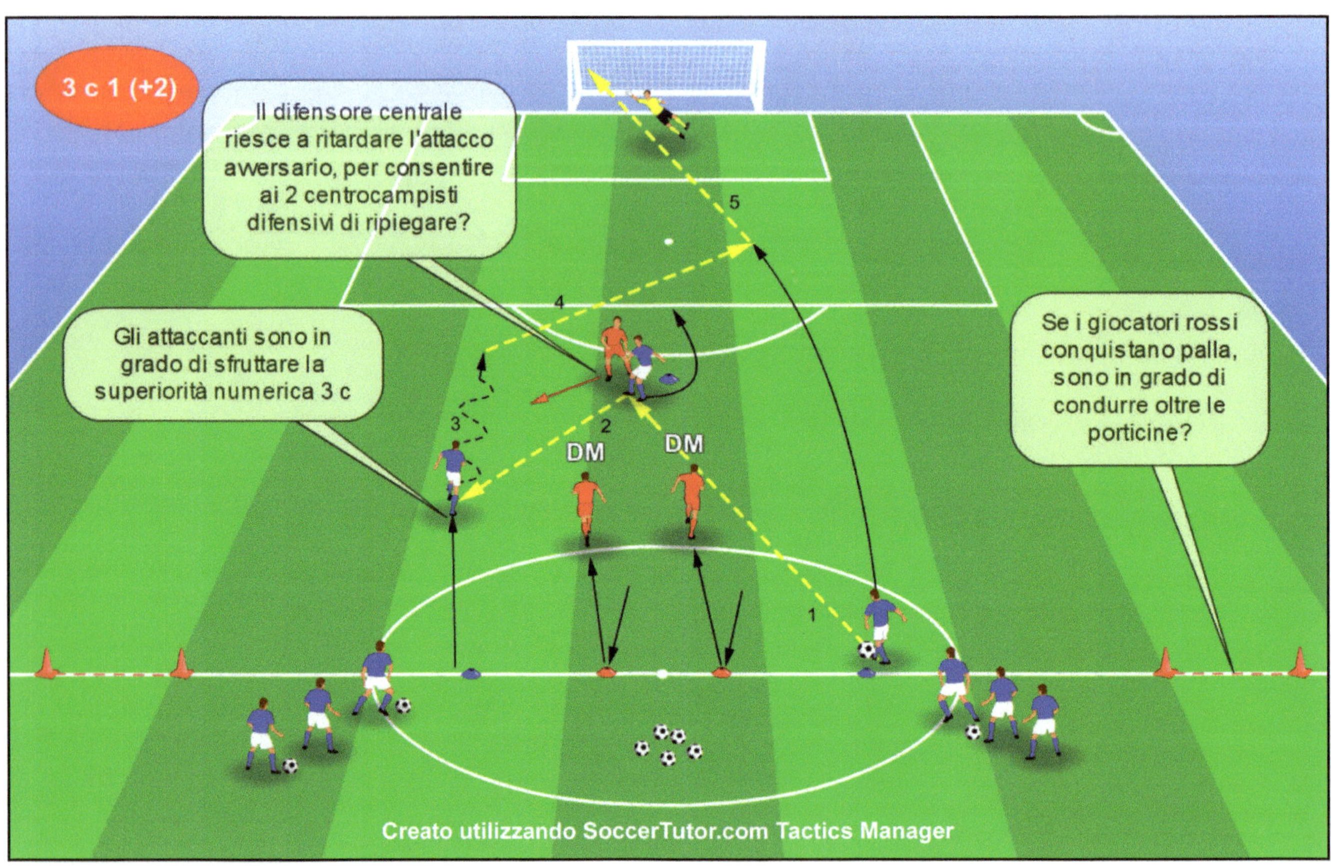

Organizzazione dell'esercitazione

All'interno di una metà campo, vengono posizionati 2 coni rossi e 3 coni blu, come mostrato in figura e 2 porte formate sempre con coni, sulla linea di metà campo. 1 attaccante blu e 1 difensore rosso sono posizionati vicino all'area di rigore; inoltre, 2 centrocampisti offensivi blu e 2 centrocampisti difensivi rossi sono sulla linea di metà campo.

L'esercitazione inizia da un centrocampista blu che trasmette palla,, in avanti, verso l'attaccante e da una situazione iniziale 3 c 1. I 2 centrocampisti difensivi rossi, in recupero, devono ripiegare di 2 m, fino alla linea di metà campo, come mostrato, prima di muoversi per riprendere le posizioni difensive ed affrontare gli avversari, se riescono.

I giocatori blu devono attaccare combinando con ritmo, precisione e movimenti ben coordinati, cercando di concludere. Se riescono ad attaccare e concludere velocemente, i centrocampisti difensivi rossi non saranno in grado di recuperare in tempo le posizioni. Se i difensori recuperano palla, devono cercare di condurre attraverso una delle porticine formate dai coni (1 punto). Se la palla esce dal gioco, l'esercitazione ricomincia dall'inizio con la coppia di centrocampisti blu successiva. Il ruolo dell'attaccante deve essere cambiato spesso e i giocatori sono limitati a 1, 2 o 3 tocchi palla, secondo età e livello.

Attenzione a

1. L'attaccante riesce a giocare palla verso un compagno a supporto e tutti e 3 sanno combinare efficacemente?
2. Sono in grado di sperimentare i movimenti offensivi chiave, per esempio, giocare venendo incontro, la corsa del terzo uomo, a incrociare, rotazioni laterali ecc.?
3. L'attaccante sa smarcarsi dal difensore, per creare spazio, ricevere il passaggio in posizione laterale e girarsi, cercando di superare il difensore? In caso contrario, è in grado di impostare e girarsi?
4. L'attaccante si muove in ampiezza, sulla destra o sulla sinistra, per attirare un difensore e creare spazio per i compagni di squadra che avanzano?
5. Osservare e dare feedbacks positivi ai giocatori, in occasione delle combinazioni riuscite, che terminano con una rete o un tentativo di conclusione in porta.

PROGRESSIONE

Esercitazione attacco contro difesa: 6 c 2 (+3 giocatori in ripiegamento)

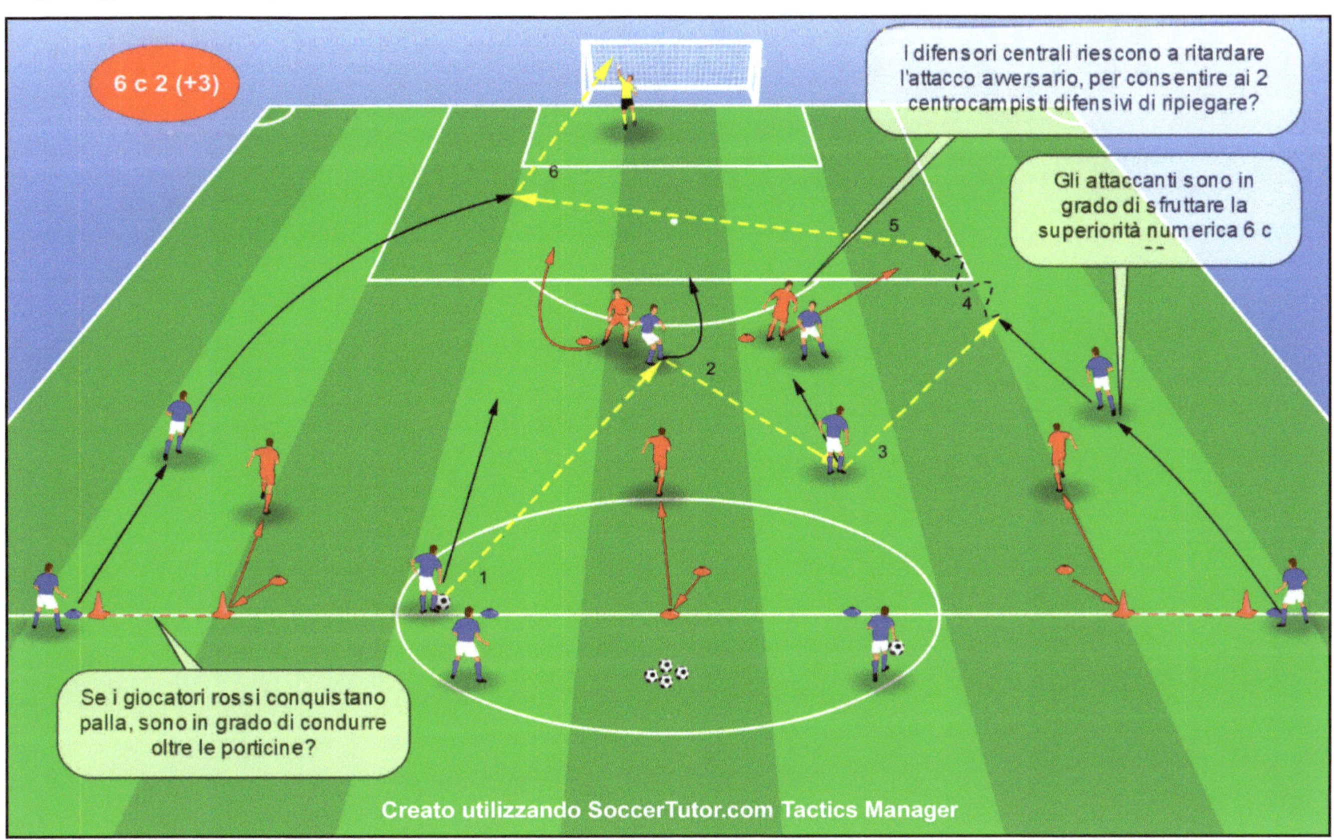

Organizzazione dell'esercitazione

Questa esercitazione è una progressione della precedente, in cui vengono aggiunti 2 esterni alti e 1 attaccante (Num.10), per la squadra blu e 1 difensore e 1 centrocampista in ripiegamento, per la squadra rossa; quindi la proposta diventa un'esercitazione 6 c 2 (+3). Tutti i giocatori iniziano la sequenza dalle posizioni dei coni, come mostrato.

L'esercitazione funziona allo stesso modo e inizia con uno dei centrocampisti blu, che trasmette verso un attaccante; questa volta, 6 giocatori, inclusi 2 esterni alti, cercano di attaccare e concludere rapidamente.

Il posizionamento dei 3 centrocampisti difensivi rossi, in recupero, viene cambiato, ma devono sempre tornare indietro di 2 m, fino alla linea di metà campo, come mostrato, prima di ripiegare per recuperare le posizioni difensive e contrastare gli avversari.

Attenzione a

1. L'attaccante riesce a giocare palla verso un compagno a supporto?.
2. I 6 attaccanti sanno combinare efficacemente ad alti ritmi e concludere?
3. I giocatori devono essere limitati a 1, 2 o 3 tocchi, in modo che costruiscano la fase offensiva con ritmo e velocità.
4. Sono in grado di sperimentare i movimenti offensivi chiave, per esempio, giocare venendo incontro, la corsa del terzo uomo, a incrociare, rotazioni laterali ecc.?
5. L'attaccante riesce a smarcarsi dal suo avversario per creare spazio, ricevere un passaggio in posizione laterale e girarsi per superare il difensore? In caso contrario, è in grado di impostare e girarsi?
6. L'attaccante si muove in ampiezza, sulla destra o sulla sinistra per attirare un difensore e creare spazio per i compagni di squadra che avanzano?
7. Osservare e dare feedback positivi ai giocatori, in occasione delle combinazioni riuscite che terminano con una rete o un tentativo di conclusione in porta.

ESERCITAZIONI PER IL TIRO IN PORTA

Esercitazione a coppie per concludere: girarsi e calciare in porta

1 di 4

A gioca palla di mano a B che trasmette indietro di testa oltre A.
A è in grado di girarsi e segnare una rete calciando al volo?

Creato utilizzando SoccerTutor.com Tactics Manager

Organizzazione dell'esercitazione

In questa esercitazione per il tiro in porta, i giocatori sono organizzati a coppie, al di fuori dell'area di rigore, come mostrato; quelli in possesso palla (A), dando le spalle alla porta, e la lanciano con le mani ai compagni della fila B, i quali trasmettono indietro di testa.

- I giocatori della fila A riescono a girarsi e a calciare in porta al volo dopo un solo rimbalzo della palla?

Le coppie di giocatori si alternano e ruotano dopo ogni sequenza di conclusioni, per consentire a tutti di migliorare nel fondamentale tecnico del tiro e, per aggiungere un elemento competitivo, possono tenere il conto del numero di goal segnati, ogni 3 o 4 tentativi. Dopo ogni sequenza, i giocatori devono essere raggruppati per porre domande e richiedere risposte, valutando ciò che è stato fatto correttamente, cosa potrebbe essere migliorato e gli elementi allenanti.

Attenzione a

1. La coppia di attaccanti è in grado di stabilire un contatto visivo per coordinare le azioni e "fintare" le intenzioni?
2. L'attaccante si gira in modo corretto, aprendo il corpo e sa valutare la traiettoria della palla?
3. Riesce a vedere la posizione del portiere rispetto alla porta, per valutare dove indirizzare il tiro?
4. È in grado di posizionarsi rapidamente nel "punto di caduta della palla" e di "allinearsi" per colpirla in modo pulito, dopo il rimbalzo?
5. È attento a non inclinare il corpo indietro mentre la palla è in volo? (altrimenti rischia di "mandarlo" sopra la traversa).
6. Riesce a posizionare il suo "piede portante" in modo che la punta si allinei con l'area verso cui calciare?
7. Rilassa i muscoli per produrre una forza esplosiva, facendo oscillare la gamba in modo controllato per colpire la palla?

Combinazioni di gioco rapide per concludere attraverso i "movimenti del 3° uomo"

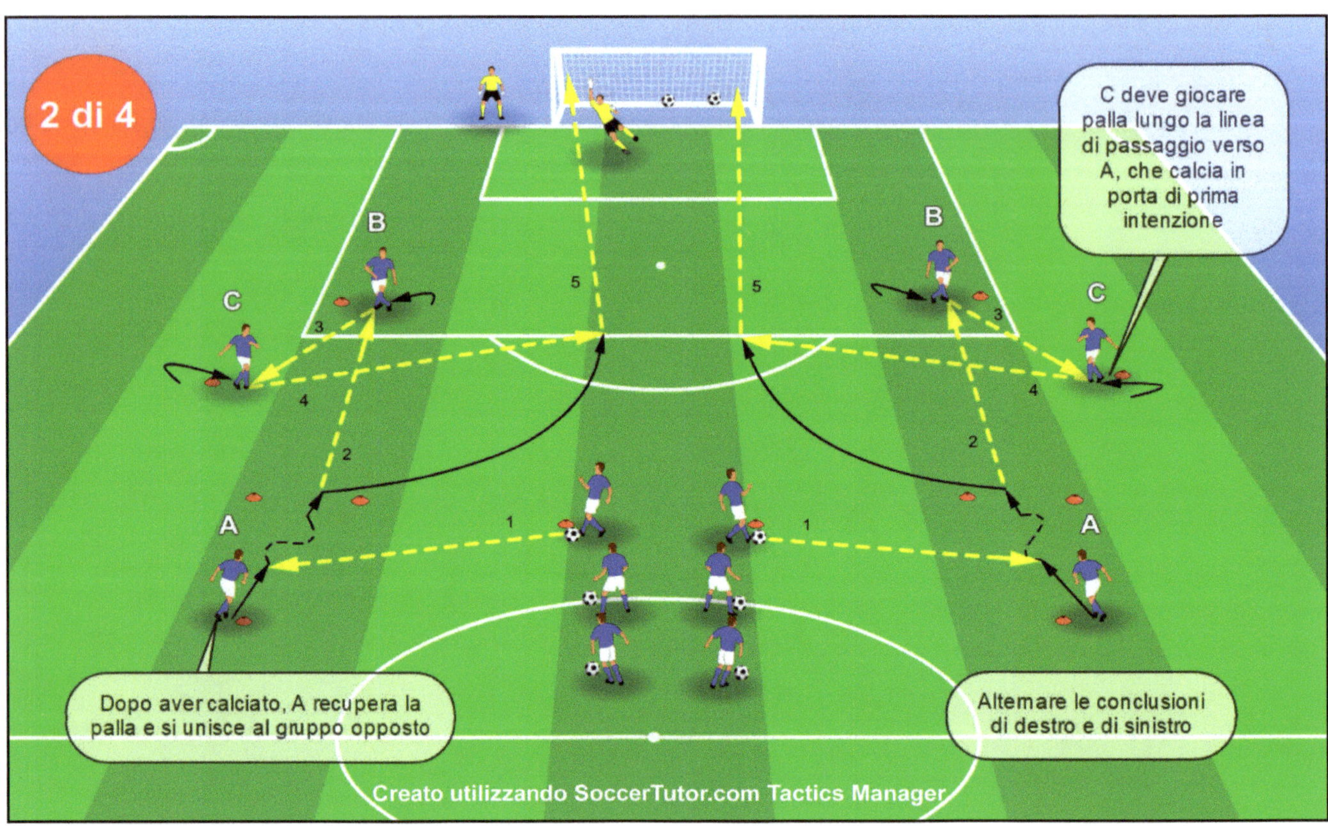

Organizzazione dell'esercitazione

All'interno di una metà campo agiscono 2 gruppi di attaccanti; i giocatori A, B e C combinano per impostare opportunità di conclusione. Il primo giocatore trasmette palla sulla linea di passaggio verso A, che controlla in avanti e trasmette a B e si muove, curvando la corsa in avanti, verso l'area di rigore. B gioca palla indietro verso C, che trasmette lungo la linea di passaggio verso A, il quale calcia in porta, cercando di segnare.

Tutti i giocatori si muovono verso la posizione successiva; il primo giocatore verso la posizione di A, da A a B e da B a C. Il giocatore C recupera palla e torna verso la posizione iniziale.

Alternare le sequenze tra i gruppi sul lato sinistro e sul lato destro; dopo 5'/10', i gruppi scambiano la posizione, in modo che i giocatori possano calciare con entrambi i piedi; inoltre possono tenere conto di quanti goal segnano.

È consigliabile utilizzare una lavagna tattica per chiarire l'organizzazione dell'esercitazione. Quando i gruppi di destra e di sinistra si scambiano, porre domande e richiedere risposte per verificare cosa è stato fatto bene e cosa potrebbe essere migliorato.

Attenzione a

1. I 3 attaccanti (A, B e C) sanno combinare di prima intenzione, per creare una chiara opportunità di conclusione?
2. L'attaccante riesce a calibrare la corsa, arcuandola, per creare spazio, ricevere e calciare in porta di prima intenzione?
3. È in grado di vedere la posizione del portiere rispetto alla porta, per valutare dove indirizzare il tiro?
4. Si posiziona rapidamente nel "punto di caduta della palla" e di "allinearsi" per colpirla in modo pulito, dopo il rimbalzo?
5. Si assicura di non inclinare il corpo indietro durante la conclusione? (altrimenti rischia di "mandarlo" sopra la traversa).
6. Per avere più potenza nel tiro, i giocatori sono in grado di guidare e controllare il piede verso la palla, fino al punto in cui lascia il terreno? L'attaccante è consapevole delle "opportunità secondarie"?

VARIANTE

Combinazioni di gioco rapide per concludere attraverso le "sovrapposizioni"

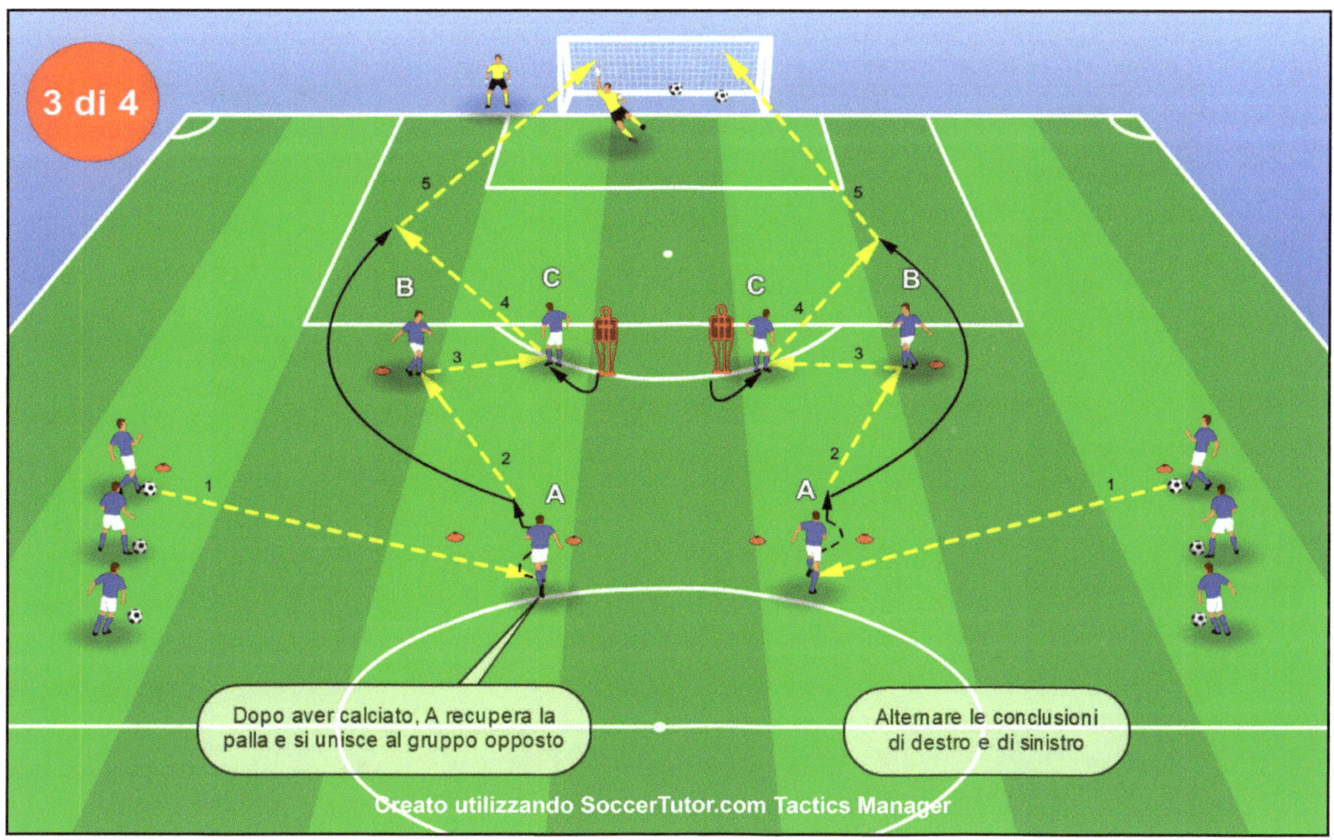

Organizzazione dell'esercitazione

Questa esercitazione è una variante della precedente, ma vengono modificati la posizione di partenza del primo passaggio e dei coni, come mostrato in figura. Il giocatore C inizia accanto alla sagoma e vengono applicate le stesse regole.

Il primo giocatore trasmette palla lungo la linea di passaggio verso A, che tocca in avanti, gioca a B e si sovrappone in area di rigore. B passa a C, che trasmette lungo la linea di passaggio verso A, il quale calcia in porta, cercando di segnare.

Tutti i giocatori si portano poi verso la posizione successiva. Il primo giocatore trasmette verso A, da A a B e da B a C, che recupera la palla e torna verso la posizione iniziale. Dopo 5'/10', i gruppi di destra e di sinistra vengono scambiati in modo che i giocatori possano calciare con entrambi i piedi.

Attenzione a

1. Tutti gli elementi allenanti dell'esercitazione precedente sono presenti anche in questa variante.
2. Il passaggio del giocatore A diventa il primo passo della sua corsa, in modo che possa accelerare per sovrapporsi rapidamente, lateralmente al giocatore B, ricevere il passaggio di ritorno da C e calciare di prima intenzione?
3. L'attaccante riesce a prendere la decisione giusta, mentre calcia, cioè se "piazzare" palla di piatto o "calciare di potenza" con il collo del piede?

Combinazioni rapide per concludere attraverso "giocate e movimenti per girarsi"

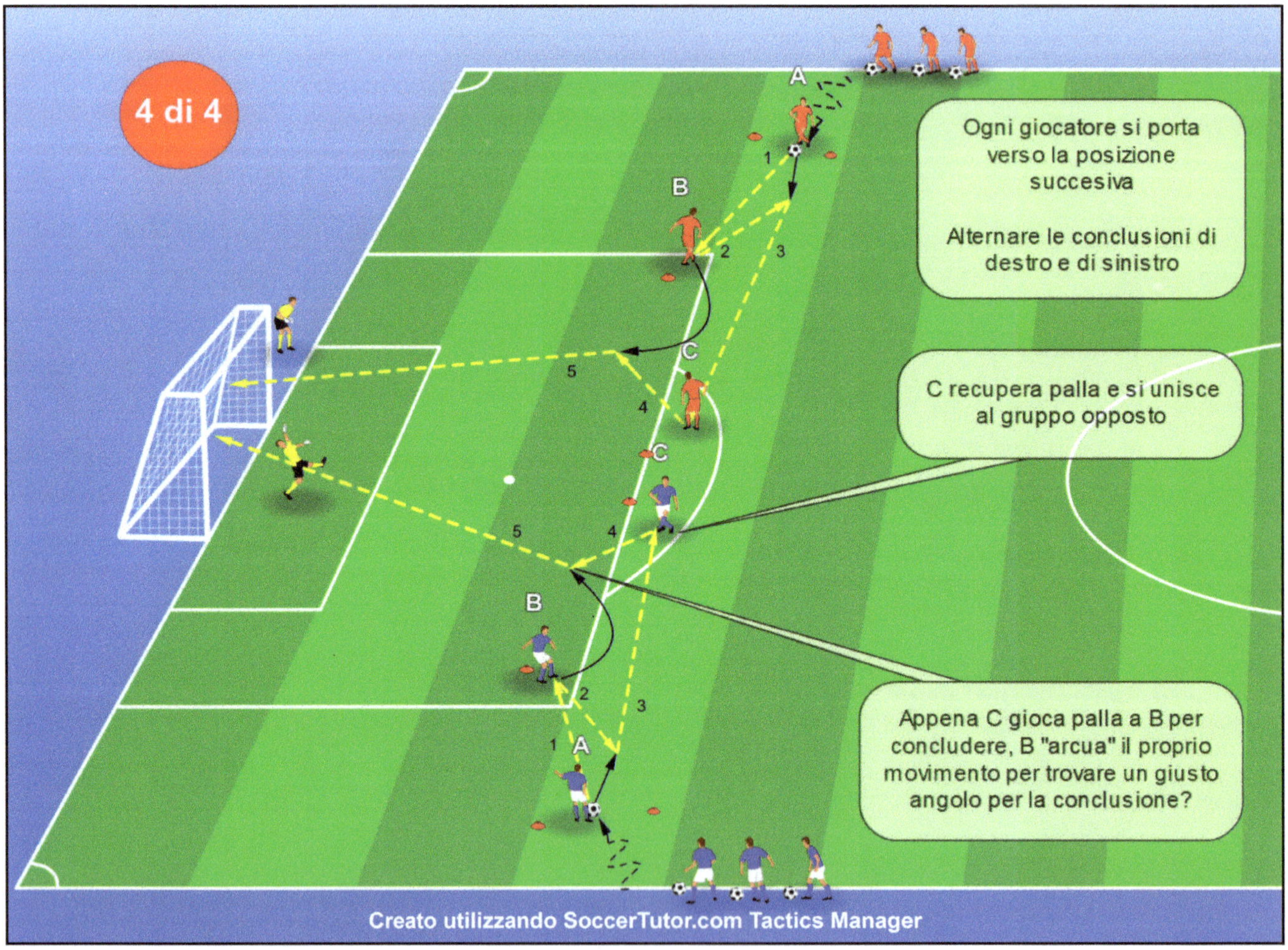

4 di 4

Ogni giocatore si porta verso la posizione succesiva

Alternare le conclusioni di destro e di sinistro

C recupera palla e si unisce al gruppo opposto

Appena C gioca palla a B per concludere, B "arcua" il proprio movimento per trovare un giusto angolo per la conclusione?

Creato utilizzando SoccerTutor.com Tactics Manager

Organizzazione dell'esercitazione

2 gruppi di attaccanti sono posizionati su entrambi i lati dell'area di rigore; A, B e C combinano per impostare opportunità di conclusione. A gioca 1-2 con B, riceve il passaggio di ritorno indietro e passa a C; nel frattempo, B si è girato per ricevere la trasmissione successiva da C e per calciare in porta, cercando di segnare una rete.

Tutti i giocatori si muovono verso la posizione successiva, da A a B, da B a C e il giocatore in posizione C, in precedenza, recupera la palla e torna al punto iniziale. Alternare le conclusioni provenienti dal gruppo sul lato sinistro e dal gruppo sul lato destro. Dopo 5'/10', i gruppi vengono scambiati, in modo che i giocatori possano calciare con entrambi i piedi, tenendo il conto di quanti goal segnano.

È consigliabile utilizzare una lavagna tattica per chiarire l'organizzazione dell'esercitazione. Quando i gruppi di destra e di sinistra si scambiano, porre domande e richiedere risposte ai giocatori, per verificare cosa hanno fatto bene e cosa potrebbe essere migliorato.

Attenzione a

1. I 3 attaccanti (A, B e C) riescono a combinare di prima intenzione, per creare una chiara opportunità di conclusione?
2. Chi calcia in porta riesce a muoversi efficacemente, arcuandolo la corsa, per creare spazio, ricevere e calciare di prima intenzione?
3. L'attaccante è in grado di vedere la posizione del portiere rispetto alla porta, per valutare dove indirizzare il suo tiro?
4. Si assicura di non inclinare il corpo indietro durante la conclusione?
5. Per avere più potenza nel tiro, i giocatori sono in grado di guidare e controllare il piede verso la palla, fino al punto in cui lascia il terreno?

CAPITOLO 4

SESSIONI DI ALLENAMENTO TECNICO INTEGRATIVE

SESSIONI DI ALLENAMENTO TECNICO INTEGRATIVE

Questa sezione del libro illustra alcune esercitazioni molto utili da usare regolarmente con i giocatori, se, come allenatore, l'intenzione è quella di creare una squadra in grado di controllare la partita, lavorando per raggiungere la più avanzata padronanza tecnica possibile con la palla. Inutile dire che dominare il possesso richiede giocatori dotati tecnicamente, consapevoli tatticamente e che lavorano tutti insieme. In altre parole, i migliori piani tattici diventano inutili, se ai giocatori manca la capacità tecnica di metterli in pratica, soprattutto quando sono sotto la pressione psicologica della partita.

Con questo obiettivo generale in mente, la semplice proposta di esercitazioni tecniche "generiche" potrebbero essere di più facile comprensione per i giocatori.

Ma è importante che ci sia una reale comprensione di ciò che l'esercitazione allena, in base alle esigenze dei giocatori, individualmente e collettivamente e deve anche avere un obiettivo dal un punto di vista tattico e specifico del gioco. Quindi, ognuna delle esercitazioni che seguono è ideata con un scopo specifico, per rendere i giocatori abili e consapevoli delle loro capacità di controllo palla, di passaggio e di movimento vicino o lontano dalla palla stessa. Sperimentando queste esercitazioni tecniche, e le molte altre presentate in questo libro, e combinandole con le molte opzioni tattiche definite, la squadra possiede una vasta gamma di soluzioni possibili, per vincere le partite.

Queste esercitazioni possono essere utilizzate durante le sessioni di allenamento o in fase di attivazione, prima delle partite. È comunque consigliabile selezionare le proposte in base alle esigenze momentanee dei giocatori. Ad esempio, se ci sono difficoltà nel cambio di gioco efficace e la squadra tende a giocare nelle aree con più densità di giocatori, allora è consigliabile proporre esercitazioni sul cambio di lato, contro avversari in pressione alta.

Dipende tutto dalle capacità di osservazione e di analisi dell'allenatore. Nella mia esperienza, un buon allenatore deve distaccarsi dalle emozioni del gioco, in modo da concentrarsi, in gran parte, nel porsi domande su questioni tecniche e tattiche. Per esempio:

- La linea di difesa scala in avanti con il ritmo e lo scaglionamento adatti?
- I centrocampisti ruotano in modo intelligente per smarcarsi dagli avversari e si fanno trovare nello spazio per ricevere?
- La posizione del corpo è corretta? L'esterno alto si muove costantemente per agire da secondo attaccante?
- Quando possibile, i laterali bassi si sovrappongono in zone avanzate?

Questi sono i tipi di domande su cui gli allenatori dovrebbero riflettere durante le partire, per poi porle ai giocatori e far sì che rispondano attraverso la discussione e le prestazioni sul campo. Naturalmente, a livello di settore giovanile è una pratica consueta, ma perché non provare anche a livello di attività di base? E su questo c'è un chiaro consenso.

Nessuno vuole vedere un allenatore eccessivamente emotivo, che esercita una pressione negativa sui giocatori, che discute una decisione con l'arbitro o con l'altro allenatore. Questi comportamenti dicono tutto, di solito, sull'allenatore, che, probabilmente, non sta vedendo il quadro generale e non si sta concentrando sui molti aspetti tecnici e tattici del gioco; e diventa un problema, perché concentrarsi su questi problemi è il ruolo principale di chi non è ossessionato dal risultato, dalla vittoria che compromettono o indeboliscono certamente il potere di osservazione. Gli unici perdenti, a questo punto, diventano i giocatori e, ovviamente, l'allenatore stesso; nessuno impara nulla, le persone si arrabbiano inutilmente e la situazione può degenerare ulteriormente, con i genitori che ne prendono parte.

Chiedo scusa per questa digressione, ma succede e quindi ecco alcune semplici consigli: non arriviamo a questo punto! Come allenatore, con quella posizione di responsabilità, in un ruolo in cui si deve dare l'esempio e concentrarsi per aiutare i giocatori a migliorare, non si deve arrivare fino ad un punto simile, ma restare concentrati sull'aiutare i giocatori, sul loro miglioramento, sul loro apprendimento, attraverso le proprie conoscenze.

ALLENAMENTO DI CONDUZIONE E FINTE PER SUPERARE GLI AVVERSARI, TRASMISSIONI E POSSESSO PALLA

Conduzione e finte per superare l'avversario

Spesso il modo migliore, per una squadra, di creare spazio da attaccare in partita, è fare sì che i giocatori conducano palla, cambiando ritmo e velocità, per invitare la pressione degli avversari, che saranno probabilmente prima attirati e che cercheranno, poi, di chiudere lo spazio per recuperare il possesso.

Condurre palla in avanti può "richiamare" gli avversari davanti e dietro alla linea della palla; a questo punto, un movimento per superarne solo uno, può metterne, invece, fuori gioco un certo numero e creare spazio per la conclusione di un compagno di squadra. Tutti possiamo pensare ai migliori giocatori che agiscono in questo modo; in molte occasioni, sono proprio questi momenti, in cui la quantità di moto cambia improvvisamente e una difesa ben organizzata si trova improvvisamente "sfilacciata"; gli spazi per giocare si aprono, portando alla conclusione.

La qualità dei giocatori che puntano con sicurezza gli avversari e li superano è essenziale ed è altrettanto fondamentale dare loro le opportunità e l'incoraggiamento necessari per ***CONDURRE PALLA***, specialmente, nelle zone avanzate; devono ***MOSTRARE IL DESIDERIO DI VOLER SUPERARE GLI AVVERSARI***. Le esercitazioni contenute nella sezione "Conduzione e finte per superare l'avversario" sono proposte che hanno l'obiettivo di incoraggiare queste abilità.

Ricezione

La capacità di ricezione è essenziale, se i giocatori devono combinare efficacemente tra loro e devono riuscire a condurre palla in tutti i modi possibili, tenendola sotto controllo. Più allenano queste abilità e meglio è, soprattutto durante la fase di attivazione.

Per migliorare le capacità di ricezione, è necessario:

A) Sapersi "muovere lontano dalla palla", per trovare spazio e angolo più adatti possibili per ricevere un passaggio; per esempio, quando i giocatori sono marcati da un avversario, devono allontanarsi, creando così uno spazio per spostarsi rapidamente e ricevere ("muoversi per farsi vedere").

B) Allinearsi con la direzione del passaggio in arrivo, in modo da poter effettuare un primo tocco con la giusta qualità tecnica, sia per tenere palla in controllo, sia per trasmettere con efficacia (ad esempio, un passaggio di prima intenzione verso un compagno a supporto).

C) Posizionarsi in modo corretto con il corpo per ricevere la palla, secondo la situazione di gioco; ad esempio, cercando di ricevere "lateralmente", nello spazio, avendo la migliore visione del campo di gioco possibile.

D) Sperimentare, usando le diverse parti di entrambi i piedi (cioè interno, esterno, suola), la conduzione della palla, controllandola efficacemente, secondo la situazione di gioco.

E) In base a tutte le abilità elencate, i giocatori dovranno sviluppare una loro consapevolezza visiva, in modo che possano ritrovarsi in campo e anticipare la migliore opzione disponibile, quando ricevono palla. Idealmente, sarebbero in grado di prendere decisioni, mentre la palla si sta muovendo verso di loro? Quindi, ad esempio, se un avversario è in pressione sul lato destro, il primo tocco per portare via palla è direzionato verso sinistra?

Trasmissione e possesso

Per migliorare le combinazioni, i giocatori devono provare una vasta gamma di capacità di trasmissione palla, su diverse distanze (corto, medio e lungo raggio). Più si allenano, meglio è, preferibilmente in un contesto fatto di giochi competitivi; ad esempio, lavorando su abilità di passaggi (e movimenti) veloci, precisi e a corto raggio oppure facendo pratica per migliorare le trasmissioni a "medio" e "lungo raggio", per citarne solo alcuni.

Per quanto riguarda il possesso palla individuale, i giocatori hanno bisogno di essere abili nella conduzione a diverse velocità e distanze; devono essere incoraggiati ad affrontare gli avversari, cercando di superarli in modo efficace. È necessario proporre esercitazioni tecniche sulla guida della palla, per aiutarli a sviluppare velocità di giocata e rapidità nelle finte (ad esempio di corpo), per superare gli avversari. I giocatori non devono avere paura di fallire e provare le soluzioni individuali, in un ambiente che incoraggia la creatività e l'assunzione di rischi; in questo modo diventeranno più versatili, impareranno ad essere coraggiosi e avranno l'ambizione di agire in avanti nelle zone giuste, per contribuire a creare opportunità di conclusione.

Spetta all'allenatore offrire una gamma di esercitazioni diverse e impegnative, per aiutare i giocatori nello sviluppo di queste abilità fondamentali, ponendosi come guida per dare loro la libertà di scoprire nuove abilità individuali. Spero che le seguenti proposte siano di aiuto per raggiungere questi obiettivi.

Fare riferimento anche alla sezione su "Attenzione visiva e intelligenza di gioco" a pagina 155.

CONDUZIONE E FINTE PER SUPERARE GLI AVVERSARI

Tecnica individuale di base: varianti per il controllo della palla

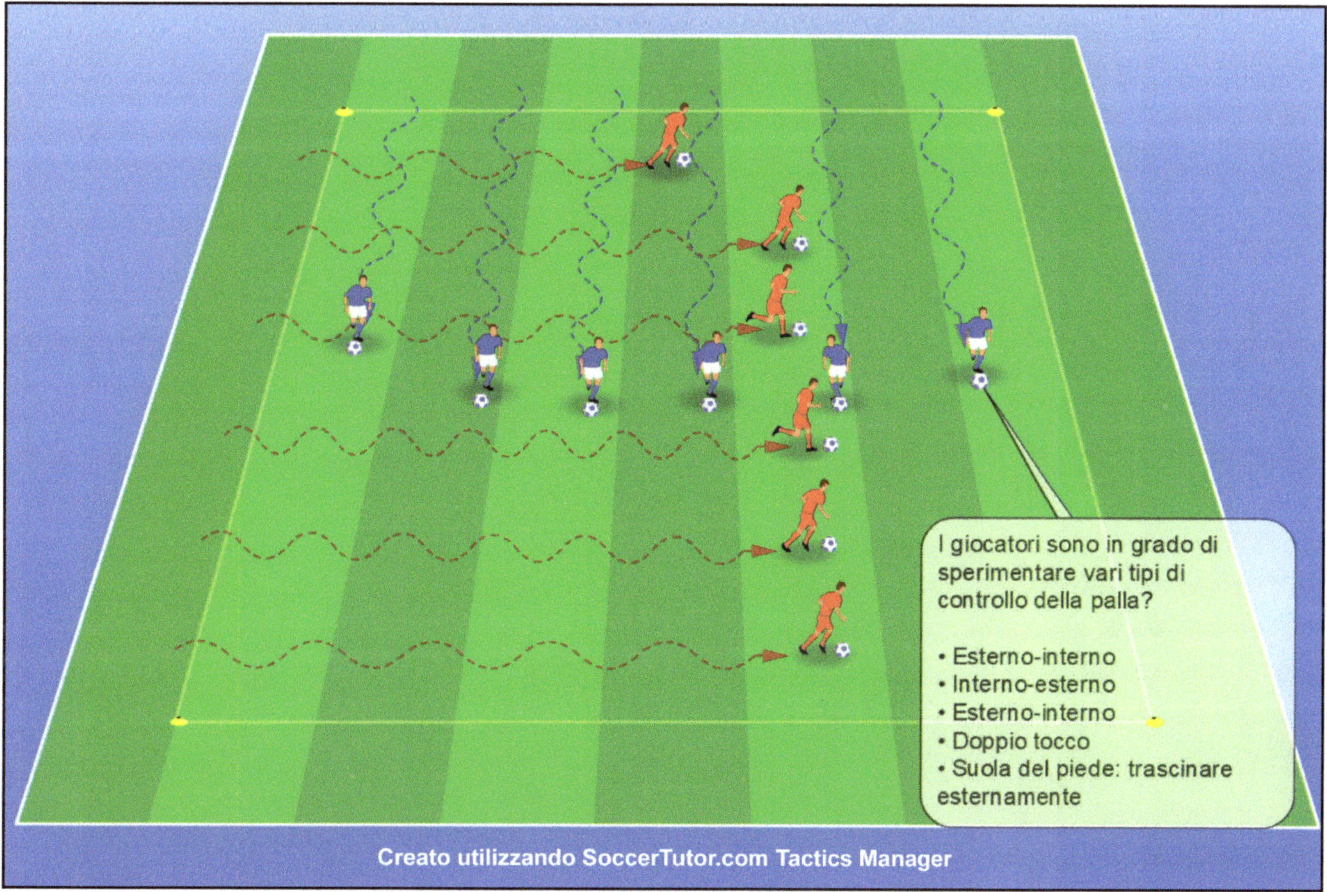

Organizzazione dell'esercitazione

2 gruppi di 6 o 7 giocatori sono posizionati all'interno di un'area di 40 x 40 m. Un gruppo conduce palla da destra a sinistra e, allo stesso tempo, l'altro conduce dall'alto verso il basso. I giocatori devono tenere la palla sotto stretto controllo, mostrando attenzione a ciò che li circonda.

Allenare la conduzione nei seguenti diversi modi:

- Esterno-interno del piede "forte" e di quello "debole".
- Interno-esterno del piede "forte" e di quello "debole".
- Dall'esterno-interno del piede destro all'esterno-interno del piede sinistro.
- Doppio tocco sulla palla verso l'esterno e 2 tocchi verso l'interno usando il piede forte.
- Doppi tocchi, come sopra, usando il "piede debole".
- Conduzione palla laterale con la suola del piede.
- Richiamo della palla indietro, alternando il piede destro e il sinistro.

Attenzione a

1. I giocatori sono attenti a ciò che succede davanti e dietro di loro, per evitare di scontrarsi o perdere il controllo della palla?
2. Riescono a tenere palla sotto stretto controllo, toccandola il maggior numero di volte possibile, mentre conducono in avanti?
3. Riescono a mantenere alta la testa il più possibile, mantenendo un buon controllo?
4. Sanno condurre in avanti ad alti ritmo e velocità, utilizzando entrambi i piedi?
5. Sanno "proteggere palla abbassando le spalle", mentre cambiano direzione? Lavorano sulle "finte di corpo", come parte del movimento per superare un avversario.

PROGRESSIONE
Esercitazione a "T" con finte per superare l'avversario

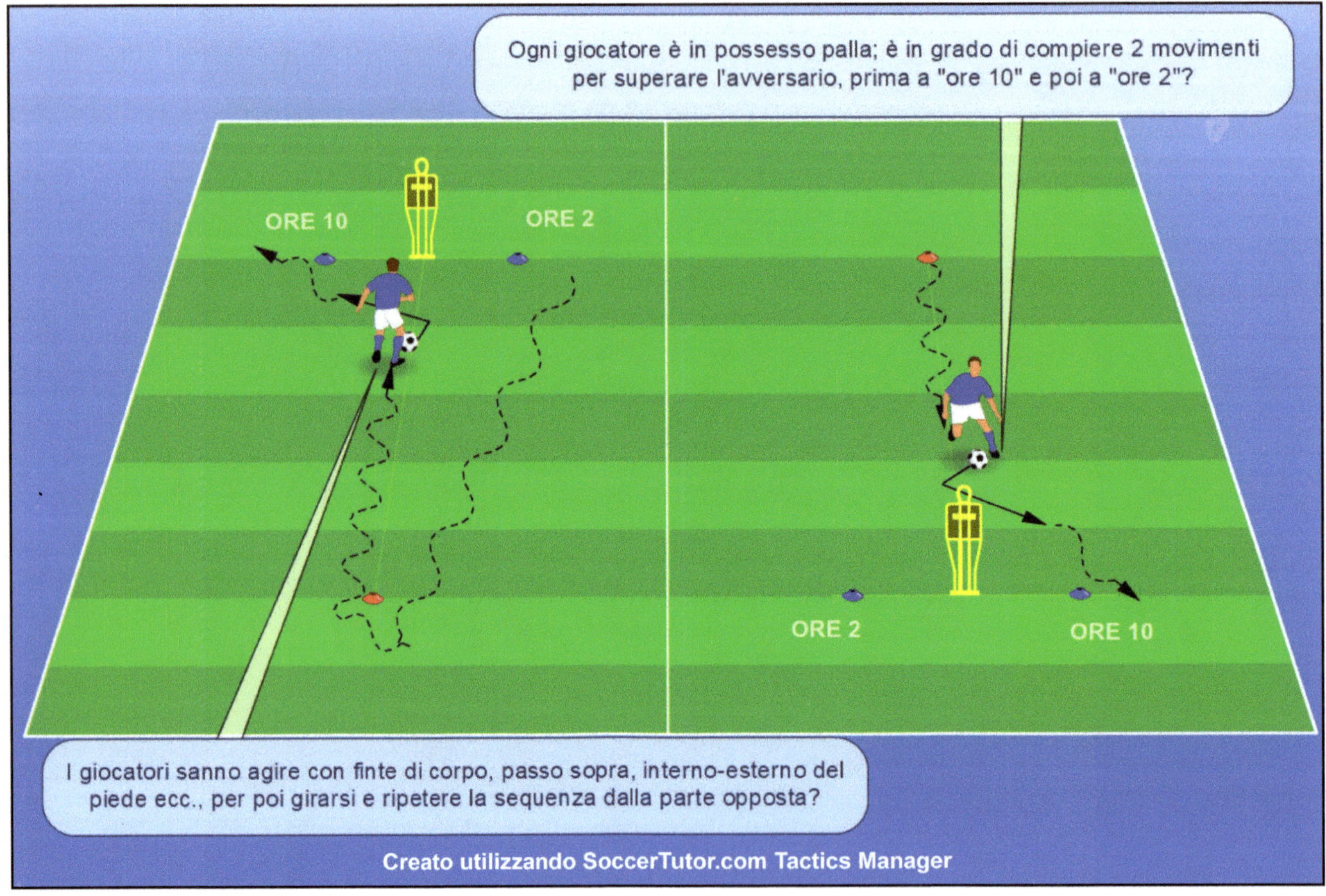

Organizzazione dell'esercitazione

In questa esercitazione ogni giocatore descrive una "T" all'interno di uno spazio e in conduzione palla, come mostrato. È importante spiegare che la "T" rappresenta un avversario e i coni blu sono l'estensione delle gambe. Le distanze vanno regolate in base all'età e alle capacità dei giocatori.

- I giocatori sanno "muoversi per superare" un avversario verso sinistra a "ore 10" e a destra a "ore 2"?
- Dopo aver "superato l'avversario", conducendo oltre la sagoma, i giocatori devono girare intorno al cono rosso opposto, prima di effettuare un'altra "finta" per superare nuovamente la sagoma.
- I giocatori sono in grado di eseguire e perfezionare almeno 2 "finte personali", per superare gli avversari, a "ore 10" e a "ore 2"?

Questa è una buona proposta da 10' per i giocatori. Dopo 3', si può fare una pausa e chiedere ad alcuni giocatori di dimostrare una delle loro "finte personali", perchè tutti possano imparare l'uno dall'altro.

Attenzione a

1. I giocatori sanno tenere palla sotto stretto controllo, mentre si muovono ad alti ritmi?
2. Usano finte di corpo prima di muoversi per superare l'avversario? Sanno proporre il "passo-sopra"?
3. Sanno eseguire movimenti a una distanza efficace, non troppo lontano, non troppo vicino?
4. Cambiano passo, rallentando per poi accelerare (e viceversa) prima di fintare?
5. Si girano rapidamente dopo aver eseguito una finta?
6. Muovono palla tra i piedi rapidamente, ad esempio tra i 2 piedi, oppure esterno-interno di 1 piede per fintare?
7. Sanno fintare con il piede "forte" e quello "debole"?
8. Si muovono rapidamente con un doppio tocco palla, usando 1 oppure entrambi i piedi? (2 tocchi leggeri di palla).

PROGRESSIONE

Esercitazione continua con finte per superare l'avversario

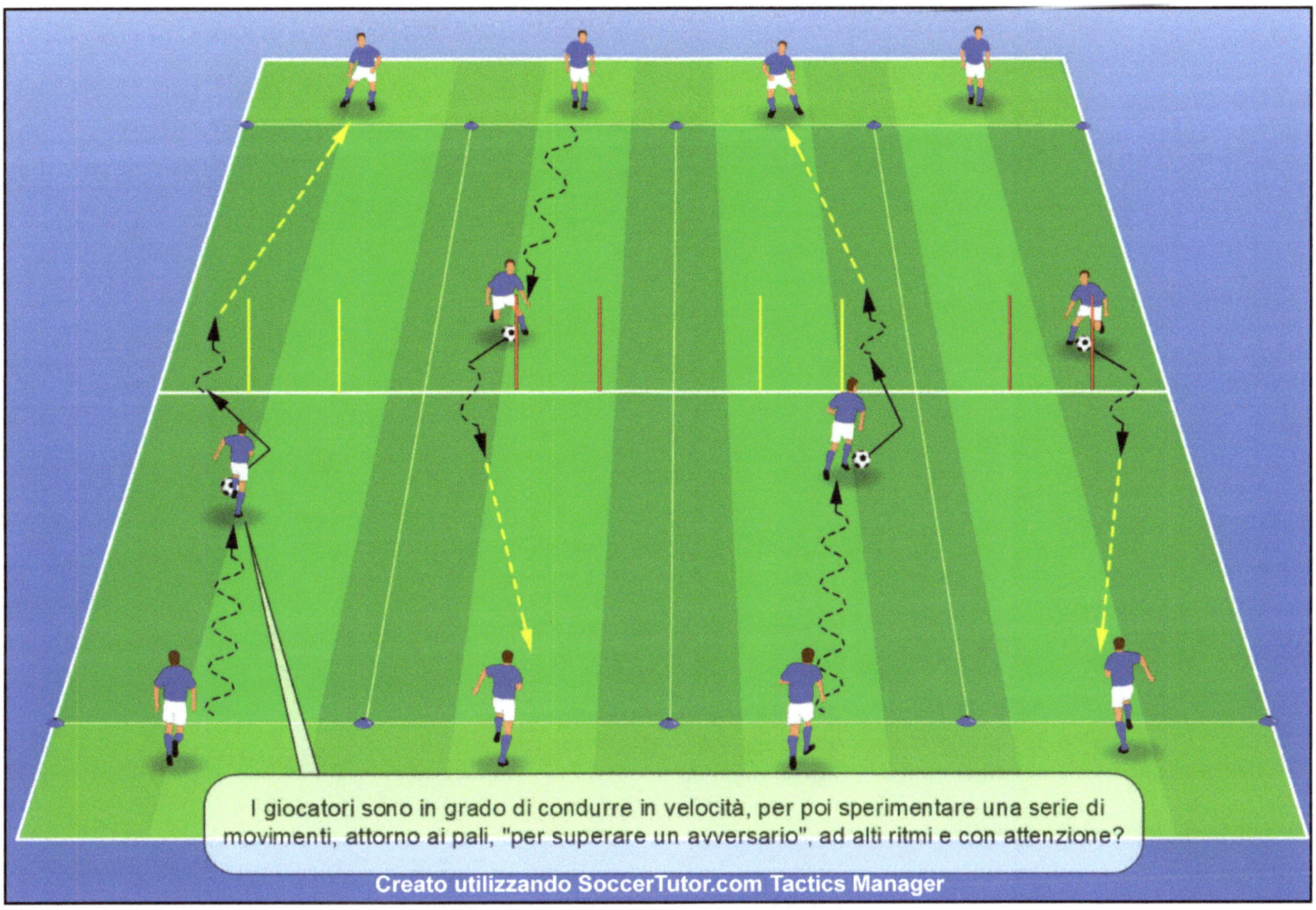

I giocatori sono in grado di condurre in velocità, per poi sperimentare una serie di movimenti, attorno ai pali, "per superare un avversario", ad alti ritmi e con attenzione?

Creato utilizzando SoccerTutor.com Tactics Manager

Organizzazione dell'esercitazione

I giocatori sono raggruppati a 3, con 1 palla per ciascun gruppo, all'interno di un'area di 20 x 40 m. 2 paletti o coni sono posizionati al centro di ogni spazio, come mostrato in figura.

2 giocatori partono da una metà, il terzo dalla parte opposta. Il primo giocatore conduce palla in avanti e compie "una finta" all'esterno di uno dei pali, sia a sinistra che a destra; trasmette quindi al compagno di squadra sul lato opposto, prima di scambiare le posizioni. Il ricevente ripete la stessa sequenza nella direzione opposta e l'esercitazione continua.

I giocatori devono compiere movimenti e finte in serie, mantenendo sempre ritmo ed attenzione.

Gli elementi allenanti e su cui porre l'attenzione sono gli stessi della proposta precedente.

PROGRESSIONE
Duelli 1 c 1 continui e conclusione: "Gara tra Gladiatori"

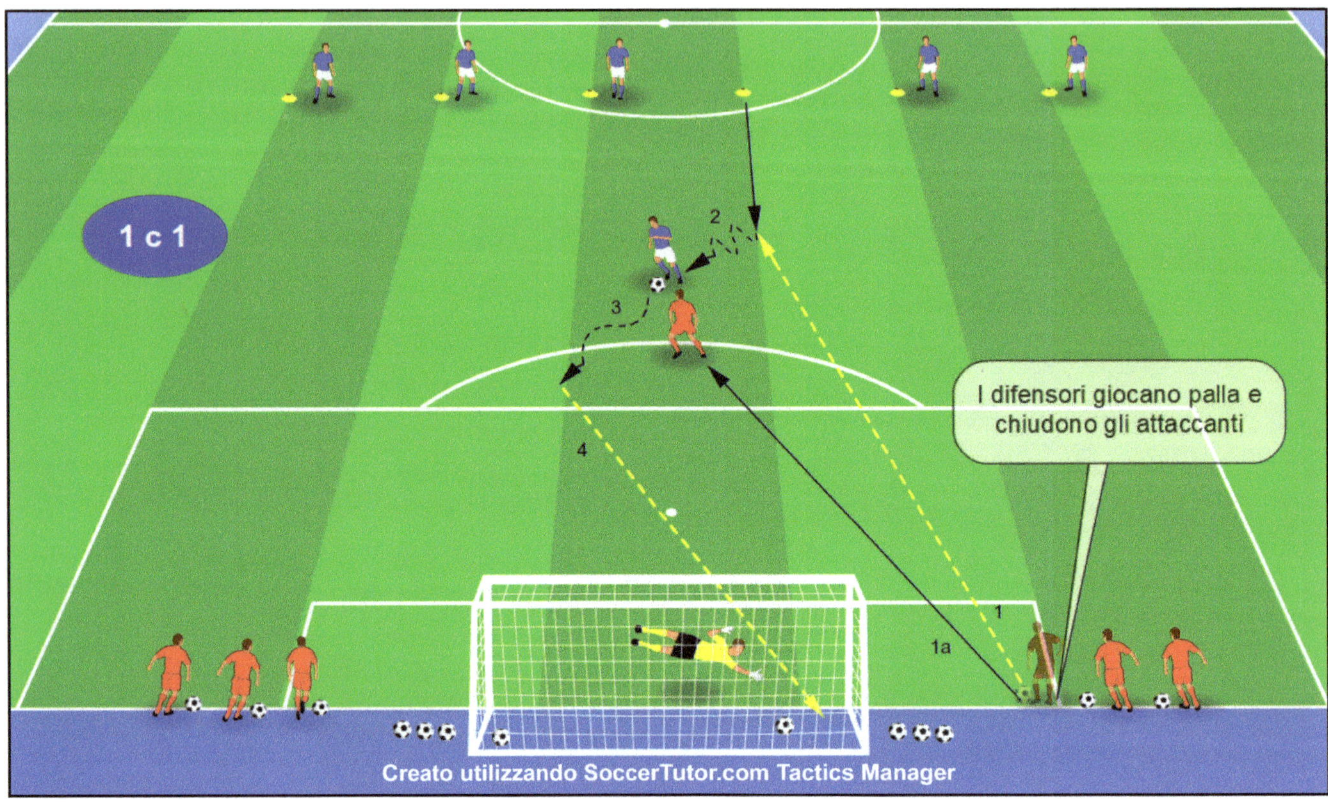

Organizzazione dell'esercitazione

All'interno di una metà campo regolare, si svolgono duelli 1 c 1 continui, con i giocatori divisi in gruppi di numero uguale, tra attaccanti e difensori (rossi contro blu). Ogni difensore rosso è in possesso di una palla e la trasmette al giocatore blu, che conduce in avanti per attaccare.

- Il difensore è in grado di chiudere e fermare l'avversario?
- L'attaccante riesce a superare il difensore e il portiere?

Se l'attaccante viene contrastato o la palla esce dal gioco, l'esercitazione riprende dal difensore successivo, che passa al prossimo attaccante.

I giocatori che si alternano per attaccare devono tenere conto del numero dei goal segnati, per aggiungere un elemento motivazionale. Dopo 10', i difensori si scambiano con gli attaccanti e prima di iniziare una nuova serie, i giocatori devono essere raggruppati per valutare le soluzioni offensive corrette che sono state mostrate. È utile porre loro domande e richiedere risposte, per fare in modo che possano comprendere gli elementi allenanti descritti di seguito.

Questa esercitazione è divertente, perché tutti hanno la possibilità di sperimentare finte personali, per superare gli avversari e concludere in porta.

Attenzione a

1. I giocatori sanno effettuare un primo tocco corretto per direzionare la palla in avanti, cercando di concludere il prima possibile?
2. Sanno attirare l'avversario fuori dall'area che vogliono attaccare?
3. Hanno l'ambizione e le abilità per superare l'avversario con una finta e concludere in porta?
4. Sono in grado di cambiare passo ogni volta che trovano spazio e tempo, per esempio mezzo metro?
5. Sanno valutare la posizione del corpo e concludere in modo efficace, quando sotto pressione?
6. Sono focalizzati sulla tecnica individuale del tiro in porta, quando "piazzare palla" e quando "concludere di potenza"?

Esercitazione "Nascondino": 2 c 2 con finte per superare l'avversario

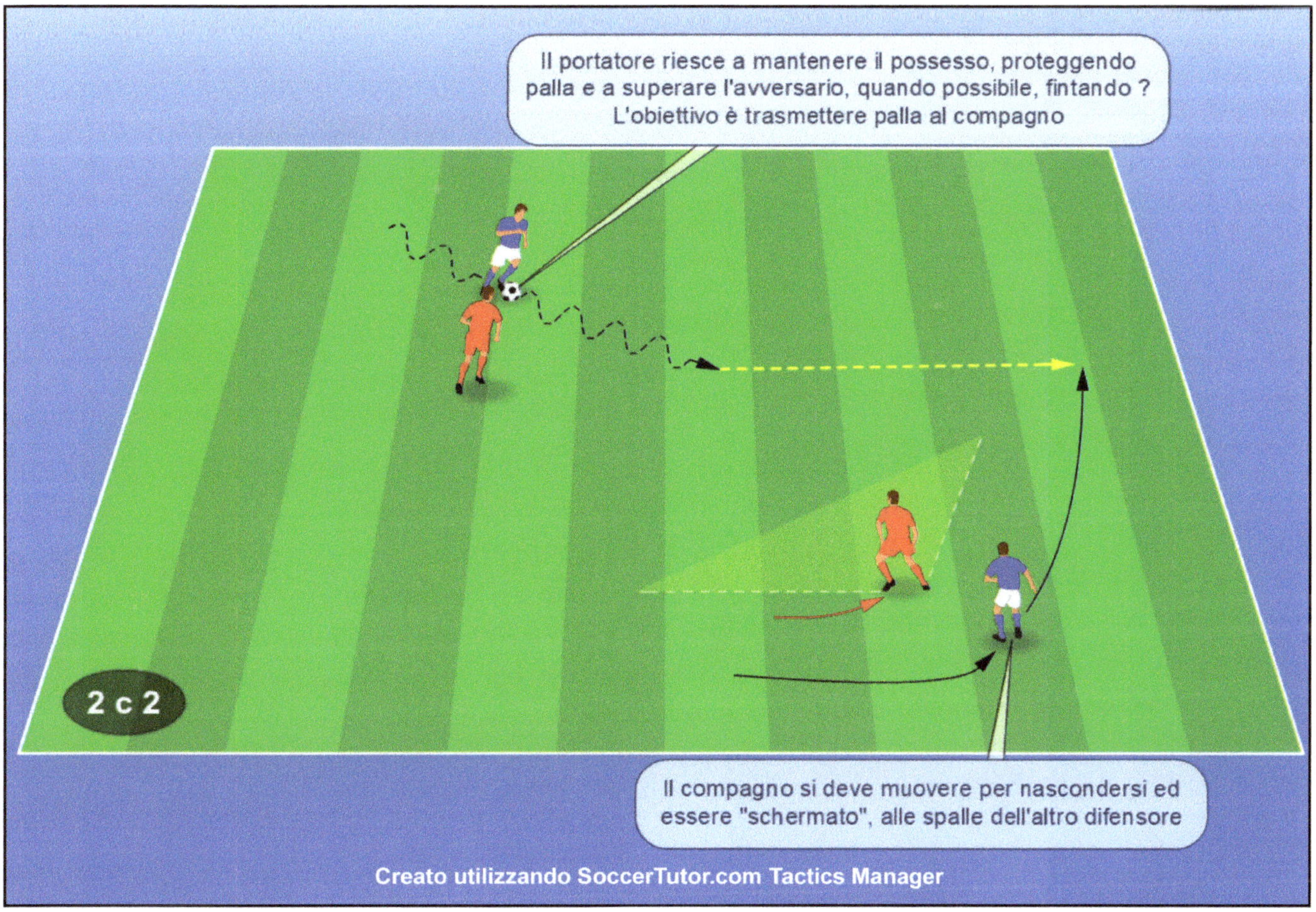

Il portatore riesce a mantenere il possesso, proteggendo palla e a superare l'avversario, quando possibile, fintando ? L'obiettivo è trasmettere palla al compagno

2 c 2

Il compagno si deve muovere per nascondersi ed essere "schermato", alle spalle dell'altro difensore

Creato utilizzando SoccerTutor.com Tactics Manager

Organizzazione dell'esercitazione

Un duello 2 c 2 si svolge in un'area di 15 x 15 m.

- Il giocatore sulla palla può mantenerne il possesso contro gli avversari, se il compagno di squadra ***NON*** si rende ***DISPONIBILE PER UN PASSAGGIO***, ad esempio, "nascondendosi" o "schermandosi" alle spalle degli avversari?

Il portatore di palla deve quindi cercare di superare l'avversario, e di aprire rapidamente una linea di passaggio il compagno che, a questo punto, può ricevere ed invertire i ruoli per continuare la sequenza.

I giocatori devono essere incoraggiati ad affrontare e superare gli avversari in duelli 1 contro 1, cercando di mantenere il possesso; tutti devono essere pienamente coinvolti, predisponendo gli spazi necessari.

Attenzione a

1. I giocatori riescono a tenere palla sotto stretto controllo mentre conducono ad alti ritmi?
2. Utilizzano finte di corpo? Sanno utilizzare il "passo-sopra"?
3. Sanno eseguire movimenti a una distanza efficace, non troppo lontano, non troppo vicino?
4. Cambiano passo, rallentando per poi accelerare, e viceversa, prima di fintare?
5. Si girano rapidamente, dopo aver effettuato una finta?
6. Riescono a fintare con il "piede forte" e quello "debole"?
7. Muovono palla tra i piedi rapidamente, ad esempio tra i 2 piedi, oppure esterno-interno di 1 piede per fintare?
8. Sanno trascinare palla indietro con un tocco singolo oppure 2 tocchi?
9. Hanno idee creative per creare "una finta personale"?

PROGRESSIONE

Controllo palla e finte per superare l'avversario in situazione di inferiorità numerica (2 c 3 / 2 c 4)

Organizzazione dell'esercitazione

Duelli 2 c 2, 2 c 3 o 2 c 4, con i difensori in superiorità numerica, secondo l'abilità dei giocatori, vengono svolti in uno spazio 20 x 20 m. L'obiettivo dei 2 attaccanti è sperimentare una serie di finte e movimenti per superare gli avversari, quando necessario, per mantenere il possesso.

I ruoli vanno ruotati ogni 2' o 3', inserendo una breve pausa di recupero. Si possono assegnare punti alla coppia che riesce a tenere palla per 10"-20", oppure per ogni finta riuscita per superare un avversario, ecc.

I giocatori devono essere incoraggiati ad affrontare e superare i loro avversari in situazioni 1 c 1 e a mantenere il possesso. È importante creare abbastanza gruppi, in modo che tutti siano pienamente coinvolti nella proposta.

È possibile iniziare la proposta lavorando sulla tecnica di copertura e protezione della palla:

1. Ginocchia piegate.
2. Gambe distanziate.
3. Mantenere la palla sul "lato sicuro", protetto dalla gamba portante del giocatore.
4. Appoggiarsi all'avversario, se necessario, con il gomito piegato e il palmo della mano contro il suo petto, per assorbire la pressione, ecc.

Si può lavorare anche sulle capacità di richiamo della palla o altre soluzioni; i giocatori devono diventare esperti di queste abilità, se vogliono mantenere il possesso, in uno spazio stretto, quando sono in inferiorità numerica, rispetto agli avversari. Una volta che questo tipo di capacità sono apprese in pieno, i giocatori possono essere sfidati a sperimentare una delle sfide descritte negli elementi allenanti, di seguito.

Attenzione a

1. I giocatori sono attenti agli avversari e li chiudono mentre hanno la palla sotto controllo?
2. Sanno fintare con il corpo, per sbilanciare e confondere gli avversari, prima di muoversi per superarli?
3. Sanno compiere i movimenti per battere gli avversari ad una distanza efficace, non troppo lontano e non troppo vicino?
4. Sanno far muovere l'avversario all'esterno per tagliare all'interno o viceversa?
5. Mettono il "piede-sopra" alla palla per superare gli avversari?
6. Cambiano ritmo, cioè rallentano e acceleranno, per superare un avversario?
7. Sanno cambiare passo, dopo aver eseguito una finta, per battere un avversario?
8. Muovono palla tra i piedi rapidamente, ad esempio tra i 2 piedi, oppure esterno-interno di 1 piede per fintare?
9. Fintare prima con il "piede più forte" e successivamente quello "debole".
10. Riescono ad eseguire finte rapide, a doppio tocco, usando un piede (2 rapidi e leggeri tocchi di palla), prima all'esterno e poi all'interno, usando il "piede forte"?
11. I giocatori sperimentano soluzioni personali per superare l'avversario?
12. Sanno usare la pianta del piede per trascinare la palla lateralmente e in sicurezza, per poi provare un cambio di senso?
13. Richiamano la palla di suola, con tocchi singoli o doppi, per superare gli avversari? Ecc...

PROGRESSIONE
Esercitazione 7 c 7 direzionata per la conduzione della palla

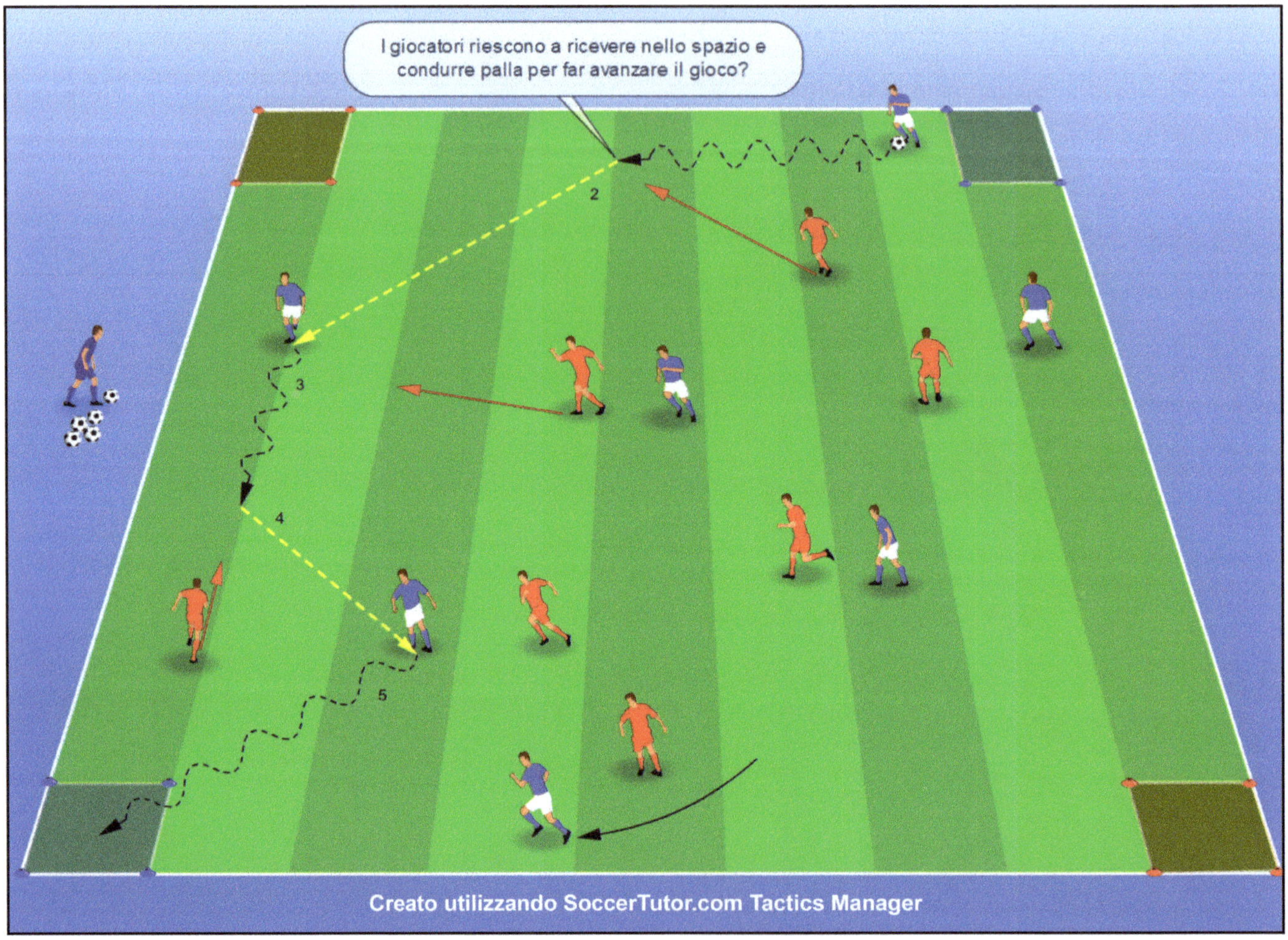

I giocatori riescono a ricevere nello spazio e condurre palla per far avanzare il gioco?

Creato utilizzando SoccerTutor.com Tactics Manager

Organizzazione dell'esercitazione

Un duello 7 c 7 (o 6 c 6) viene giocato all'interno di un'area di 50 x 50 m; le dimensioni dell'area sono adattabili in base alle abilità dei giocatori. Se il numero dei giocatori non è pari, è possibile utilizzare un jolly neutrale a supporto della squadra in possesso.

4 zone vengono delimitate dai coni ad ogni angolo, come mostrato in figura; l'obiettivo è giocare da un'area a quella opposta in diagonale (le 2 rosse o le 2 blu, come mostrato in figura). Se la squadra riesce, deve mantenere il possesso e tentare un altro attacco in diagonale verso l'area opposta. I giocatori possono essere sfidati come segue:

- Sanno condurre palla in avanti, ogni volta che c'è spazio disponibile?
- Riescono a condurre, per giocare da un'area all'altra?
- I giocatori sanno aprirsi, per dare ampiezza e profondità e trovare lo spazio per ricevere e condurre palla. È importante favorire una sessione ad alta intensità, con i giocatori che si muovono in velocità, cercando di affrontare e superare gli avversari.

Progressioni

1. I giocatori si muovono da un'area all'altra? "Sanno farlo in modo autonomo, affrontando gli avversari, facendo uso delle proprie capacità e ad alti ritmi"?
2. Incoraggiare i giocatori ad "essere grintosi" con la palla e, per motivarli ulteriormente, individuare un terzo, secondo e primo posto, secondo la qualità dei movimenti.
3. Proporre un'opzione condizionante, obbligando i giocatori a ***NON TRASMETTERE PALLA.***

Attenzione a

1. Can you show good awareness, making sure to have your head up? This well help the players make the best decision of where space is available prior to receiving the ball.
2. Can you give your teammate a signal as to where you want a pass?
3. Can you make a positive first touch when receiving a pass and drive forward into available space?
4. Can you lean your body forward when receiving the pass and use a good "directional first touch" to control the ball into space and drive forward? This will help keep the ball low and under control.
5. Can your first touch also be the first stride of a forward run? This will help their speed and momentum as they run into space.
6. With good space available, can you play the ball 1 yard ahead while running at speed?
7. Head up to see options, head down when making contact with ball, then head up again to push the ball on.
8. Can you explore using your "laces" in contact with the ball to help maximise your running stride?
9. Can you maintain a steady body shape and footwork to prepare for a move to beat a player, turn, pass or shot?
10. Can you display quick feet and a range of moves to beat opponents?

PROGRESSIONE
Esercitazione in spazi ridotti 7 c 7 per conduzione palla e finte per superare l'avversario

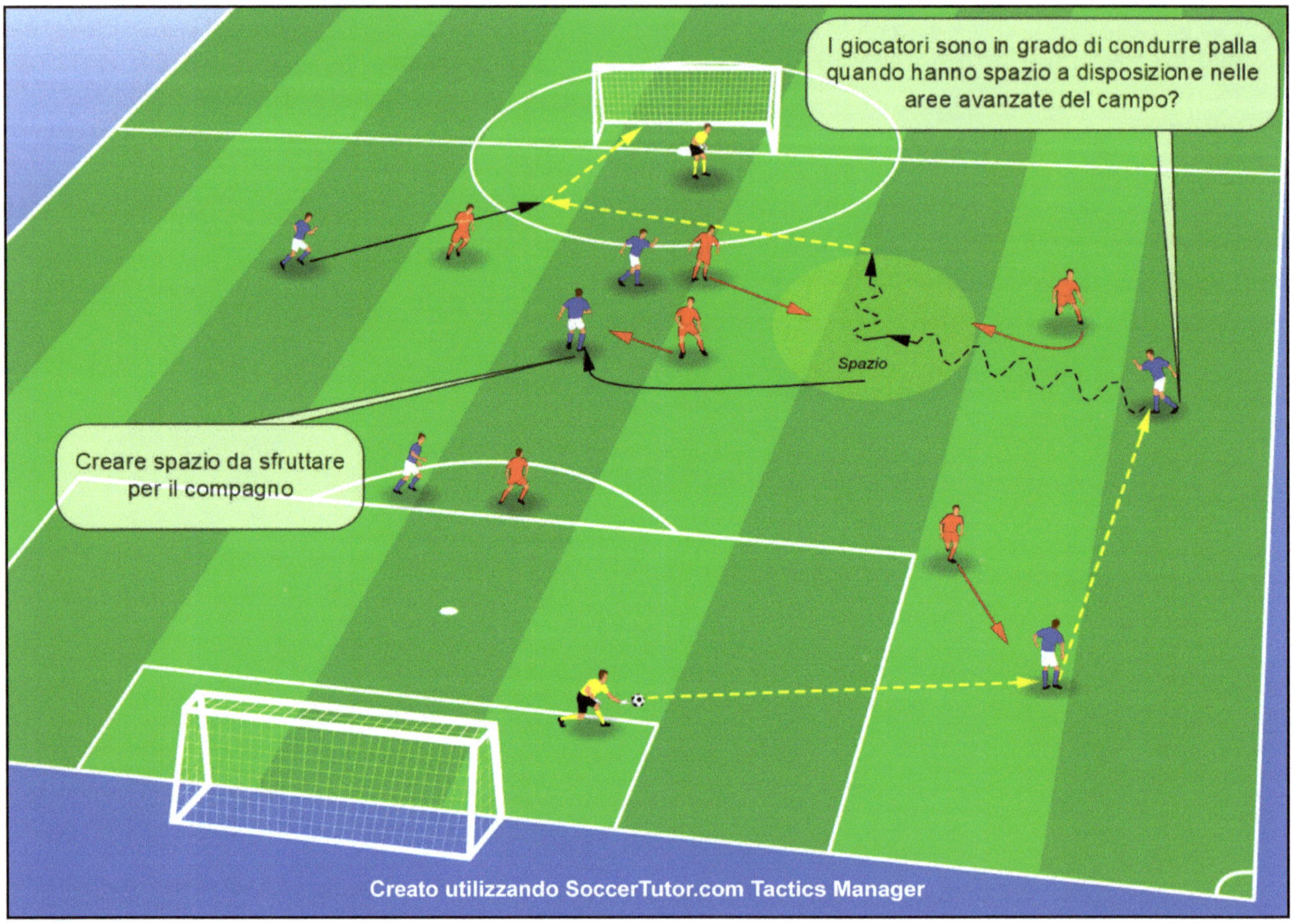

I giocatori sono in grado di condurre palla quando hanno spazio a disposizione nelle aree avanzate del campo?

Spazio

Creare spazio da sfruttare per il compagno

Creato utilizzando SoccerTutor.com Tactics Manager

Organizzazione dell'esercitazione

Un'esercitazione 7 c 7, inclusi i portieri, con le squadre scaglionate in una formazione 2-2-2, viene sviluppata in uno spazio 40 x 30 m (oppure in metà campo). L'allenatore inizia la sequenza giocando una palla, che le squadre si contendono in campo; lo stesso avviene, se esce dal gioco.

Entrambe le squadre cercano di segnare, focalizzandosi sulla conduzione di palla; se quella difendente conquista il possesso, cerca di concludere seguendo le stesse regole.

Entrambe le squadre schierano 2 difensori, 2 centrocampisti e 2 attaccanti, che dovrebbero essere incoraggiati a ruotare le posizioni in modo "reciproco", per coprire chi si muove in profondità.

Attenzione a

1. Fare riferimento agli elementi allenanti dell'esercitazione precedente.
2. I giocatori conducono palla in avanti quando c'è spazio?
3. Sanno creare spazio da sfruttare per i compagni di squadra? Se sì, riescono a trasmettere palla?
4. Sono in grado di "fintare per superare un avversario", nelle zone avanzate?

ESERCITAZIONI PER POSSESSO E TRASMISSIONE PALLA

Ricezione orientata ad I tocco e trasmissione palla corretta (senza avversari)

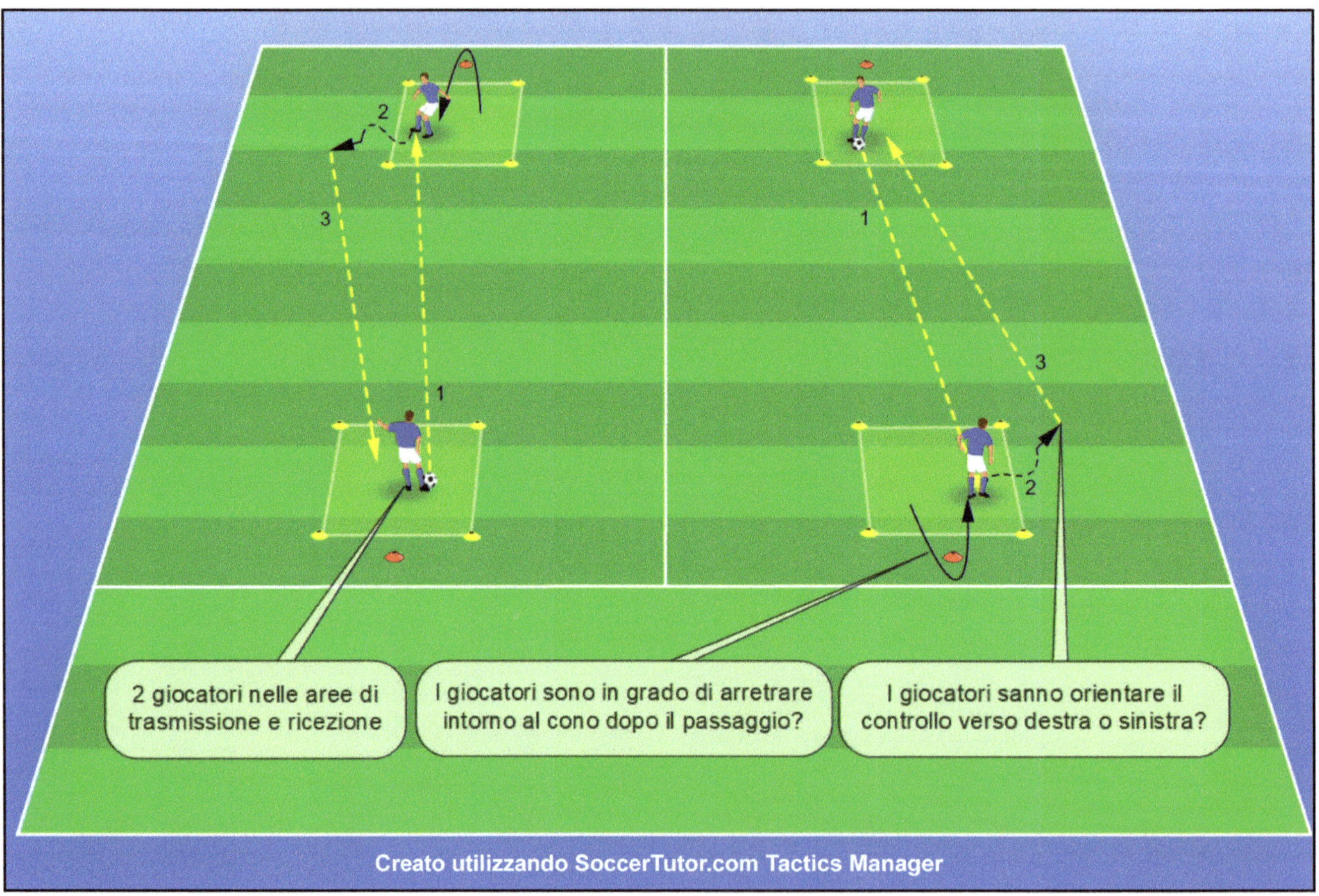

Organizzazione dell'esercitazione

I giocatori vengono divisi in coppie all'interno di uno spazio 10 x 20 m ed ognuno inizia la sequenza in una zona delimitata di 2 x 2 m. È importante creare abbastanza griglie per coinvolgere tutti i giocatori, in ogni momento e assicurarsi che ci sia una corretta spaziatura tra queste. Molti coni sono necessari per questa esercitazione, quindi è meglio avere tutto pronto prima che i giocatori arrivino, se possibile.

I giocatori trasmettono palla a terra da una zona all'altra; dopo ogni passaggio, si muovono indietro e intorno al cono rosso, per poi tornare rapidamente nella piccola area delimitata, pronti per ricevere quello successivo.

- I giocatori sanno ricevere il passaggio con un "primo controllo orientato" alla destra, o sinistra, dell'area?
- Sono in grado di trasmettere palla con il secondo tocco?
- Il passaggio di ritorno è direzionato accuratamente tra i 2 coni anteriori dell'area opposta?
- Si crea un alto ritmo mentre i giocatori scambiano palla?

Per aggiungere un elemento motivazionale e competitivo, si possono assegnare punti per ogni sequenza fatta da 2 tocchi correttamente riuscita.

Dopo 5'-10', i giocatori devono essere raggruppati per porre domande, richiedere risposte e per valutare i gesti tecnici da dimostrare al gruppo, grazie ai giocatori più abili. Quindi tutti possono tornare verso le loro posizioni e mettere in pratica ciò che hanno appreso.

Ricezione orientata ad I tocco e trasmissione palla corretta sotto pressione

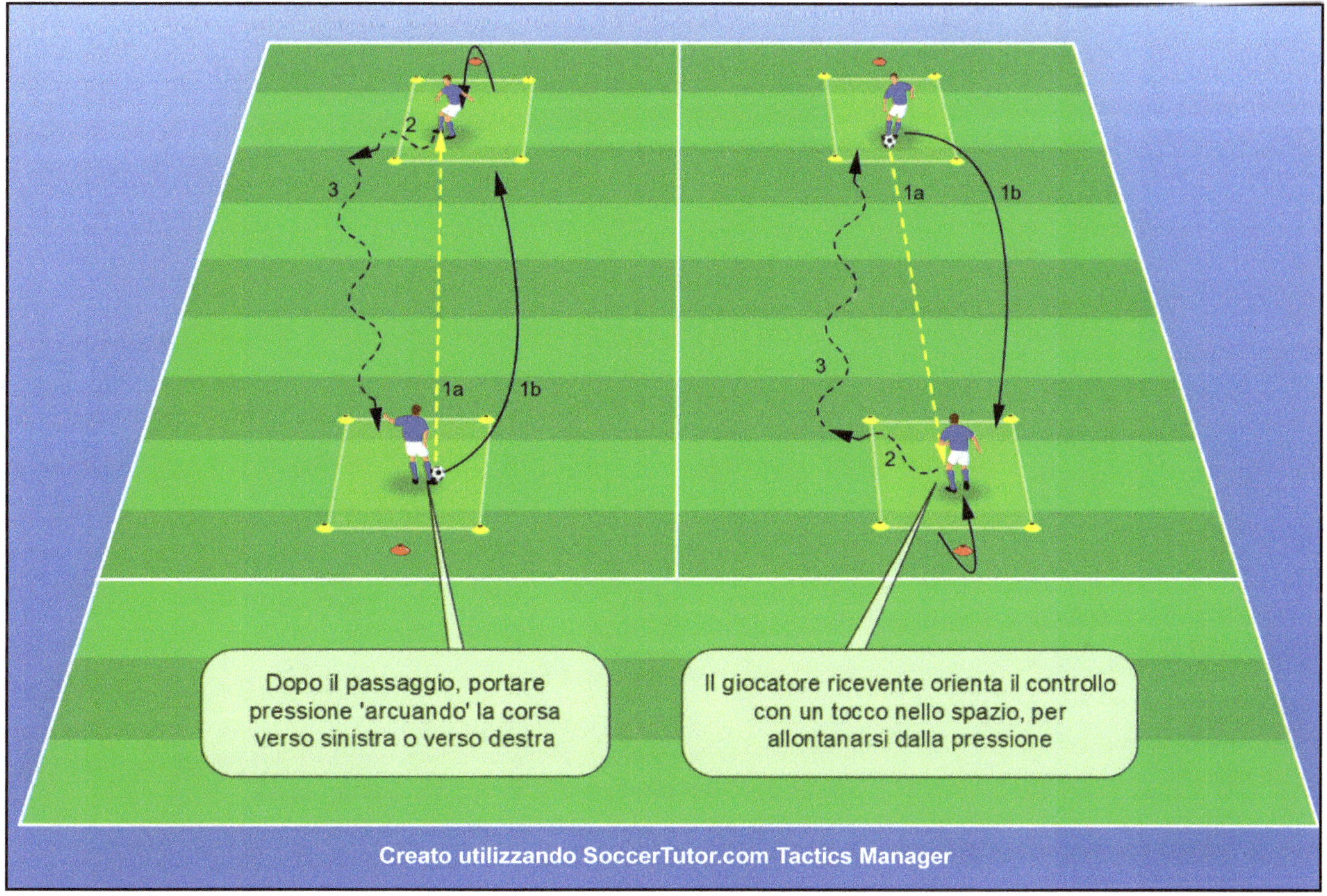

Organizzazione dell'esercitazione

Questa esercitazione è una progressione della precedente, con l'introduzione di una pressione sul giocatore che riceve palla.

- Dopo che un giocatore ha trasmesso palla, si muove "arcuando la corsa", per chiudere il lato sinistro o destro del ricevente opposto, come mostrato in figura.
- Il secondo giocatore è consapevole della parte da cui arriva la pressione e controlla palla nella direzione opposta, con un tocco fuori dall'area, per "allontanarsi", conducendo, infine, verso la zona opposta?

I 2 giocatori, ora, hanno scambiato le posizioni e la stessa sequenza viene ripetuta con i ruoli invertiti.

Attenzione a

1. I giocatori sanno passare rasoterra con qualità (ad esempio "di mezzo collo")? Focalizzarsi sulla tecnica individuale di trasmissione della palla.
2. I passaggi sono ben diretti e "calibrati", per rendere facile la fase di ricezione?
3. Sanno "allinearsi con il passaggio in arrivo", in modo da essere in grado di controllare con qualità?
4. Il primo controllo palla è direzionato fuori dall'area, verso sinistra o verso destra, conservandone il controllo?
5. Sanno giocare un passaggio di ritorno preciso, con il secondo tocco?

PROGRESSIONE
Allenare la "ricezione in apertura" e la trasmissione ad I tocco

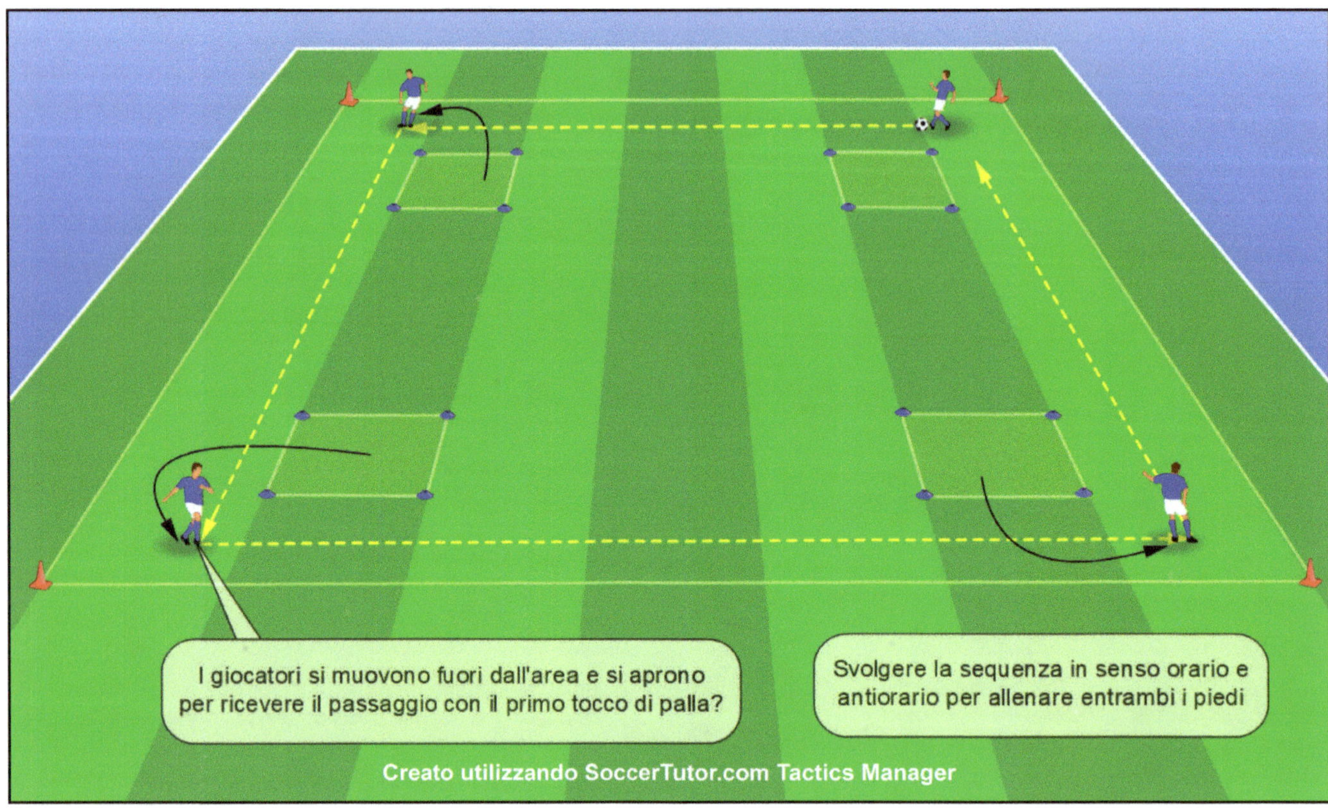

Organizzazione dell'esercitazione

Questa esercitazione è una progressione della precedente, in cui le 2 zone vengono unite per creare un'area di 20 x 20 m, con 4 piccole aree agli angoli, formate da coni e con 4 giocatori in azione.

3 giocatori iniziano all'interno delle aree, 1 giocatore all'esterno e si trasmettono palla lungo i lati dello spazio di gioco e all'esterno delle zone delimitate, in senso antiorario, come mostrato in figura.

I giocatori devono uscire dalla zona di partenza, arcuando la corsa e con il corpo in apertura, per ricevere ogni nuovo passaggio e continuare la sequenza, possibilmente con 2 tocchi (controllo e passaggio) sempre e solo di destro.

Dopo 5'-10', la direzione di gioco deve essere modificata in senso orario, in modo da allenare i giocatori nella trasmissione con entrambi i piedi; in questo caso, infatti, dovrebbero usare solo il piede sinistro.

Progressione: I giocatori riescono a muoversi al di fuori delle loro zone e ad aprirsi per trasmettere di prima intenzione, come mostrato in figura?

Attenzione a

1. I giocatori si muovono in modo tempestivo per muoversi al di fuori dalla loro area e ricevere il passaggio in arrivo?
2. Sono in grado di "allinearsi con il passaggio in arrivo", con il corpo a mezzo giro e aperto, in modo da poter controllare palla con qualità o trasmettere di prima intenzione?
3. Sanno stabilire un contatto visivo con i compagni, per indicare tempo e spazio della giocata successiva?
4. Il passaggio viene effettuato nello spazio al di fuori dell'area successiva, con i tempi giusti per la ricezione del giocatore successivo?
5. Le trasmissioni palla sono rasoterra e qualitativamente valide (ad esempio "di mezzo collo piede")? Focalizzarsi sul fondamentale tecnico del passaggio.
6. I passaggi sono ben "direzionati e calibrati", perchè siano facili da controllare?
7. I giocatori danno ritmo alle sequenze?

Attivazione con possesso palla: 5 c 5 c 5 a 3 zone

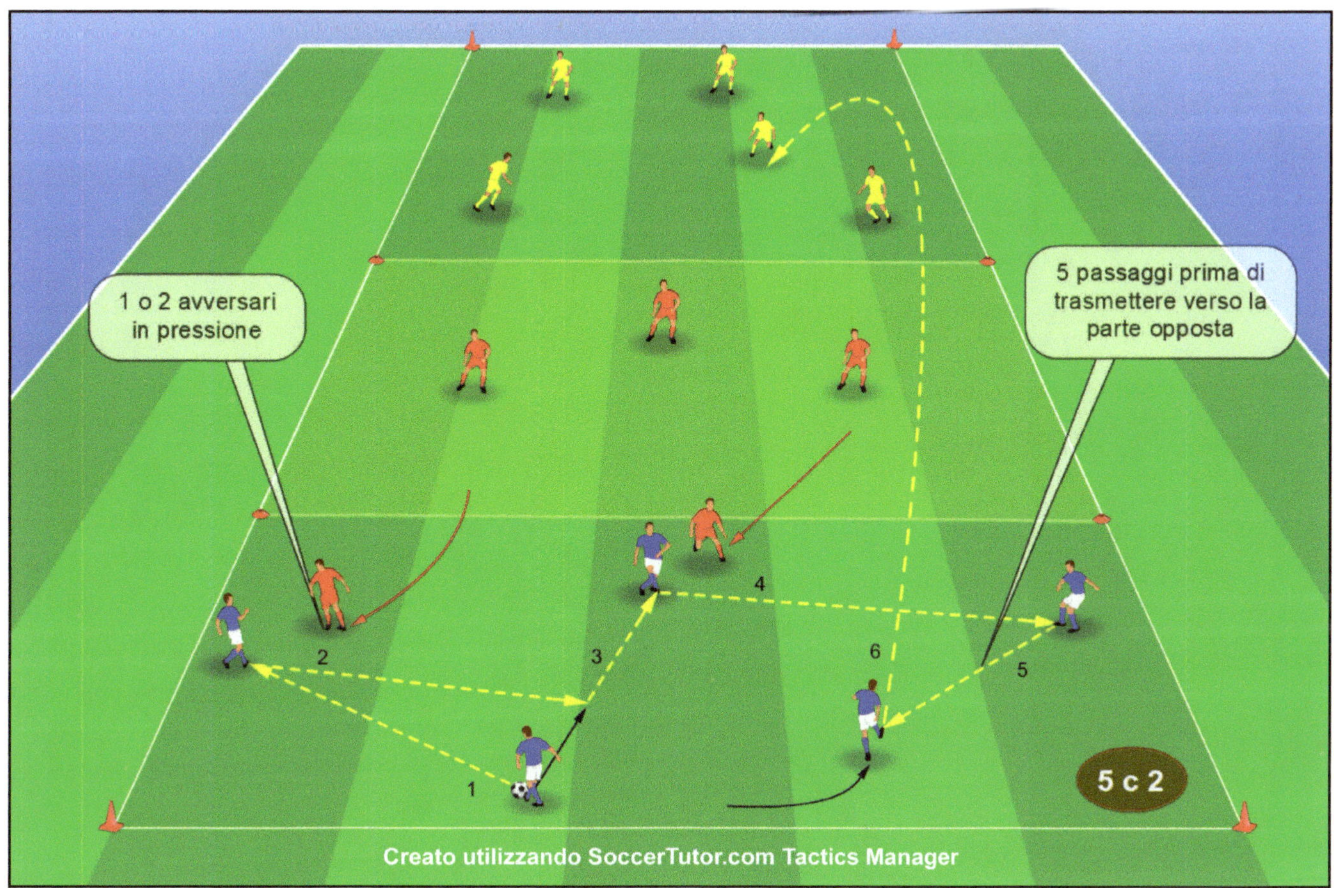

Organizzazione dell'esercitazione

Questa proposta è un'utile attivazione pre-partita, che allena i fondamentali tecnici di trasmissione sul corto e su lunghe distanze con palla alta. Un'area di 20 x 30 m, in cui agiscono 3 squadre di 4 o 5 giocatori, viene divisa in 3 zone uguali, come mostrato in figura.

L'esercitazione inizia con una delle squadre in zona esterna (blu, in figura); i giocatori riescono ad effettuare 5 passaggi prima di trasmettere palla verso la squadra nella zona esterna opposta, oltrepassando quella centrale? 1 giocatore della squadra difendente (in maglia rossa, in figura) può entrare nell'area di gioco per portare pressione e conquistare palla. Una volta che si è raggiunto un alto ritmo di trasmissioni, la proposta può progredire, con la squadra difendente che porta 2 giocatori in zona palla, come mostrato in figura.

Se una squadra perde il possesso o la palla esce dal gioco, diventa quella difendente al centro. È consigliabile limitare i giocatori della squadra in possesso a 2 o 3 tocchi, secondo le abilità dei partecipanti.

Attenzione a

1. I giocatori sanno utilizzare sia l'intera ampiezza, sia la profondità di ogni zona, per sfruttare al massimo lo spazio disponibile?
2. Sono in grado di fornire un corretto angolo di passaggio, comunicando tra loro?
3. Sanno posizionarsi correttamente con il corpo, per ricevere palla, orientando nello spazio il controllo, con il primo tocco?
4. Trasmettono di prima intenzione e scambiano palla in modo rapido e preciso, a corto raggio?
5. Riescono a giocare palla (rasoterra o alta) verso la squadra nella zona opposta? Le trasmissioni sono "ben calibrate"?
6. I giocatori in attesa, nella zona opposta, sono mobili, equilibrando le loro posizioni e cercano sempre di aprire una linea di passaggio, tra gli avversari, per ricevere palla?
7. Giocano di prima intenzione? Oppure a 2 tocchi (controllo e passaggio) con attenzione?

Esercitazione tecnica "gioco e mi muovo" a 1 / 2 tocchi (1)

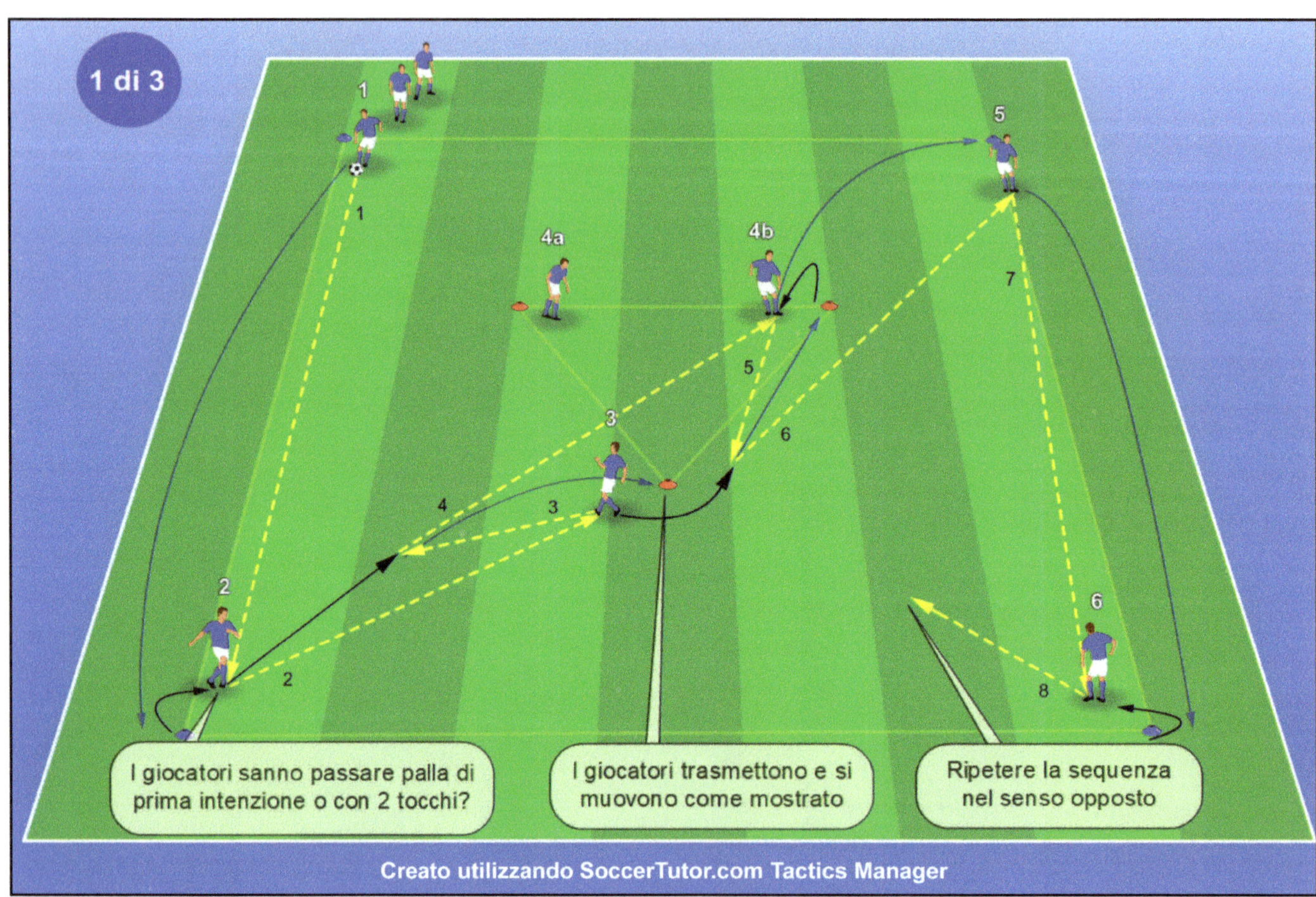

Organizzazione dell'esercitazione

Questa esercitazione del tipo "gioco e mi muovo" è adatta a giocatori con capacità tecniche avanzate a livello di passaggi di prima intenzione o soluzioni a 2 tocchi. In un quadrato di 25 x 25 m, agiscono un minimo di 8 giocatori ed 1 triangolo formato dai coni rossi viene posizionato al centro. Dal "punto di partenza", il giocatore 1 trasmette a 2 e segue il suo passaggio; il giocatore 2 trasmette a 3, posizionato sul vertice inferiore del triangolo (2° passaggio). 3 gioca un passaggio di ritorno a 2 (3° passaggio), che, a propria volta, trasmette di prima intenzione a 4b (4° passaggio).

Il giocatore 4b trasmette palla indietro a 3 (5° passaggio), che si è girato per ricevere e successivamente trasmette in ampiezza, verso l'angolo opposto del quadrato (6° passaggio al giocatore 5). Tutti seguono il loro passaggio verso la posizione successiva (1 -> 2/2 -> 3/3 -> 4 ecc.). A questo punto, il giocatore 5 ricomincia la stessa sequenza, in direzione opposta, attraverso 4a (5 -> 6 -> 3 -> 6 -> 4a -> 3 -> 1).

Attenzione a

1. I giocatori sanno trasmettere palla rasoterra, in modo corretto dal punto di vista tecnico, ad esempio "di mezzo collo"? Focalizzarsi sulla tecnica individuale del passaggio.
2. Il passaggio precedente è ben direzionato e "calibrato", per facilitare quello successivo di prima intenzione (1 tocco) o almeno il controllo orientato e la trasmissione successiva (2 tocchi)?
3. Sono in grado di "allinearsi con il passaggio in arrivo", con il corpo a mezzo giro e aperto, in modo da poter controllare palla con qualità o trasmettere di prima intenzione?
4. Sanno indicare chiaramente su quale piede (sinistro o destro) vogliono ricevere palla?
5. I giocatori nel triangolo centrale (colui che trasmette palla indietro) riescono ad "aprire una linea di passaggio", per consentire una trasmissione filtrante verso il compagno successivo?
6. Il primo controllo è anche il primo passo della corsa nella sequenza individuale "passo e mi muovo" a sostegno?
7. Tutti riescono a creare alti ritmi negli scambi di palla?

VARIANTE
Esercitazione tecnica "gioco e mi muovo" a 1 / 2 tocchi (2)

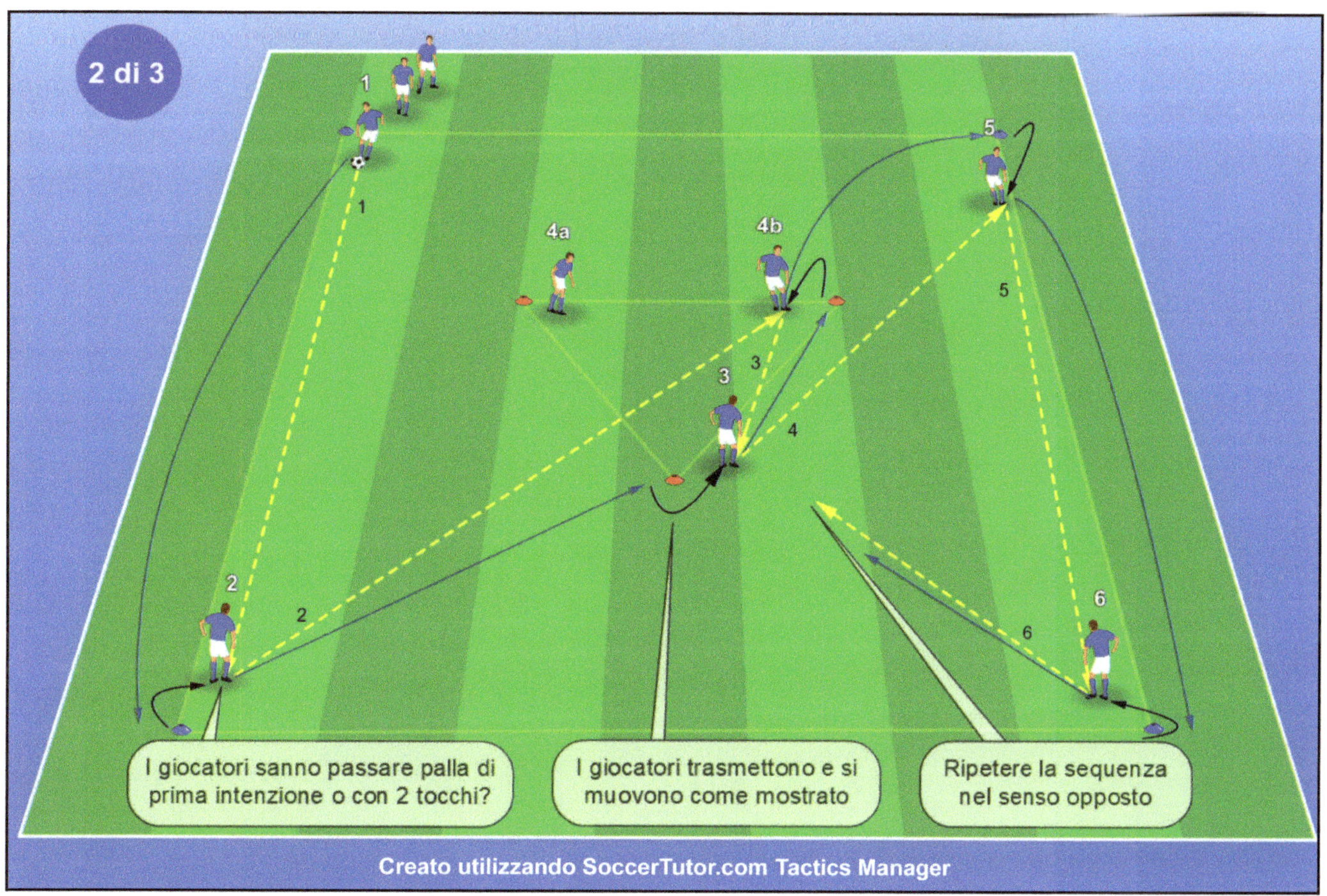

Organizzazione dell'esercitazione

Questa esercitazione è una variazione della precedente. Dal punto di partenza, il giocatore 1 trasmette palla a 2 che, a propria volta, gioca a 4b (2° passaggio); 4b trasmette palla indietro a 3 (3° passaggio), che si muove per ricevere e giocare in ampiezza, verso l'angolo opposto del quadrato (4° passaggio al giocatore 5). Tutti i giocatori seguono il loro passaggio verso la posizione successiva (1 -> 2/2 -> 3/3 -> 4 ecc.). A questo punto, il giocatore 5 ricomincia la stessa sequenza verso la direzione opposta, attraverso 4a (5 -> 6 -> 4a -> 3 -> 1).

Queste combinazioni vengono svolte su una distanza maggiore e richiedono una elevata tecnica di base per giocare rasoterra, mantenendo alti i ritmi di lavoro. I giocatori devono essere valutati singolarmente, nello svolgimento dell'esercitazione, per valutare lavori individuali extra, se necessari.

Inoltre, è importante porre domande e richiedere risposte per discutere gli elementi allenanti descritti di seguito.

Attenzione a

1. I giocatori sanno passare palla rasoterra con qualità, ad esempio "di mezzo collo"? Focalizzarsi sulla tecnica individuale di trasmissione della palla.
2. Il passaggio precedente è ben direzionato e "calibrato" per facilitare quello successivo di prima intenzione (1 tocco) o almeno il controllo orientato e la trasmissione successiva (2 tocchi)?
3. Sono in grado di "allinearsi con il passaggio in arrivo", con il corpo a mezzo giro e aperto, in modo da poter controllare palla con qualità o trasmettere di prima intenzione?
4. Dimostrano una buona capacità di anticipazione per "aprire una linea di passaggio" per la successiva trasmissione?
5. Sanno indicare chiaramente su quale piede (sinistro o destro) vogliono ricevere palla?
6. Tutti riescono a creare alti ritmi negli scambi di palla?

PROGRESSIONE

Esercitazione tecnica "gioco e mi muovo" a 1 / 2 tocchi (3)

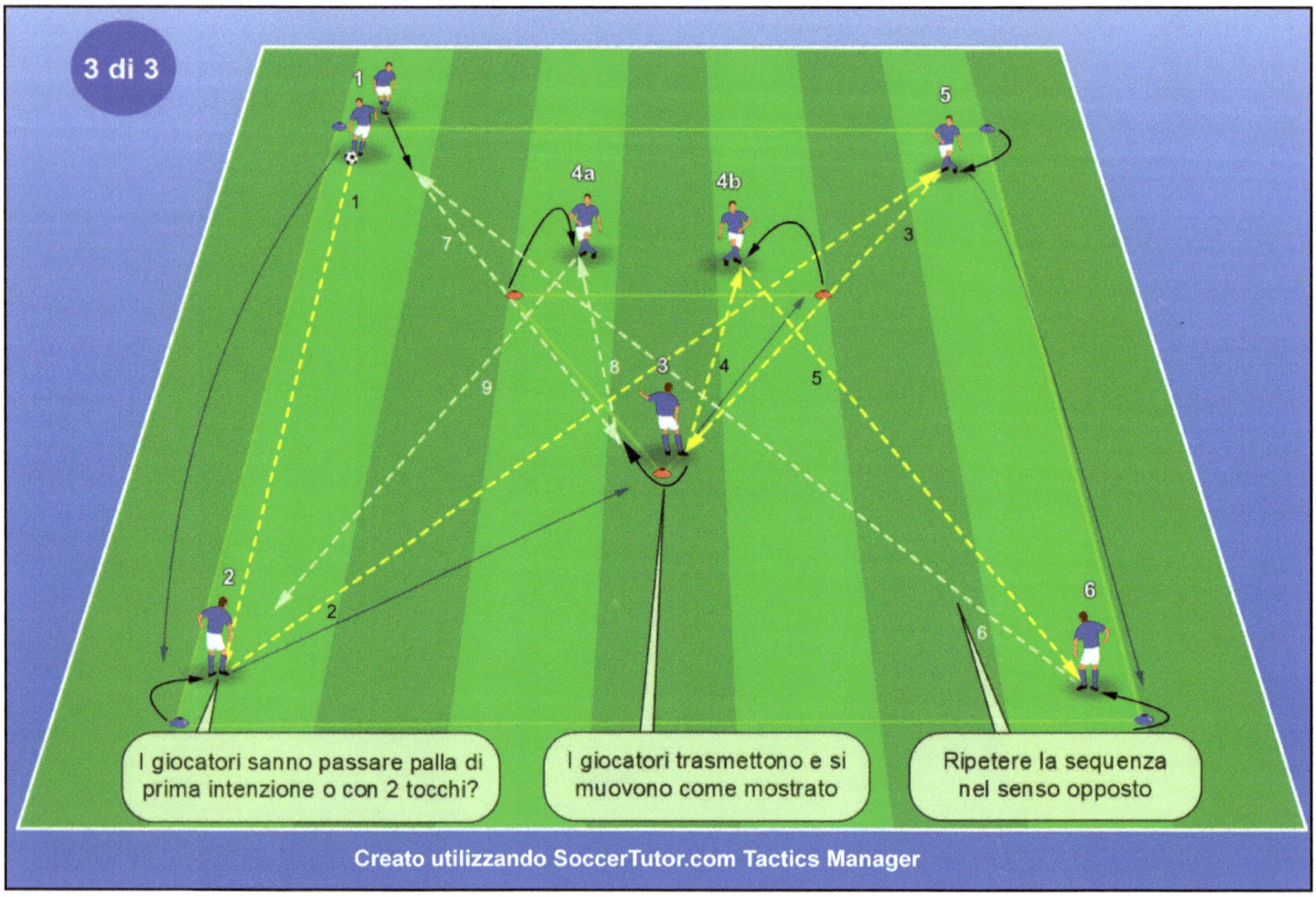

3 di 3

I giocatori sanno passare palla di prima intenzione o con 2 tocchi?

I giocatori trasmettono e si muovono come mostrato

Ripetere la sequenza nel senso opposto

Creato utilizzando SoccerTutor.com Tactics Manager

Organizzazione dell'esercitazione

Questa proposta è una progressione della precedente, in cui aumenta il livello di difficoltà.

Dal "punto di partenza", il giocatore 1 passa palla a 2 che, a propria volta, gioca a 5 verso l'angolo opposto; 5 trasmette indietro a 3, sul vertice inferiore del triangolo (3° passaggio). 3 gioca palla corta a 4b, il quale trasmette verso l'angolo in basso del quadrato (5° passaggio, al giocatore 6). Tutti seguono il loro passaggio verso la posizione successiva (1 -> 2/2 -> 3/3 -> 4 ecc.).

A questo punto, 6 passa al giocatore successivo 1 ed inizia una nuova sequenza simile (senza il primo passaggio), nella direzione opposta, attraverso 4a, questa volta (6 -> 1 -> 3 -> 4a -> 2) .

Questa esercitazione prevede passaggi in diagonale da 25 m di lunghezza, come mostrato in figura (vedere i passaggi 2 e 6) e i giocatori devono essere incoraggiati a trasmettere palla rasoterra. Inizialmente, è consigliabile giocare palla alta, in quanto soluzione più semplice. I giocatori devono essere osservati singolarmente, nello svolgimento dell'esercitazione, per valutare lavori individuali extra, se necessari.

Inoltre, è importante porre domande e richiedere risposte per discutere gli elementi allenanti descritti di seguito.

Attenzione a

1. I giocatori sanno trasmettere palla rasoterra, in modo corretto, dal punto di vista tecnico, ad esempio "di mezzo collo"? Focalizzarsi sulla tecnica individuale di trasmissione della palla.
2. Il passaggio precedente è ben direzionato e "calibrato", per facilitare quello successivo di prima intenzione?
3. Tutti riescono a creare alti ritmi negli scambi di palla?

Esercitazione tecnica "gioco e mi muovo" a 1 / 2 tocchi (4)

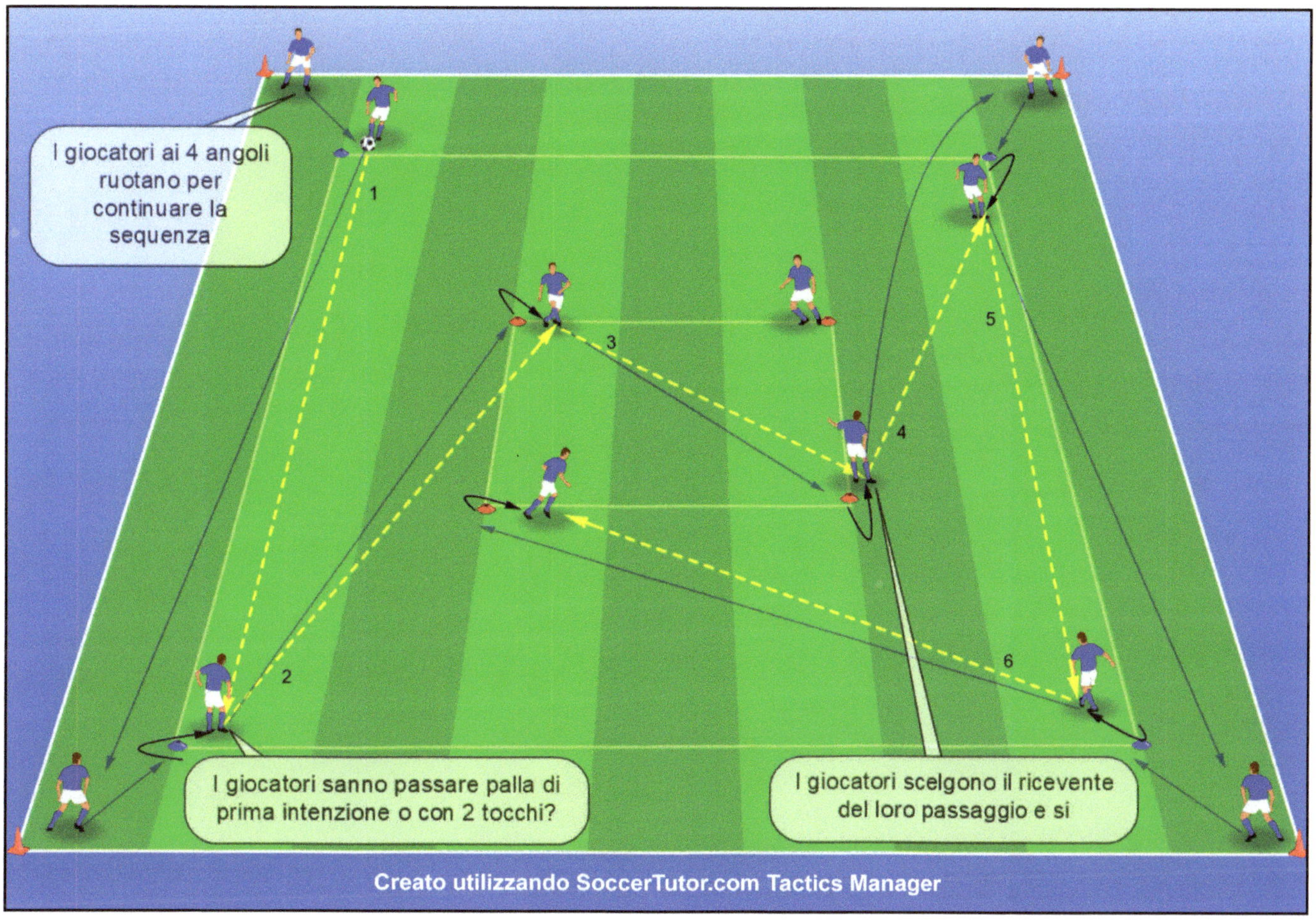

I giocatori ai 4 angoli ruotano per continuare la sequenza

I giocatori sanno passare palla di prima intenzione o con 2 tocchi?

I giocatori scelgono il ricevente del loro passaggio e si

Creato utilizzando SoccerTutor.com Tactics Manager

Organizzazione dell'esercitazione

Nello stesso spazio quadrato di 25 x 25 m, usato nelle esercitazioni precedenti, il triangolo centrale viene sostituito con uno di 15 x 15 m e 9-12 giocatori vengono coinvolti.

In questa proposta, i giocatori possono scegliere il ricevente, per lavorare sul loro livello di attenzione e sul processo decisionale. Tutti seguono il passaggio, verso la posizione successiva.

Una volta stabilito un giusto ritmo, è possibile aggiungere una seconda palla.

Inoltre, è importante porre domande e richiedere risposte per discutere gli elementi allenanti descritti di seguito.

Attenzione a

1. I giocatori sanno stabilire un contatto visivo, mostrare consapevolezza e capacità di comunicazione?
2. Sono in grado di trasmettere palla rasoterra, in modo corretto, dal punto di vista tecnico, ad esempio "di mezzo collo"? Focalizzarsi sulla tecnica individuale di trasmissione della palla.
3. Il passaggio precedente è ben direzionato e "calibrato" per facilitare quello successivo di prima intenzione?
4. Sanno indicare chiaramente su quale piede (sinistro o destro) vogliono ricevere palla?
5. I giocatori nel quadrato centrale sanno "aprire una linea di passaggio", per consentire una trasmissione palla filtrante verso il giocatore successivo?
6. Il primo controllo è anche il primo passo della corsa nella sequenza individuale, "passo e mi muovo" a sostegno?

PROGRESSIONE

Possesso palla 6 (+4) c 4 con rotazione dei giocatori negli angoli

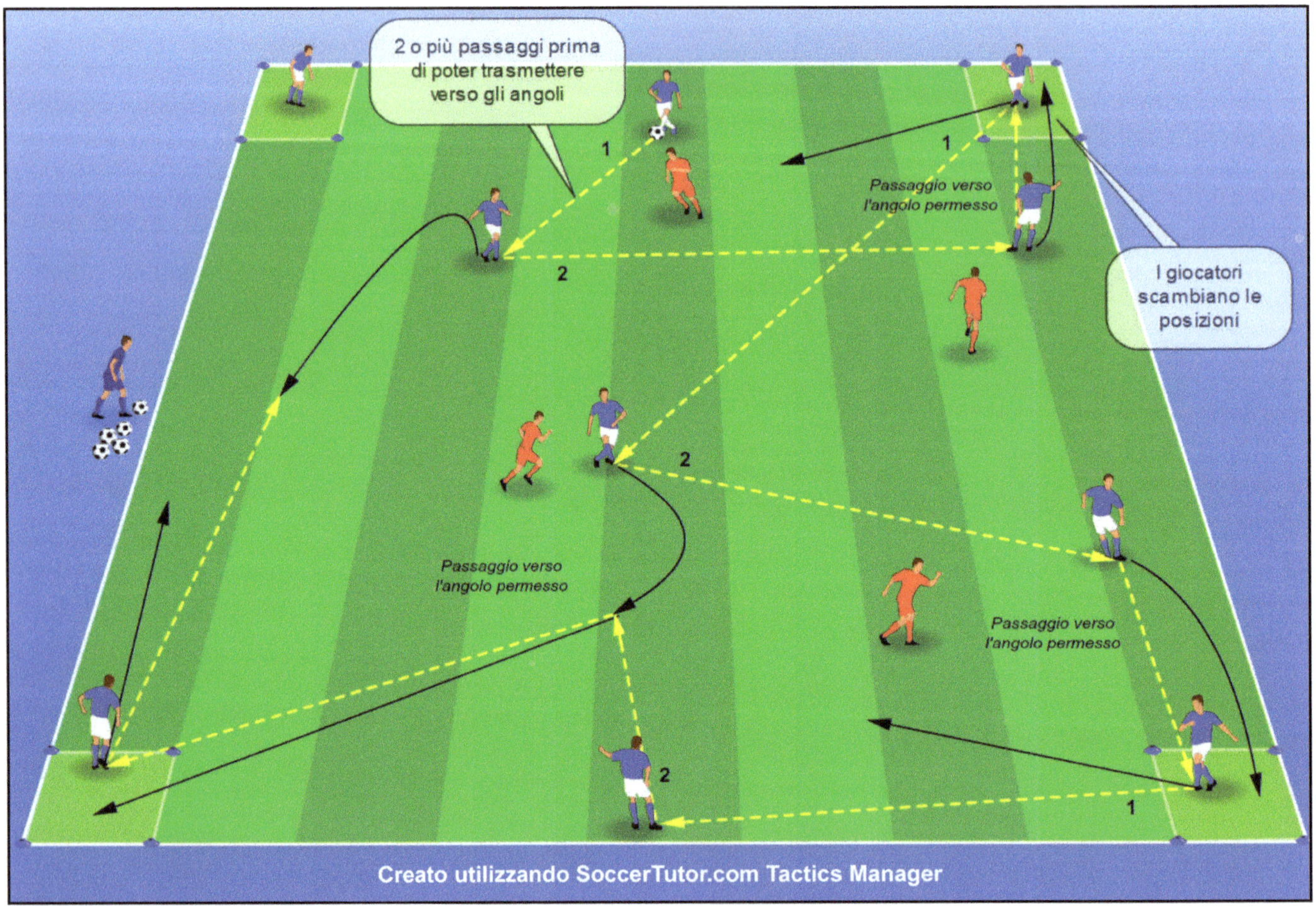

Organizzazione dell'esercitazione

Questo progressione dell'esercitazione precedente prevede l'utilizzo della stessa area 25 x 25 m, ma vengono rimossi i coni nel mezzo; 6 o 7 giocatori blu (+ 4 giocatori negli angoli) contro 4 difensori rossi.

L'obiettivo della squadra blu è giocare verso tutti i 4 angoli, senza perdere il possesso (1 punto). La trasmissione palla verso un giocatore nell'angolo è permessa solo dopo che 2 passaggi riusciti sono stati effettuati nel mezzo, senza che l'avversario abbia toccato la palla. Quando un giocatore trasmette verso il compagno nell'angolo, scambia le posizioni e l'esercitazione continua.

Se la squadra rossa difendente conquista palla, deve completare 6 passaggi consecutivi (1 punto). I giocatori negli angoli non sono coinvolti in questa fase.

Dopo 5'/10', i giocatori devono essere raggruppati per porre domande e richiedere risposte per discutere gli elementi allenanti descritti in seguito.

Attenzione a

1. I giocatori sanno stabilire un contatto visivo, mostrare consapevolezza e capacità di comunicazione?
2. Si muovono nello spazio, dopo aver giocato palla, per trovare angoli di supporto utili alla ricezione? Il primo controllo deve essere anche il primo passo della corsa nella sequenza individuale "passo e mi muovo" a sostegno.
3. Sono in grado di "allinearsi con il passaggio in arrivo", con il corpo a mezzo giro e aperto, in modo da poter controllare palla con qualità o trasmettere di prima intenzione?
4. Sanno indicare chiaramente su quale piede (sinistro o destro) vogliono ricevere palla?
5. Sono in grado di muoversi ad esca "aprendo una linea di passaggio", per una trasmissione filtrante, verso un compagno?

Rondo 2 (+8) c 4 per avanzare contro la pressione avversaria

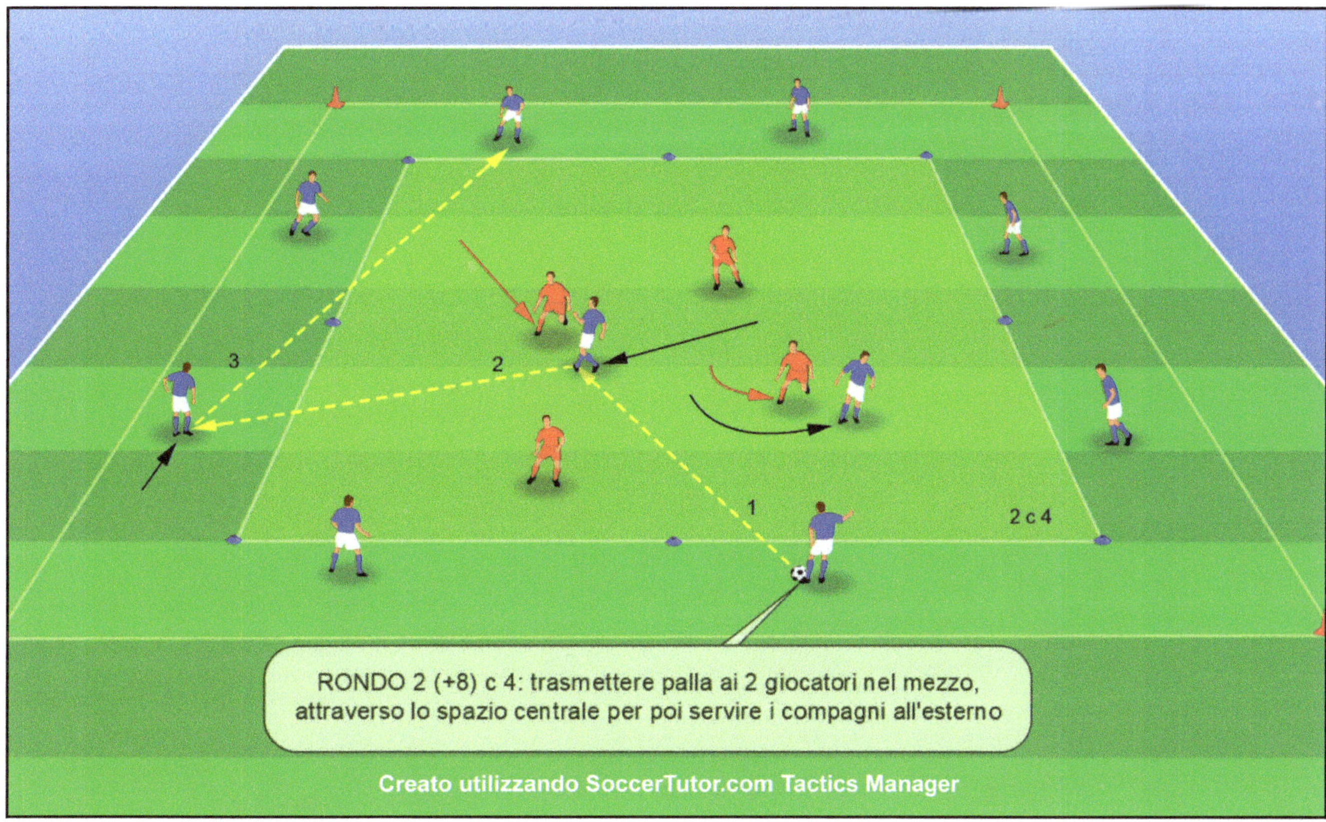

Organizzazione dell'esercitazione

Un quadrato di 20 x 20 m viene delimitato al centro di un'area di 25 x 25 m; le dimensioni sono adattabili in base alle abilità dei giocatori. La squadra blu schiera 8 giocatori esterni e 2 giocatori all'interno dell'area centrale. La squadra rossa è formata da 4 difensori, che agiscono in superiorità numerica 4 c 2, all'interno dell'area centrale.

L'obiettivo per i giocatori esterni è trasmettere palla da una parte all'altra, tramite i 2 giocatori centrali; gli esterni possono trasmettersi palla fra loro, ma ottengono punti solo se la spostano da un lato all'altro, attraverso un giocatore centrale, come mostrato in figura.

Se la squadra difendente rossa conquista palla, l'obiettivo è completare 8 passaggi consecutivi nell'area centrale, in cui si trova in superiorità numerica 4 c 2 (1 punto). I giocatori esterni non sono coinvolti in questa fase.

I giocatori possono essere condizionati a 1, 2 o 3 tocchi, secondo le loro abilità. È molto importante incoraggiare i centrali blu a giocare di prima intenzione, dato lo svantaggio numerico 2 c 4 nel mezzo, per limitare il rischio di perdere il possesso e mantenere la palla in rapido movimento.

Attenzione a

1. I giocatori sanno trasmettere palla rasoterra in modo corretto dal punto di vista tecnico, ad esempio "di mezzo collo"? Focalizzarsi sulla tecnica individuale di trasmissione della palla.
2. I giocatori centrali effettuano contromovimenti (allontanandosi dal marcatore, prima di spostarsi nuovamente per ricevere) per creare spazio e ricevere un passaggio? Sanno comunicare dove vogliono ricevere palla?
3. Tutti, inclusi i giocatori esterni, sono in grado di trasmettere e muoversi per trovare un buon angolo di supporto e ricevere un passaggio?
4. Sanno stabilire un contatto visivo, mostrare consapevolezza della situazione di gioco e comunicare in modo efficace?
5. I centrali riescono a giocare "di prima intenzione", verso un compagno a supporto?

PROGRESSIONE

Possesso palla, con giocatori obiettivo, per cambiare lato, contro la pressione ad alta intensità

Organizzazione dell'esercitazione

Una partita 7 c 7 (o 6 c 6) + 1 giocatore neutrale (giallo) a supporto della squadra in possesso, si svolge in un'area 40 x 50 m; le dimensioni dello spazio di gioco sono adattabili in base alle abilità del giocatore. Vengono delimitate 4 zone formate da coni in ogni angolo, con 2 giocatori "obiettivo", posizionati in diagonale, per ciascuna squadra.

Le squadre devono cambiare angolo, da uno dei loro "giocatori obiettivo" all'altro; chi trasmette loro palla, scambia la posizione con il ricevente.

I giocatori devono cambiare angolo, mantenendo la palla a terra, inizialmente. È quindi possibile progredire sfidando i giocatori nell'utilizzo di passaggi alti e più lunghi.

È consigliabile condizionare i giocatori a 2 o 3 tocchi massimo, secondo la loro abilità.

Attenzione a

1. Le squadre si scaglionano in ampiezza e in profondità per attaccare e cambiare gioco?
2. Vengono formati triangoli efficaci rapidamente, per offrire angoli di supporto, ricevere ed avanzare nel gioco?
3. I giocatori sono consapevoli della situazione di gioco, trasmettono passaggi efficaci e penetranti, per cambiare rapidamente lato e angolo?
4. Trasmettono palla rasoterra rapidamente, in modo preciso e orientato?
5. Giocano palla alta rapidamente, in modo preciso e orientato?
6. Sanno segnalare dove ricevere palla?
7. Riescono a trasmettere di prima intenzione? Giocano a 2 tocchi in modo tecnicamente corretto, si "aprono" con il corpo per ricevere e passare palla ai compagni di squadra vicini e lontani con attenzione?

Possesso palla 4 c 4 (+5) per creare spazio e concludere

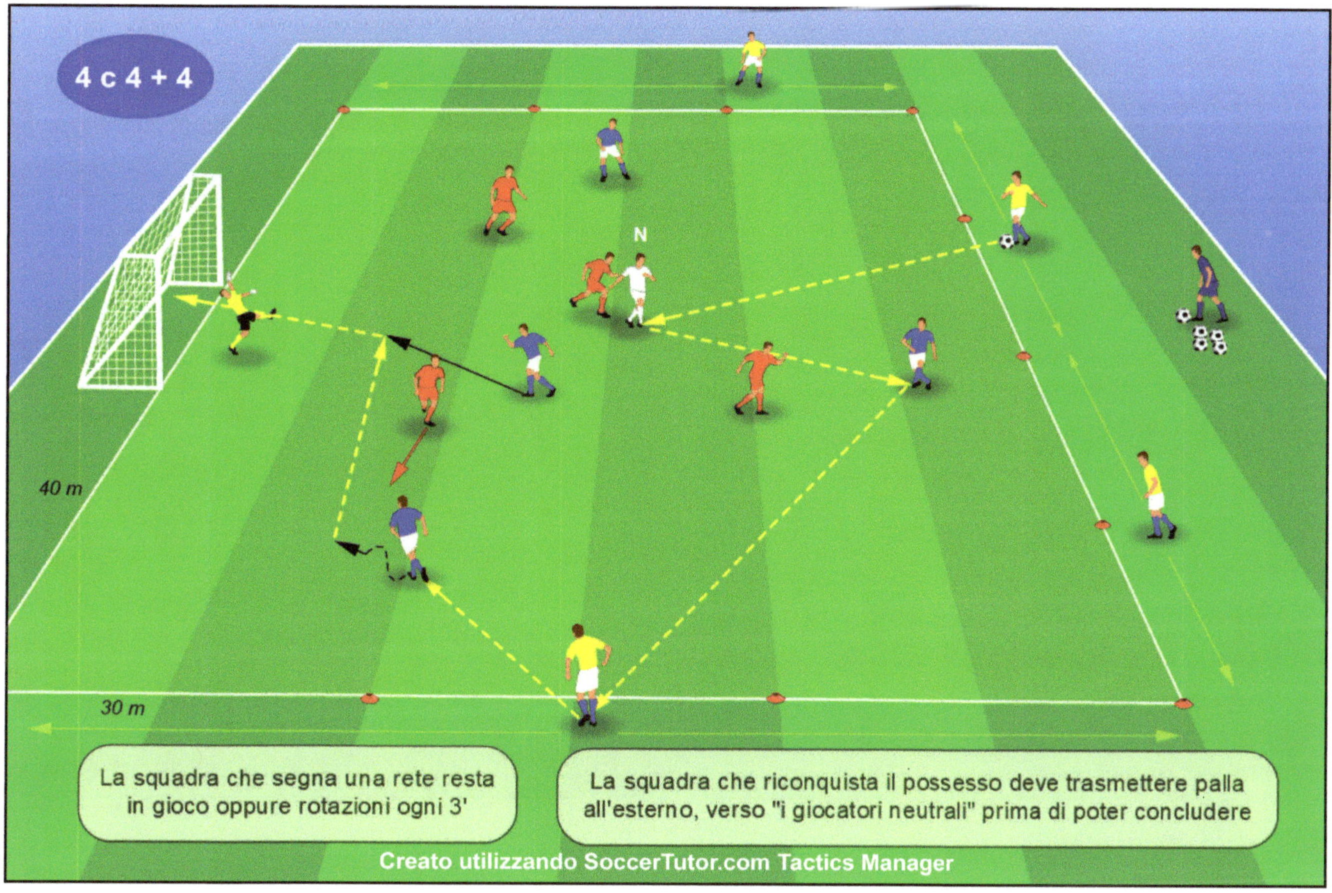

Organizzazione dell'esercitazione

3 squadre formate da 4 giocatori, 1 portiere e 1 giocatore neutrale (bianco) sono posizionate in un'area di 30 x 40 m; 2 squadre si sfidano all'interno dell'area e quella in possesso è supportata da 4 giocatori esterni (squadra gialla, in figura) e da 1 giocatore neutrale interno, mentre cercano di creare spazio per concludere. I giocatori neutrale e gialli esterni non possono segnare reti.

L'esercitazione inizia quando un giocatore esterno trasmette palla internamente; la squadra in possesso (blu) deve cercare di sfruttare il loro supporto per concludere in porta; se la squadra in fase difensiva conquista palla, i ruoli si invertono. La proposta si svolge con serie da 3'; le squadre devono ruotare in modo che ognuna sia coinvolta nella fase competitiva per 2 serie consecutive. È consigliabile condizionare i giocatori a 2 o 3 tocchi, secondo la loro abilità.

- I giocatori sanno trovare piccoli spazi e angoli per "concludere"? Se hanno spazio e tempo, riescono a farlo da qualsiasi punto dell'area di gioco.
- Se non c'è possibilità di calciare in porta, sanno combinare con i giocatori di supporto, per creare un'opportunità per un compagno di squadra?

Attenzione a

1. I giocatori devono utilizzare l'intere ampiezza (attraverso giocatori esterni) e profondità del campo ed essere mobili per attirare i rispettivi marcatori e creare opportunità di conclusione.
2. Quando non è possibile concludere, sono in grado di trasmettere palla rasoterra rapidamente e in modo preciso per combinare con i compagni di squadra?
3. Compiono contromovimenti (allontanandosi prima di muoversi per ricevere) e segnalare dove vogliono ricevere il passaggio?
4. Trasmettono in avanti e seguono il passaggio?

Possesso palla a zone per giocare attraverso i terzi dello spazio contro 2 tipi di pressione

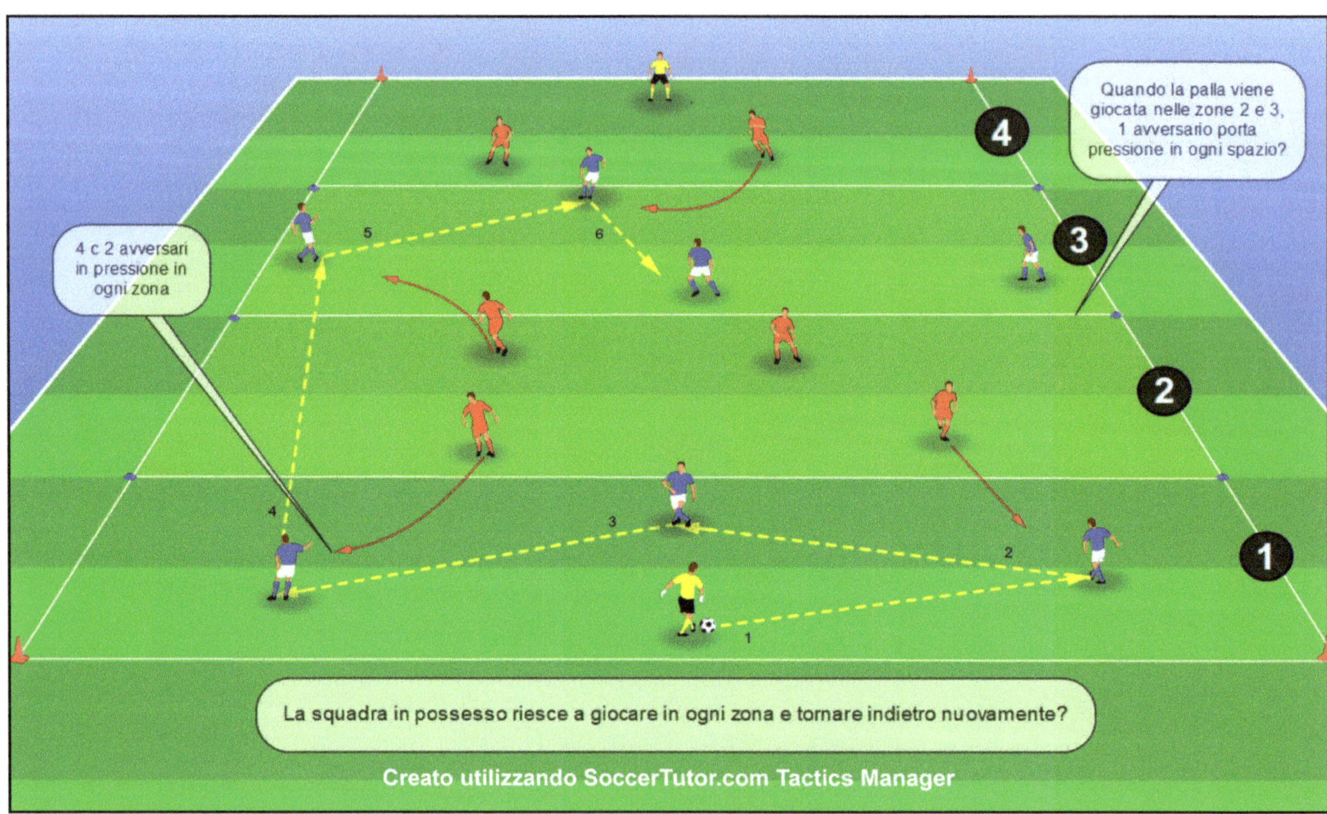

Organizzazione dell'esercitazione

4 zone uguali, come mostrato in figura, vengono delimitate in un'area di 25 x 30 m; si gioca un duello 8 c 8 (o 6 c 6) inclusi i portieri. Ogni squadra è divisa in gruppi di 3 o 4 giocatori che occupano differenti zone.

La proposta inizia con una squadra in possesso; i giocatori sono in grado di effettuare 2 o 3 passaggi, prima di cercare di trasmettere ai propri compagni di squadra in un'altra zona? La squadra in difesa (rossa, in figura) sposta 2 giocatori in ogni zona adiacente per portare pressione e conquistare palla (oppure 1 giocatore per ogni zona se la palla è nelle aree 2 o 3). La figura mostra la squadra blu che passa dalla zona 1 alla 3.

Sfidare i giocatori ad "agire da zona a zona", il più volte possibile, usando i passaggi rasoterra.

Se la squadra difendente conquista palla, deve giocare da zona a zona, allo stesso modo, e la squadra che ha perso il possesso deve portare pressione per cercarne la riconquista. Se la palla esce dal gioco, la squadra che ha perso il possesso diventa difendente. È consigliabile condizionare i giocatori a 2 o 3 tocchi, secondo le loro abilità.

Attenzione a

1. I giocatori sanno utilizzare l'intere ampiezza e profondità di ogni zona, per sfruttare al massimo lo spazio disponibile?
2. Sanno muoversi per fornire un corretto angolo di passaggio? Sono in grado di comunicare in modo efficace?
3. Si posizionano correttamente con il corpo per ricevere la palla e controllarla in modo orientato nello spazio?
4. Sono in grado di giocare di prima intenzione e scambiare palla rapidamente, in modo preciso e a corto raggio?
5. Sanno trasmettere rasoterra, in modo "calibrato" e preciso e verso i compagni di squadra nell'altra zona?
6. Riescono a giocare di prima intenzione? Oppure usare 2 tocchi, rimanendo attenti per controllare e trasmettere?
7. I giocatori nelle altre zone sono mobili e regolano le posizioni per aprire linee di passaggio e ricevere?

Esercitazione a zone 6 c 3 / 8 c 4 per giocare attraverso i terzi dello spazio

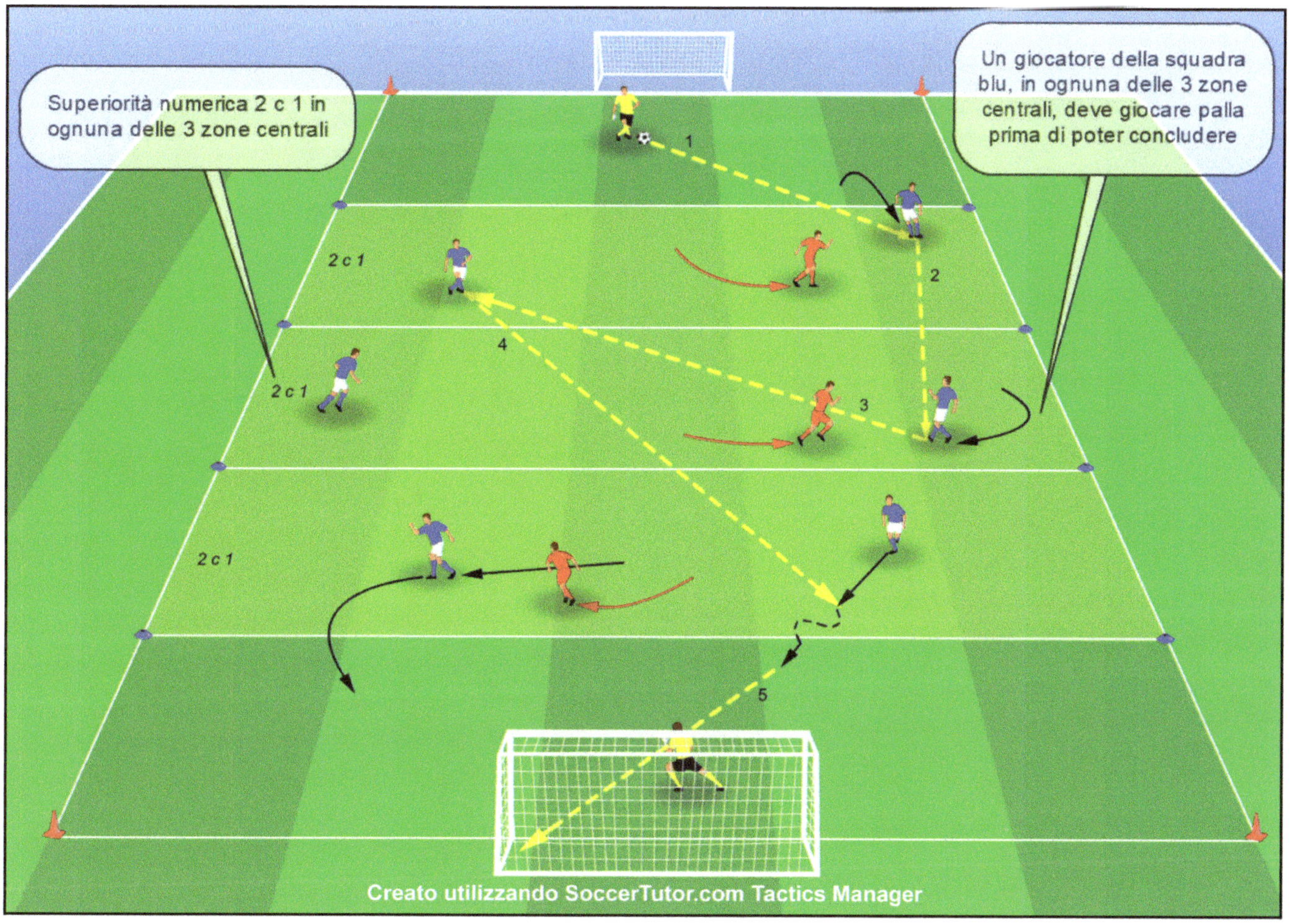

Organizzazione dell'esercitazione

All'interno di un'area di 30 x 50 m, si gioca una partita 6 c 3 (oppure 8 c 4) + 2 portieri; le dimensioni dello spazio sono adattabili in base alle abilità dei giocatori. L'area di gioco è divisa in 5 zone uguali (10 m), come mostrato in figura. La squadra attaccante blu è in superiorità numerica 2 c 1 nelle 3 zone centrali.

L'esercitazione inizia dal portiere, che trasmette palla verso un giocatore blu nella zona più vicina; l'obiettivo per la squadra in possesso è "agire attraverso i terzi" con trasmissioni palla rasoterra, prima di provare a concludere e segnare, quando riesce a giocare nella zona finale.

Un giocatore della squadra blu in possesso deve toccare palla in ognuna delle 3 aree centrali, prima che l'azione possa arrivare nella zona di conclusione. Tuttavia, i giocatori possono trasmettere indietro mentre cercano di mantenere il possesso "attraverso i terzi". Posizioni e i ruoli dei giocatori devono ruotare spesso e possono essere condizionati a 2 o 3 tocchi, secondo le abilità del giocatore.

Progressione: creare situazioni 2 c 2 in ogni zona oppure ampliare l'area di gioco per proporre duelli 3 c 2 in favore degli attaccanti.

Attenzione a

1. I giocatori sanno sfruttare l'intera ampiezza delle zone per sfruttare al meglio la superiorità numerica 2 c 1?
2. Compiono contromovimenti (allontanandosi prima di muoversi per ricevere) e sono in grado di segnalare dove vogliono ricevere il passaggio?
3. Giocano di prima intenzione? Oppure con 2 tocchi in modo tecnicamente corretto?
4. Si aprono per ricevere per poi passare palla verso i compagni di squadra a supporto, con attenzione?

Esercitazione in spazi ridotti, con zone laterali, per possesso, cross e conclusioni

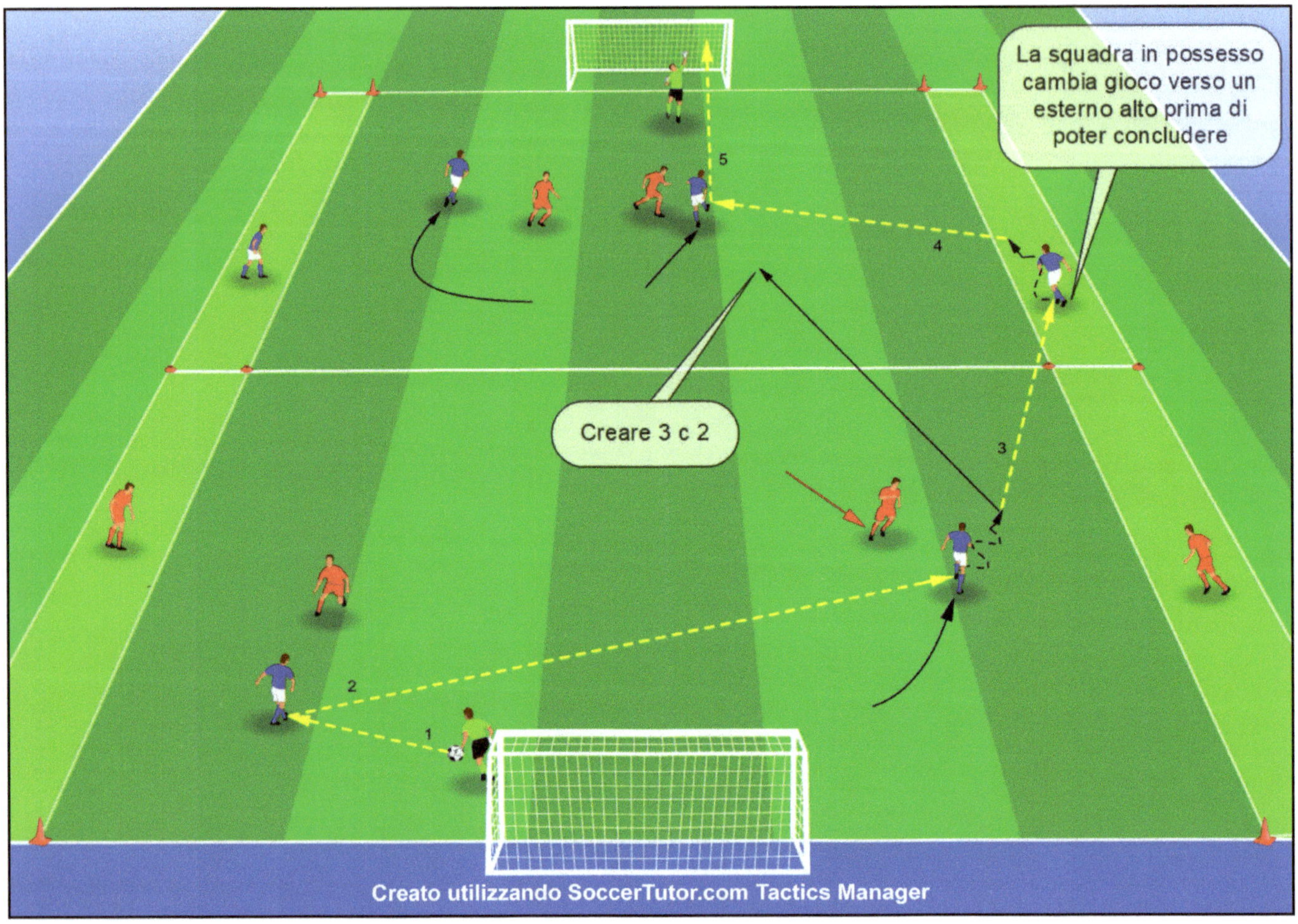

La squadra in possesso cambia gioco verso un esterno alto prima di poter concludere

Creare 3 c 2

Creato utilizzando SoccerTutor.com Tactics Manager

Organizzazione dell'esercitazione

All'interno di un'area 50 x 60 m, si svolge un'esercitazione in spazi ridotti 7 c 7; le dimensioni sono adattabili in base alle abilità dei giocatori. Viene delimitata una linea di metà campo e 2 zone laterali, come mostrato in figura. Una situazione 2 c 2 si svolge in ogni metà campo; ogni squadra schiera anche 2 esterni alti, senza avversari, in ampiezza. La sequenza inizia dal portiere.

L'obiettivo della squadra in possesso è concludere in porta, avendo prima giocato attraverso un'esterno alto (limitato a 2 tocchi), che crossa o trasmette palla bassa indietro, verso i compagni di squadra per segnare una rete. Una volta che la palla è giocata dall'esterno alto, 1 giocatore può spostarsi dalla metà campo difensiva a quella offensiva, per unirsi ai 2 attaccanti, creando una situazione di superiorità numerica 3 c 2. Una volta che i giocatori mostrano progressi, gli esterni alti possono ruotare. È consigliabile condizionare a 2 o 3 tocchi i giocatori centrali, secondo le loro abilità.

Progressione: l'esterno alto, sul lato opposto, può unirsi alla fase offensiva, cercando di concludere sul secondo palo.

Attenzione a

1. Sono in grado di giocare rapidamente verso gli esterni alti, con passaggi ben direzionati o con palla alta, e fornire supporto altrettanto rapidamente?
2. Sanno compiere movimenti offensivi chiave cercando di concludere: 1) sul primo palo, 2) sul secondo palo, 3) intorno al dischetto del rigore, 4) concludendo dopo la ricezione di un passaggio arretrato?
3. L'esterno alto anticipa i movimenti e trasmette in modo corretto, ad esempio, rasoterra, con palla alta o tagliata indietro con precisione?
4. Se il cross arriva in ritardo, gli attaccanti applicano la regola dei 3" per regolare le loro posizioni e smarcarsi? ***(Vedere pagina 103, "attenzione a", per una spiegazione completa).***

CAPITOLO 5

CALCI PIAZZATI

PERCHÈ UTILIZZARE CALCI D'ANGOLO O PUNIZIONI CORTI?

Questa sezione fornisce una panoramica delle soluzioni possibili, che possono essere esplorate nelle situazioni di calci piazzati; ovviamente, ci sono così tante varianti che è impossibile includerle tutte in un capitolo. Quelli che seguono sono semplicemente alcuni scenari che possono aiutare l'immaginazione e incoraggiare l'allenatore a lavorare con i giocatori su varie idee, con l'obiettivo di esplorarle nella pratica e nelle partite; tutto ciò che segue ha questo scopo!

Una cosa che vorrei sottolineare, come autore, è che ***se si preferisce un calcio fatto di possesso, allora è necessario prendere sul serio queste situazioni di gioco.*** Ad esempio, in occasione di calci d'angolo, ci sono molte possibilità di creare occasioni da goal e quindi meritano la massima attenzione. "Ammassare" semplicemente i giocatori in area, sperando che colpiscano di testa o di piede qualsiasi pallone, è un pensiero che appartiene ad un'altra visione filosofica del gioco; se, invece, mantenere il possesso è l'idea di fondo, allora c'è la necessità di creare situazioni promettenti. Ma anche in questo caso, cercare solo di "perforare" la difesa avversaria può presentare il pericolo di subire contrattacchi, che possono generarsi da una respinta di testa, che non solo fa perdere il possesso palla, ma, potenzialmente, "disorganizza" la squadra in fase di transizione negativa e permette l'attacco della profondità ai giocatori avversari. In altre parole, un calcio d'angolo può essere pericoloso quanto promettente!

In una partita di settore giovanile, la squadra avversaria difendente ha posizionato 4 attaccanti sulla linea di metà campo, in occasione di un calcio d'angolo a sfavore. Personalmente, ho deciso di lasciare i miei giocatori ad affrontare questa situazione individualmente, schierando la difesa in marcatura contro gli attaccanti, creando un duello 4 c 4; chiaramente, un vantaggio per la squadra in attacco, se la palla fosse finita a loro. Nel frattempo, dentro e intorno alla loro area di rigore, mentre ci preparavamo a calciare l'angolo, si è creata una situazione 6 c 6, escluso il loro portiere. Questa sicuramente era un'opportunità perfetta per sperimentare una battuta corta dell'angolo, mantenendo il possesso e aumentando le nostre possibilità di creare un'opportunità di conclusione. Al contrario, "calciare semplicemente la palla in area" avrebbe rappresentato una situazione 50%-50% o peggiore, pensando al portiere.

In questa situazione, i miei giocatori hanno preso la decisione sbagliata; nessuno si è proposto per una "soluzione corta" e quindi l'angolo "è stato calciato lungo". L'avversario ha liberato l'area facilmente e uno dei loro centrocampisti è stato in grado di condurre nello spazio, ha giocato palla lunga alle spalle della difesa a 4, liberando gli attaccanti; uno di loro si è trovato in duello 1 c 1 contro il portiere. Quella che sembrava essere una promettente possibilità di conclusione da calcio angolo, è diventata un'occasione per l'avversario!

La nostra fortuna è stata avere un portiere veloce di piedi, che ha ristretto l'angolo della porta e ha fatto una grande parata. Parlando con i giocatori, abbiamo discusso di questa situazione di gioco, tutti avevano capito di aver preso la decisione sbagliata; giocare palla lunga da calcio d'angolo, con 4 attaccanti avversari sulla linea di metà campo, è stata una scommessa inutile. Se la squadra avesse giocato palla corta e provato uno degli schemi per il "calcio d'angolo", è probabile che avrebbe tenuto maggiormente sotto controllo la situazione, soprattutto tenendo contro dell'altezza dei 4 difensori avversari. Questa situazione avrebbe permesso maggiori possibilità di creare opportunità di conclusione e, probabilmente, creato una situazione difensiva più equilibrata, in caso di perdita del possesso.

La scelta spetta sempre all'allenatore, ma visto il tempo a disposizione, è consigliabile sperimentare sempre alcune "opzioni corte" con la squadra. Quelle che seguono sono solo alcune idee di base che si possono provare e ce ne sono, senza dubbio, molte altre da valutare.

Schema per calcio d'angolo corto: "rullata con suola e cucchiaio"

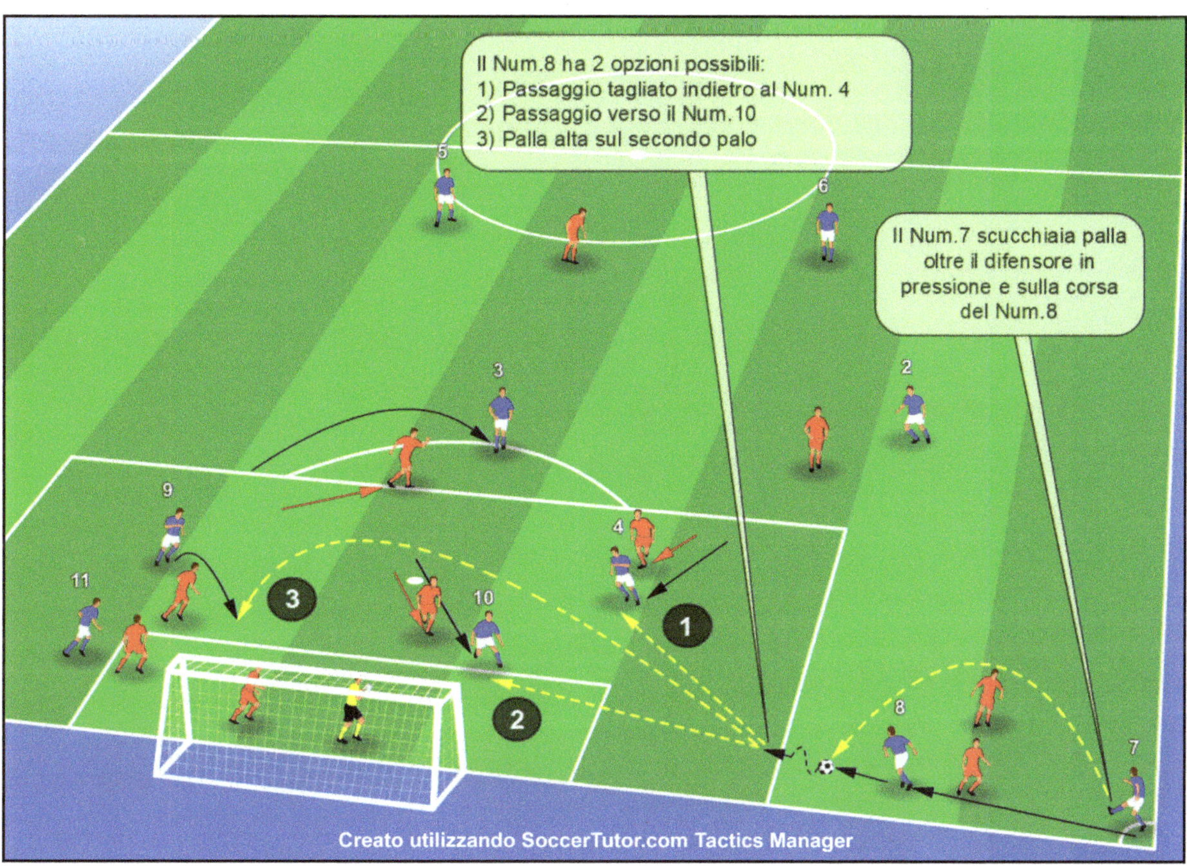

Ecco un esempio creativo di calcio d'angolo corto, uno dei tanti da provare con la propria squadra, che richiede "finte" avanzate dal punto di vista tecnico, seguite da movimenti coordinati per concludere.

2 attaccanti sono posizionati vicino alla palla come se stessero decidendo chi deve calciare l'angolo; è probabile che 2 avversari vengano attirati in zona (vedere la figura), per coprire lo spazio e impedire una battuta corta. Nel frattempo, la squadra si prepara per un passaggio o un cross in area di rigore. C'è anche un giocatore (il Num.3 in figura) che copre la zona "D", cercando di intercettare qualsiasi rinvio e di calciare in porta.

La squadra attaccante (blu) mantiene un laterale basso (Num.2 in figura) in posizione di supporto, lungo lo stesso lato dell'angolo, per dare equilibrio e, possibilmente, per allontanare un altro difensore, lasciando più spazio per attaccare all'interno dell'area di rigore. Inoltre, 2 difensori (5 e 6) sono posizionati in copertura contro l'attaccante avversario, che è rimasto in avanti.

SEQUENZA: 1 dei 2 giocatori nei pressi del calcio d'angolo muove palla in avanti con la pianta del piede e si sposta intorno, o tra i 2 avversari in pressione. Il compagno di squadra "scucchiaia" palla oltre i 2 avversari e in avanti.

A questo punto, il portatore riesce a controllare palla e a scegliere una delle seguenti opzioni di passaggio?

1. Taglio indietro, verso i compagni che arrivano nello spazio, all'interno dell'area di rigore; di solito nei pressi del dischetto del rigore o in zona "D".
2. Giocare verso il primo palo (sulla corsa del Num.10 in figura).
3. Trasmettere palla verso il secondo palo, dove 1 o 2 attaccanti dovrebbero cercare di concludere con un colpo di testa. Il Num.9 si muove in questo modo, in figura.

Questo calcio d'angolo corto beneficia dell'elemento sorpresa, attirando molti difensori avversari lontano dall'area di rigore e lasciando molto più spazio agli attaccanti per muoversi. I giocatori devono saper "fintare" per nascondere le loro intenzioni e muoversi in modo coordinato, permettendo ai compagni di concludere. Infine, ma non meno importante, la squadra mantiene un ragionevole equilibrio, se l'avversario respinge la palla. Da questo punto di vista, è possibile iniziare ad apprezzare i vantaggi dei calci d'angolo corti. Se l'obiettivo di allenatori e giocatori sono lo sviluppo e l'apprendimento, allora c'è molto da guadagnare, sperimentando angoli corti come questo.

Schema per calcio d'angolo corto: "giocata e movimento a girarsi"

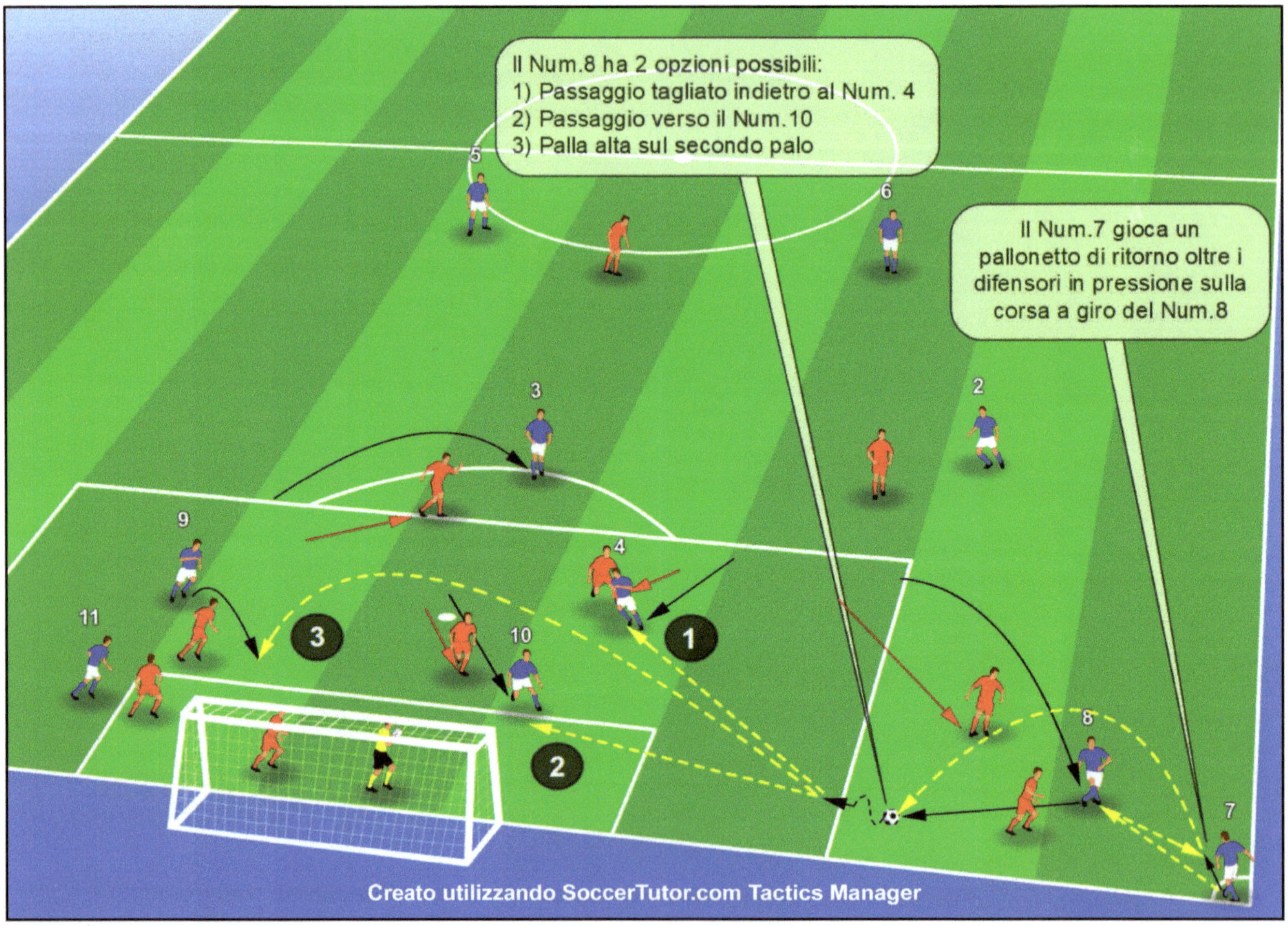

Il Num.8 ha 2 opzioni possibili:
1) Passaggio tagliato indietro al Num. 4
2) Passaggio verso il Num.10
3) Palla alta sul secondo palo

Il Num.7 gioca un pallonetto di ritorno oltre i difensori in pressione sulla corsa a giro del Num.8

Creato utilizzando SoccerTutor.com Tactics Manager

Questo schema, chiamato "giocata e girata" è una variante dell'angolo corto precedente, molto creativa dal punto di vista delle finte e dei collegamenti tra i giocatori.

Il Num. 8 si muove in ritardo, verso la bandierina d'angolo, ed è probabile che la sua corsa sia seguita da un avversario e che anche un secondo avversario cerchi di chiuderlo rapidamente, per evitare una situazione 2 c 1 vicino alla bandierina dell'angolo.

Attraverso contatto visivo e finte, il giocatore sulla bandierina del calcio d'angolo (Num. 7) trasmette palla corta in direzione del Num.8 che, sotto pressione, gioca indietro e, immediatamente, "si gira" intorno o tra i 2 avversari. Il giocatore che ha battuto l'angolo, trasmette palla di ritorno, verso il Num.8.

A questo punto, il portatore riesce a controllare e a scegliere una delle seguenti opzioni di passaggio?

1. Taglio indietro, verso i compagni che arrivano nello spazio, all'interno dell'area di rigore; di solito nei pressi del dischetto o in zona "D".
2. Giocare verso il primo palo (sulla corsa del Num.10 in figura).
3. Trasmettere palla verso il secondo palo, dove 1 o 2 attaccanti dovrebbero cercare di concludere con un colpo di testa. Il Num.9 si muove in questo modo, in figura.

Schema per calcio d'angolo corto: "1-2, giocata e tiro"

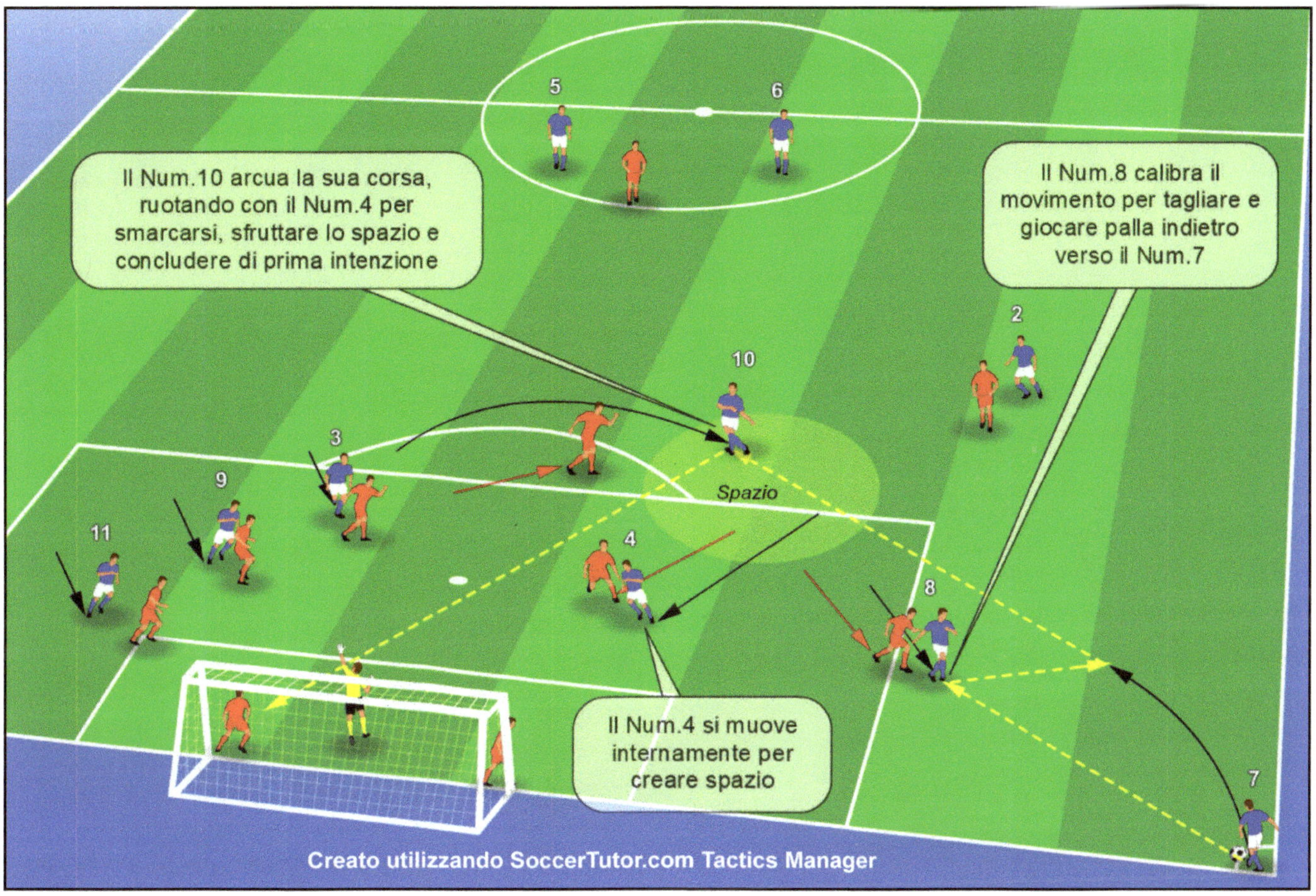

Il Num.10 arcua la sua corsa, ruotando con il Num.4 per smarcarsi, sfruttare lo spazio e concludere di prima intenzione

Il Num.8 calibra il movimento per tagliare e giocare palla indietro verso il Num.7

Spazio

Il Num.4 si muove internamente per creare spazio

Creato utilizzando SoccerTutor.com Tactics Manager

In questa situazione di angolo corto, 4 giocatori svolgono un ruolo importante.

Uno di loro (Num. 8 in figura) sembra muoversi sul corto, vicino al limite dell'area di rigore.

- Il giocatore sulla bandierina del calcio d'angolo (7) riesce a trasmettere palla sul movimento del Num.8?
- Il Num.8 riesce a giocare un passaggio di ritorno al compagno che ha battuto il calcio d'angolo, nello spazio? (come mostrato in figura)
- Contemporaneamente, un altro giocatore posizionato sul bordo dell'area di rigore si muove ad esca, per attirare il proprio marcatore ed aprire una linea di passaggio per un compagno di squadra, che conclude (vedi n. 4 nel diagramma)?

Perchè la coordinazione di tutti i movimenti funzioni correttamente, è importante che le posizioni di partenza dei giocatori siano chiare. Ad esempio, chi conclude (10) deve partire nel mezzo del gruppo di attaccanti, muovendosi verso il secondo palo.

Quando il giocatore sulla bandierina del calcio d'angolo (7) riceve il passaggio di ritorno dal compagno (8), è il segnale iniziale per smarcarsi e arcuare la corsa di chi deve concludere (10), segnalando dove vuole ricevere il passaggio. È importante che si muova per assicurarsi una corretta posizione del corpo, mentre calcia in porta e per avere una maggiore consapevolezza di eventuali difensori che si spostano per chiuderlo.

Una volta che il Num.7 riceve il passaggio di ritorno, deve dosare bene la successiva trasmissione verso il movimento del Num.10, che calcia in porta dal limite dell'area di rigore.

Come nei precedenti angoli corti, la squadra deve garantirsi copertura difensiva; in questo esempio, il laterale basso (Num.2) è in posizione avanzata per allontanare un altro avversario e i 2 difensori centrali marcano l'unico attaccante avversario.

Schema per calcio d'angolo corto: "1-2, giocata e cross"

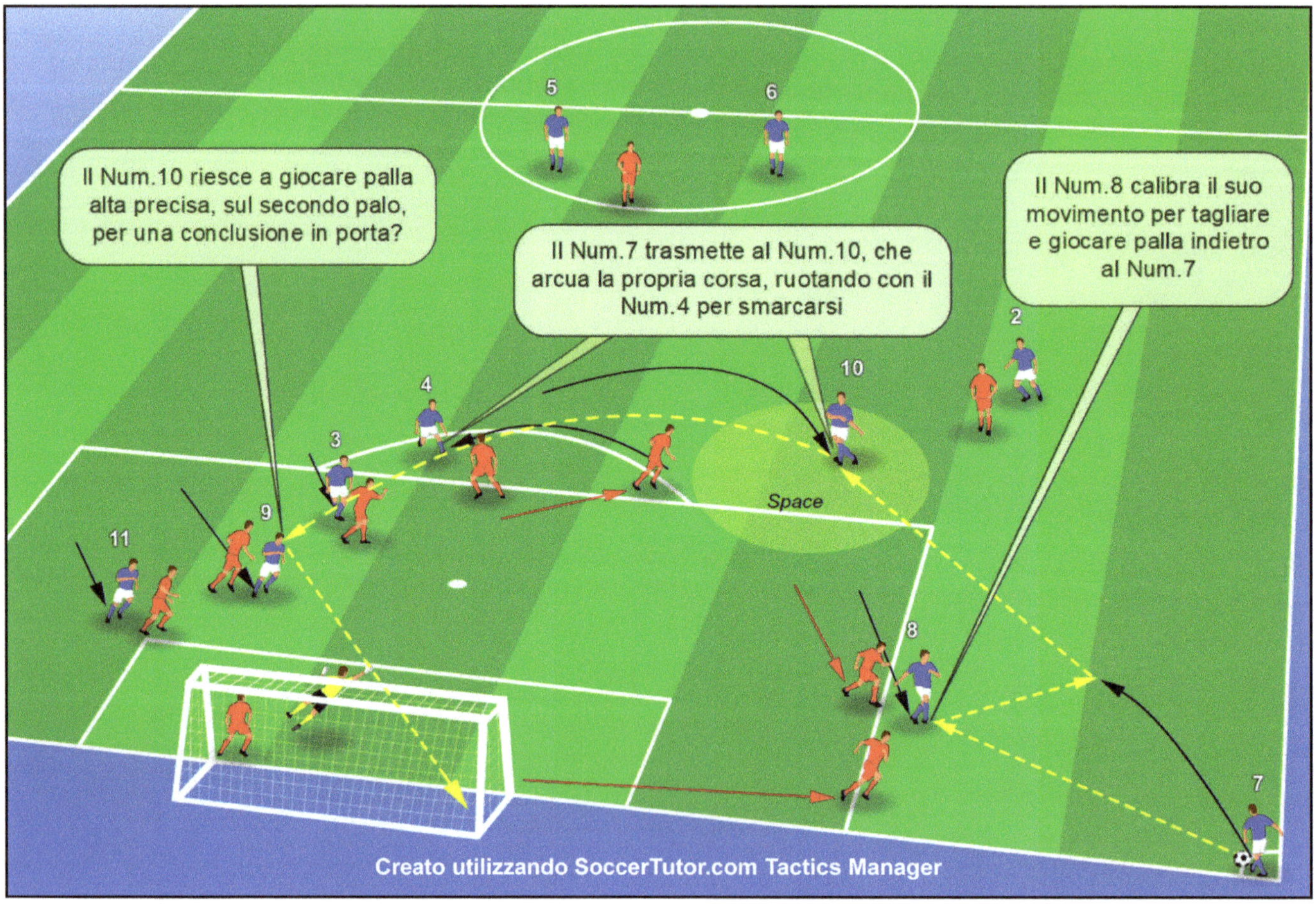

Il Num.10 riesce a giocare palla alta precisa, sul secondo palo, per una conclusione in porta?

Il Num.7 trasmette al Num.10, che arcua la propria corsa, ruotando con il Num.4 per smarcarsi

Il Num.8 calibra il suo movimento per tagliare e giocare palla indietro al Num.7

5 6 2 10 4 3 9 11 8 7

Space

Creato utilizzando SoccerTutor.com Tactics Manager

Questa proposta è una variante dello schema da calcio d'angolo corto precedente. Giocando palla indietro sulla corsa "arcuata" del Num.10, la squadra ha anche la possibilità di attaccare il secondo palo, crossando corto e in diagonale. L'elemento sorpresa per confondere i difensori diventa un vantaggio, perchè gli attaccanti possono smarcarsi e creare spazio per concludere.

Il cross corto arriva dal limite dell'area di rigore, invece che dalla bandierina del calcio d'angolo. Specialmente a livello giovanile, questa è un'opzione più gestibile per molti giocatori, che potrebbero trovare difficoltà nel calciare in area da una distanza più lunga. Oltre a giocare la palla verso il secondo palo, il Num.10 potrebbe anche considerare la conduzione verso l'interno o sul dischetto del calcio di rigore.

Supponendo che si possa aprire uno spazio, c'è un compagno di squadra in grado di correre verso questa zona e concludere di prima intenzione?

Tutti questi schemi per i calci d'angolo corti possono essere analizzati attraverso una lavagna tattica per chiarire le idee ai giocatori, anche attraverso domande e risposte in gruppo, rafforzando la loro comprensione.

Il passo successivo è individuare i ruoli chiave nello svolgimento di questi schemi, in modo che tutti sappiano cosa ci si aspetta da loro.

ESERCITAZIONE PER IL CALCIO D'ANGOLO CORTO

Le esercitazioni per questo tipo di calci d'angolo devono essere ideate coinvolgendo un numero realistico di difensori e attaccanti, ed esplorando 2 o 3 opzioni possibili.

Inizialmente, i difensori dovrebbero rimanere "passivi", cercando di portare pressione senza contrastare o intercettare la palla. Quando gli attaccanti sono in grado di agire con successo, creando occasioni da goal, la proposta può diventare completamente competitiva.

Schema per calcio di punizione al limite dell'area di rigore

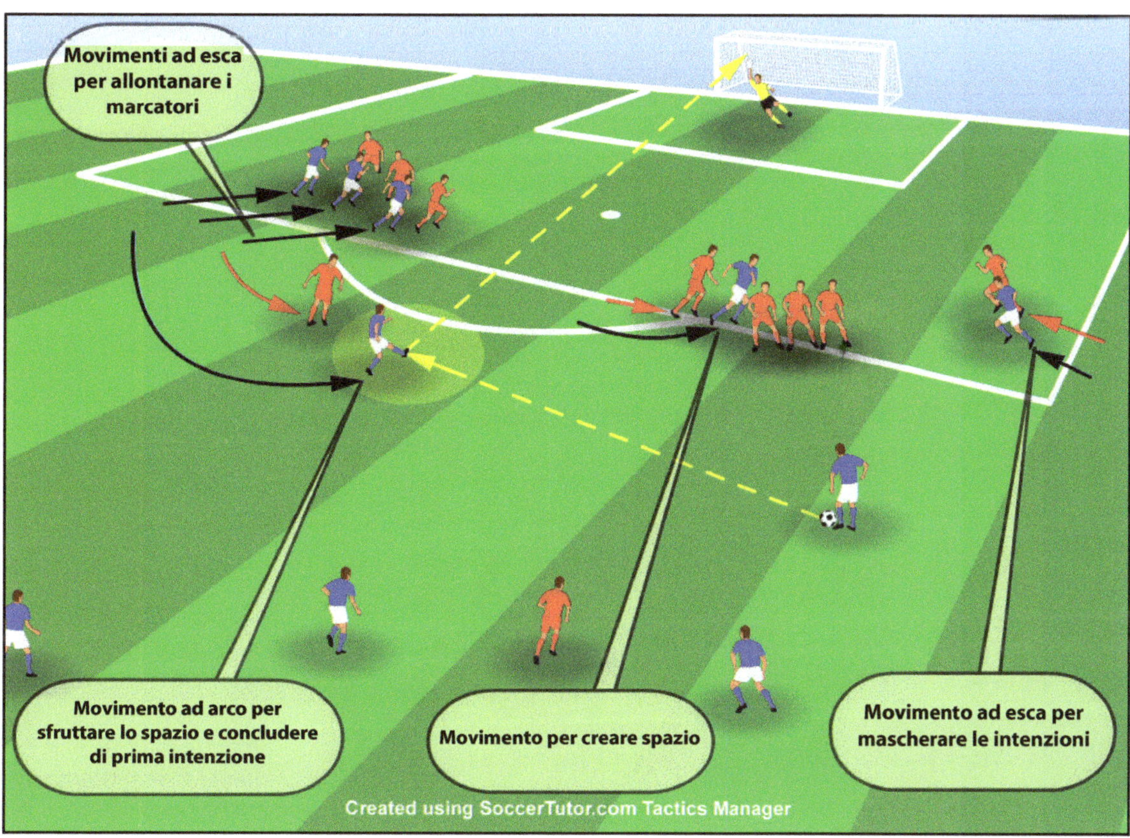

Questo schema per i calci piazzati corti è una soluzione efficace che i giocatori possono provare e che può essere utile quando la squadra ottiene una punizione a favore, lungo i lati dell'area di rigore. Calciando da sinistra verso destra è meglio avere un giocatore mancino, come battitore. È consigliabile utilizzare una lavagna tattica per impostare lo schema con i giocatori, analizzando i 7 punti chiave che seguono:

1. Un gruppo di giocatori deve essere posizionato fuori area, cercando di avanzare per concludere in porta di testa, ricevendo un cross, ad esempio verso il secondo palo (vedere la figura).
2. Un giocatore designato e posizionato nella parte posteriore del gruppo, si muove nello spazio centrale disponibile.
3. Chi calcia la punizione, riesce a "fintare", come se intendesse giocare palla alta in area di rigore e verso il secondo palo e il gruppo di attaccanti in arrivo?
4. Il gruppo di giocatori riesce a muoversi come se si preparasse ad attaccare una palla alta sul secondo palo? Mentre chi calcia la punizione si muove verso la palla (fintando un cross), il gruppo inizia a muoversi in avanti, per attirare i difensori della squadra avversaria?
5. A questo punto, il battitore riesce a giocare un passaggio rasoterra, calibrato, in linea con l'area di rigore, verso il compagno designato per arrivare e concludere in porta? È importante che il giocatore designato si muova in modo da poter creare un angolo sufficiente a garantire potenza nel tiro. È possibile posizionare un giocatore aggiuntivo in ampiezza (come mostrato sopra), per occupare un altro avversario in marcatura. Questo giocatore può fungere da esca interna, per attirare un altro difensore e aiutare a creare un'ulteriori problemi all'avversario.
6. Il giocatore che conclude in porta riesce a calibrare bene la corsa e calciare di prima intenzione, se possibile? È in grado di valutare prima la posizione del portiere e concludere di potenza?
7. Tutti gli altri giocatori sono attenti alle eventuali "opportunità secondarie", nel caso in cui il portiere o un avversario respingano il tiro e la palla cada sui loro piedi?

ESERCITAZIONE PER I CALCI PIAZZATI

Un esempio di esercitazione da provare potrebbe essere un 7 c 7 (+ portiere), coinvolti nella stessa situazione qui descritta. I ruoli delle squadre devono essere cambiati per vedere quale squadra segna più gol dopo 5 tentativi.

Schema per calcio di punizione: "esca ed incrocio"

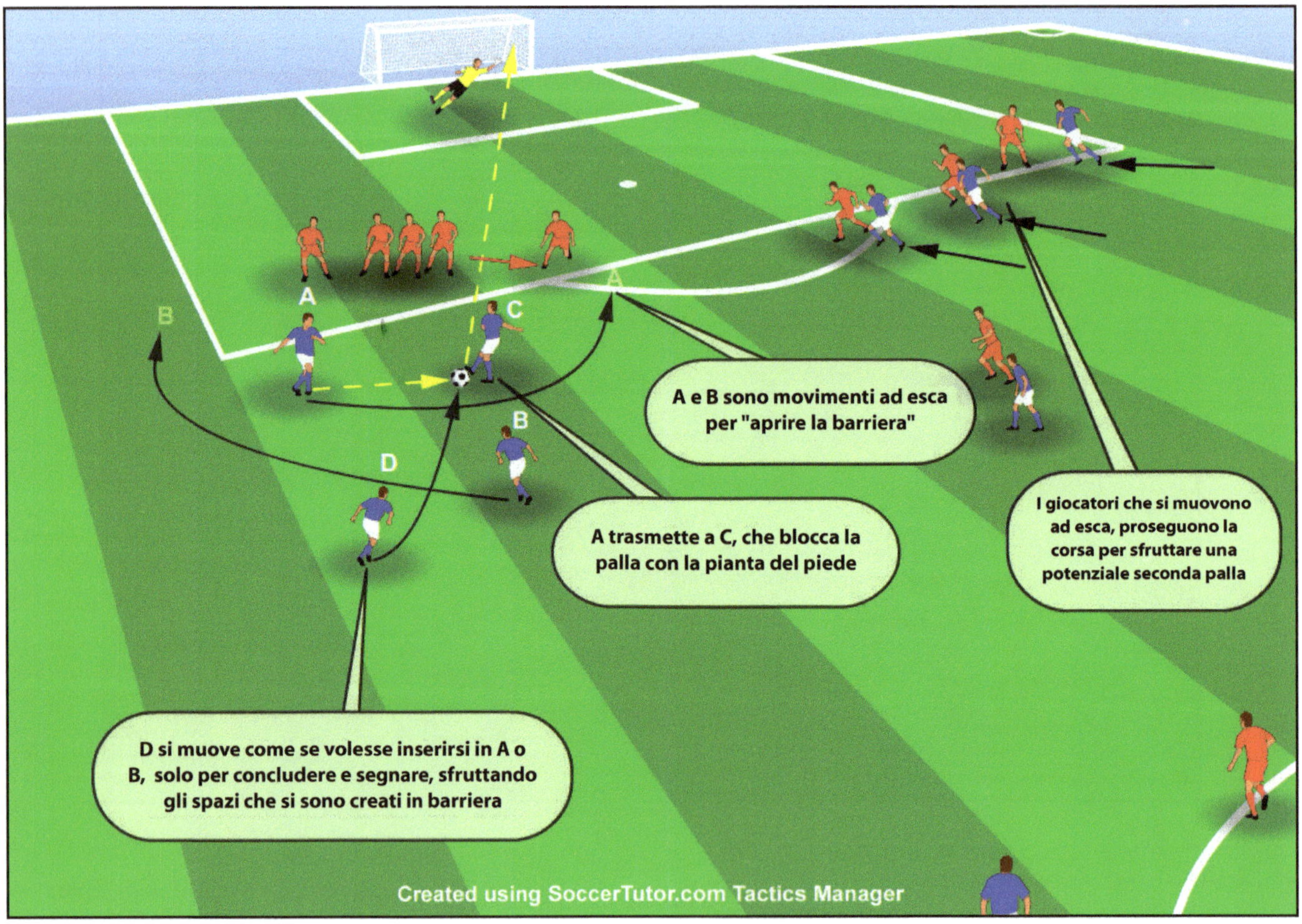

A e B sono movimenti ad esca per "aprire la barriera"

A trasmette a C, che blocca la palla con la pianta del piede

I giocatori che si muovono ad esca, proseguono la corsa per sfruttare una potenziale seconda palla

D si muove come se volesse inserirsi in A o B, solo per concludere e segnare, sfruttando gli spazi che si sono creati in barriera

Created using SoccerTutor.com Tactics Manager

Quest'altra proposta di calcio di punizione, in cui i giocatori si muovono ad esca per fuorviare gli avversari, che cercano di difendere la porta, potrebbe essere un'ulteriore soluzione da sperimentare. L'obiettivo è dividere la barriera attraverso 2 corse in sovrapposizione simultanee (vedere la figura). Il giocatore D, infine, indirizza il suo tiro attraverso qualsiasi spazio che si possa aprire. Questa è la sequenza:

- 4 giocatori sono posizionati attorno alla palla, come mostrato in figura. Il giocatore A calcia la punizione con un passaggio corto verso C, che arpiona la palla con la pianta del piede.
- Il passaggio del giocatore A è il primo passo della sua corsa, in modo che possa rapidamente sovrapporsi alla palla, in direzione dell'area di rigore? Allo stesso tempo, il giocatore B si muove in diagonale e in direzione opposta? Entrambi questi movimenti devono essere veloci e davanti all'attaccante (giocatore D).
- D riesce a fintare un movimento in avanti e trasmettere palla sulla corsa di entrambi i giocatori, A o B?
- È probabile che questi due movimenti ad esca dividano la barriera, aprendo uno spazio. Il giocatore D può quindi "calciare di potenza", facendo passare la palla attraverso lo spazio, contro il portiere che rischia di "non vedere la battuta". Nel frattempo, sul lato opposto dell'area di rigore, 3 giocatori che hanno occupato i loro marcatori avversari, si sono mossi in avanti, all'interno dell'area di rigore. Questi 3 giocatori sono in grado di concludere, sfruttando ogni possibilità secondaria, ad esempio, dopo una parata del portiere? Inoltre, i giocatori A e B possono continuare la propria corsa nel caso in cui la palla venga respinta in direzione dei loro movimenti?

Nel frattempo, nel caso in cui la palla non riesca a penetrare la barriera e l'avversario recuperi il possesso, la squadra dovrebbe contare su quanto segue, per garantirsi equilibrio:

1. I giocatori C e D rimangono lungo il limite dell'area di rigore, pronti a portare pressione e a ritardare qualsiasi contrattacco.
2. I 2 difensori centrali mantengono le loro posizioni in profondità, per coprire qualsiasi giocatore avversario.

Schema per calcio di punizione: "creare un equivoco"

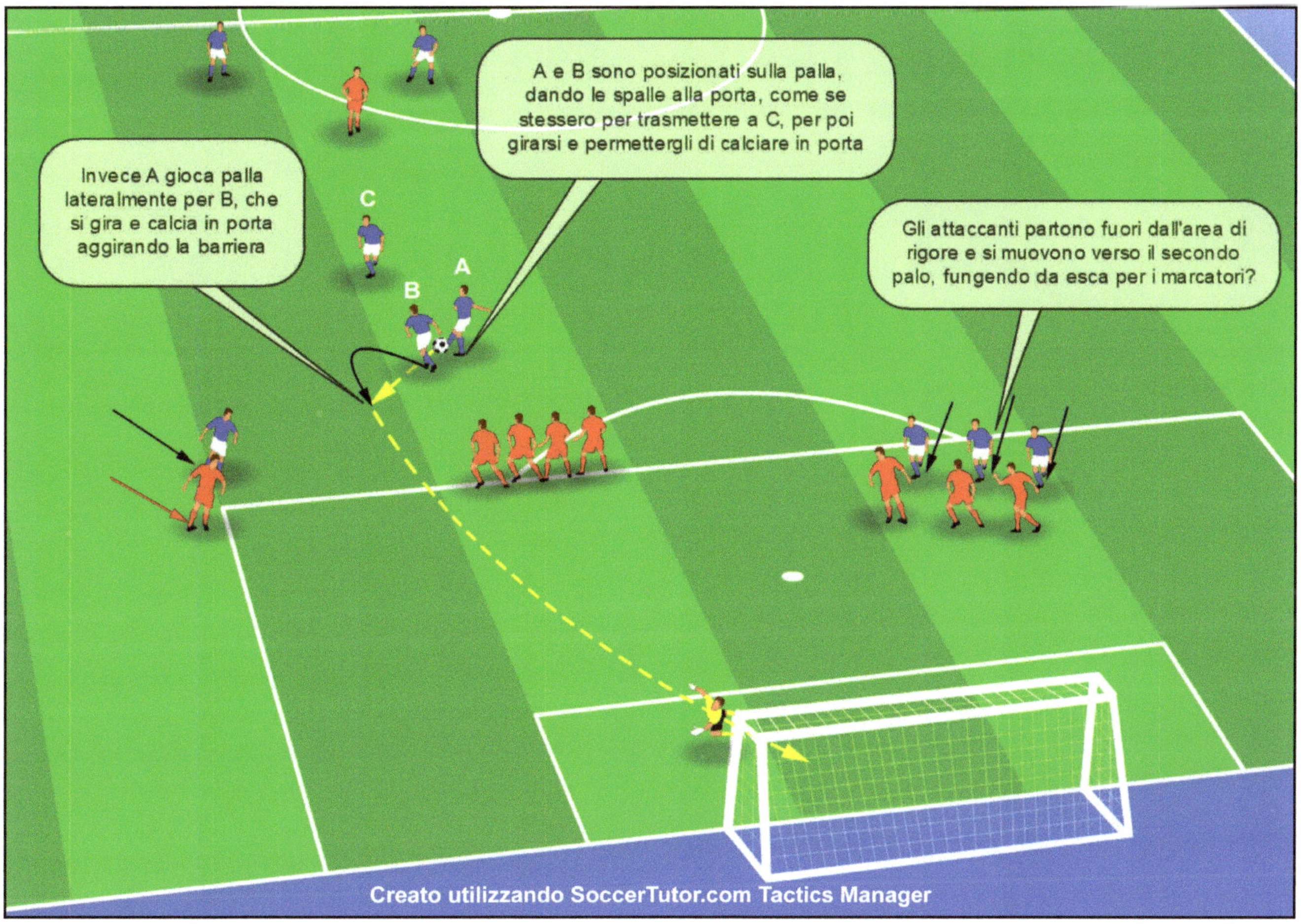

Al limite dell'area di rigore, l'istinto del giocatore, solitamente, è di calciare direttamente in porta. Tuttavia, ci sono casi, in partita, in cui variare l'approccio potrebbe fare la differenza; di nuovo, molto si riferisce al tipo di cultura tattica che un allenatore desidera incoraggiare nella propria squadra. Più i giocatori sono abituati a coordinare i movimenti, attraverso la comunicazione, inclusi quelli ad esca e finte, meglio è per loro e per la squadra, che può creare opportunità di conclusione.

Lo schema da calcio di punizione che segue potrebbe essere interessante; una semplice e intelligente organizzazione, che può essere sperimentata e che permette ai giocatori di allenarsi nell'aggirare la barriera e concludere.

- I giocatori A e B si schierano insieme, spalle alla porta, con la palla immediatamente davanti a loro, oscurando la visuale del portiere e della barriera.
- Nel frattempo, il giocatore C dovrebbe schierarsi e prepararsi come se intendesse colpire la palla, facendo credere che il giocatore A, o B, giochi palla e poi si apra per creare una linea di passaggio, affinché C possa calciare in porta. Invece, proprio mentre il giocatore C si muove, A riesce a trasmettere un passaggio corto laterale verso B, che può girarsi e curvare la corsa con 2 o 3 passi, cercando di colpire la palla intorno barriera?

Affinché possa funzionare, è importante che A e B controllino la posizione della barriera, mentre impostano il calcio di punizione. Il giocatore A deve essere sicuro di poter trasmettere un passaggio ben calibrato per il giocatore B, che dovrebbe calciare di potenza e con precisione "mentre si gira". Questa è una soluzione astuta, con cui i giocatori si possono divertire, in partita, se funziona.

Un ulteriore elemento di astuzia, potrebbe essere impostato attraverso A e B, che fingono di avere una rapida discussione su ciò che stanno pianificando di fare.

- Mentre il giocatore C inizia il movimento in avanti, A riesce a fingere di spingere B verso la direzione desiderata e quindi trasmettere un passaggio laterale per B, che si muove rapidamente dalla posizione 1 alla posizione 2, per calciare in porta? (vedere la figura)

ATTENZIONE VISIVA E INTELLIGENZA DI GIOCO

COS'È L'INTELLIGENZA DI GIOCO?

Alla luce di quanto trattato in questo libro, vorrei concludere con una sintesi delle recenti ricerche sull'attenzione visiva e sull'intelligenza di gioco. Penso che questa ricerca sia interessante, nel contesto che abbiamo analizzato, per incoraggiare i giocatori ad essere più strutturati e coordinati. Le informazioni che sto per riassumere sono raramente, se non mai, proposte nei libri sull'allenamento del calcio. Quindi, ecco, per l'interesse generale del lettore, alcune domande:

- Qual'è la differenza tra un giocatore esperto e un giocatore inesperto?
- Cosa distingue un Generale da un soldato sul campo?
- Amiamo tutti guardare i migliori artisti, ma cosa distingue questi giocatori, da quelli di livello più basso?

La ricerca negli ultimi 30 anni ha identificato 5 aree chiave, che definiscono l'intelligenza di gioco nel calcio. Ciò che segue è un riassunto degli elementi chiave della ricerca sull'attenzione visiva e l'intelligenza di gioco nel calcio. La ricerca indica che le seguenti abilità percettive e cognitive definiscono le prestazioni d'élite dei giocatori di alto livello (vedere anche Williams, 2000):

1. Hanno successo perchè sanno anticipare le azioni dei loro avversari, attraverso una maggiore consapevolezza dei segnali visivi anticipati o parziali (vedi Williams et al., 1999, Savelsbergh et al., 2002, Williams e Burwitz, 1993). Ad esempio, i giocatori esperti sono più veloci nel leggere la forma del corpo o la postura di un avversario, per anticipare i movimenti dei giocatori lontano dalla palla (Abernethy, 1987).

2. Sono più veloci e più precisi, sia nel riconoscimento, che nel richiamo degli schemi di gioco decisivi (Williams e Davids, 1995). Questa capacità è considerata vitale per migliorare le capacità di anticipazione negli sport competitivi a squadre, con la palla, come il calcio.

3. Sono più efficienti ed efficaci, nel loro comportamento a livello di ricerca visiva. La ricerca suggerisce che possiedono "strategie di ricerca" più efficaci. È interessante notare che implicano un numero minore, ma più lungo, di fissazioni visive (Williams, 2002; Williams et al., 1999; Abernethy, 2001). In confronto, i giocatori meno esperti hanno molte più probabilità di "guardare la palla" e mostrano molta meno attenzione alle posizioni e ai movimenti di chi agisce lontano da essa (Williams et al., 1994).

4. Mostrano una maggiore consapevolezza delle "probabilità delle situazioni"; sono più precisi nel valutare il "valore della probabilità" dei modelli di gioco in evoluzione, un'altra abilità cognitiva vitale alla base dell'anticipazione (Williams et al., 2004). Ad esempio, nel calcio, è capire quale sia la migliore opzione di passaggio, o quali giocatori siano in posizione pericolosa (ad esempio, che potrebbero segnare una rete) o meno.

5. Sono meno soggetti a stress e cambiamenti nel loro stato emotivo. La ricerca in un certo numero di settori sportivi indica che le "risposte visuo-motorie" dei giocatori esperti tendono ad essere più affidabili e coerenti, anche sotto pressione (Janelle, 2002). In confronto, i giocatori più giovani, che si esibiscono in condizioni stressanti, tendono ad aumentare il loro tasso di ricerca saccadico (ad esempio i loro movimenti oculari) e si concentrano su aree più periferiche e meno importanti sul campo di gioco (Williams & Ward, 2003).

CONCLUSIONI

ACCETTARE LA SFIDA

Questo libro ha analizzato buona parte degli argomenti, ma tuttavia ha solo sfiorato l'intera gamma di problematiche e scenari che un giocatore, una squadra e l'allenatore dovranno, probabilmente, affrontare. Questi sono il potere e la bellezza del calcio che è, al tempo stesso, semplice, infinitamente variabile e complesso. In poche parole, c'è sempre qualcosa di nuovo da osservare, qualcosa di nuovo da esplorare, provare e imparare.

Questo è ciò che un buon allenatore propone ai propri giocatori, con l'obiettivo generale di aiutare e incoraggiare la loro creatività e dando, al tempo stesso, conoscenze tecniche e tattiche. Ovviamente, un allenatore deve anche occuparsi degli aspetti fisici e psicologici specifici del gioco, che non sono stati affrontati in questo libro. Né ci siamo concentrati sull'aspetto sociale, che ha un ruolo importante, nel calcio; il ruolo fondamentale svolto dai genitori, ad esempio, nell'aiutare il progresso di un giocatore, ecc. Tutti questi argomenti sono molto importanti per capire meglio il ruolo di un allenatore; per questo motivo, è consigliabile essere sempre alla ricerca di conoscenze, iscriversi a corsi, per migliorare la formazione in queste aree. In questo libro non c'è nemmeno lo spazio per iniziare a rendere giustizia a questi problemi; tuttavia, ci sono consapevolezza e risorse crescenti, che consentono agli allenatori di migliorare le proprie conoscenze ed efficacia.

Questo libro ha ristretto il suo focus agli aspetti puramente tecnici e tattici del gioco, perchè se l'allenatore ha una buona conoscenza, da questi punti di vista, probabilmente otterrà il rispetto e l'entusiasmo dei giocatori. Se si riesce a creare un ambiente vivace e positivo per i giocatori, per imparare nuove abilità ed esprimere la loro creatività, allora l'allenatore vince, perchè guadagna la loro fiducia, soprattutto quando un giocatore conclude ogni sessione di allenamento, pensando di essere potenzialmente più forte e più percettivo. Come allenatore, il lavoro è fare il meglio possibile, per rendere questa aspirazione una realtà.

Quindi, nessuna pressione, ma anche ricerca di sfide personali per crescere! Come allenatore di calcio, le domande che devono sempre essere poste sono:

- È possibile pianificare e fornire una vasta gamma di esercitazioni, che rispondano alle esigenze dei giocatori e che incoraggino la loro creatività?
- È possibile mantenere vive le sessioni di allenamento, con slancio e realismo?
- È possibile raggiungere questo obiettivo, mentre allo stesso tempo, i giocatori lavorano su elementi vitali (tecnici e tattici), che possono utilizzare per migliorare ulteriormente nel loro gioco?
- In partita, è possibile concentrarsi sull'incoraggiare lo sviluppo dei giocatori e la loro espressione individuale?
- È possibile assicurarsi di mettere queste idee al di sopra del più semplice desiderio emotivo di vincere?
- È possibile focalizzarsi sul processo di osservazione e quindi di pianificazione delle sessioni, per rispondere alle esigenze specifiche dei giocatori?
- Quali sono le aree in cui è possibile contribuire per migliorare le prestazioni, a livello individuale o collettivo? Ad esempio, i giocatori devono essere incoraggiati ad attaccare gli avversari, oppure, se la linea di difesa si mostra debole, è possibile analizzare correttamente il motivo?
- È possibile pianificare o progettare un'esercitazione specifica per rispondere a queste esigenze e aiutare i giocatori a migliorare e imparare, in modo da avere più successo, attraverso un atteggiamento positivo e costruttivo in ogni momento, mostrando loro che sono tutti membri importanti del gruppo?
- Tutti i giocatori sono sempre partecipi in ogni fase delle discussioni e del processo domanda/risposta?

I giocatori sono aiutati nella comprensione del piano generale e quando vedono qualcosa che l'allenatore ha dimenticato, si riesce a riconoscere, applaudire ed imparare dalla mancanza? Perché, come tutti i buoni allenatori sanno, è una strada a doppio senso, dato che è possibile imparare molto dai giocatori, quanto loro possono imparare dall'allenatore.

La chiave del successo, come allenatore, è pianificare e definire le proposte, in base alle esigenze dei giocatori. È vitale lasciare scorrere le sessioni e incoraggiare sempre la creatività e l'energia positiva. È importante fare il punto su ciò che si vuol proporre per permettere ai giocatori di imparare divertendosi, variando le proposte, con meno pause possibili, la palla deve essere in movimento almeno per il 70% - 80% della durata della sessione. Ed è importante ricordare che i giocatori guardano sempre l'allenatore.

- È possibile migliorare le abilità tecniche e tattiche, incoraggiando anche creatività e amore per il gioco?
- È possibile aiutarli perchè si esprimano meglio attraverso un gioco ben organizzato? Questa è una sfida che merita di essere accettata!

PROVA GRATUITA

Specialisti di calcio dal 2001

TACTICS MANAGER

Disponibile in Italiano

www.SoccerTutor.com/TacticsManager

info@soccertutor.com

PC

Mac

iPad

Tablet

Web

MARCELO
BIELSA
Allenare la
costruzione della
manovra contro
la pressione alta
avversaria
Terzis Athanasios
SOCCER
TUTOR
.com

ALLENARE
LE TRANSIZIONI
Sessioni di allenamento complete di Simeone,
Guardiola, Klopp, Mourinho e Ranieri
SOCCER
TUTOR
.com
SoccerTutor.com - Professionisti Num1 del web nell'allenamento del calcio dal 2001

www.ingramcontent.com/pod-product-compliance
Lightning Source LLC
LaVergne TN
LVHW070408110826
845147LV00016B/968

* 9 7 8 1 9 1 0 4 9 1 3 5 5 *